"十三五"国家重点出版物出版规划项目
水库大坝安全管理丛书

水库大坝安全
管理法规和标准实用指南

SHUIKU DABA ANQUAN GUANLI FAGUI HE BIAOZHUN SHIYONG ZHINAN

杨正华　荆茂涛
张士辰　蒋金平
吴素华　赵　伟
朱沁夏　等◎编著

河海大学出版社
·南京·

内 容 简 介

本书在介绍我国水库大坝安全管理组织体系和责任制度基础上,梳理并介绍了水库大坝安全管理适用的主要法规制度和技术标准,从国家法律、行政法规、部门规章和规范性文件、地方法规角度提出大坝安全管理法规制度实用要点,按照综合管理、组织管理、调度运用、安全监测与安全评价、维修养护等层次提出大坝安全管理技术标准实用内容,并与加拿大、美国、法国、瑞士等国家大坝安全管理的行政与法规管理进行了比较,对我国水库大坝安全管理法规制度与技术标准的实践与探索进行了分析,展望了水库大坝安全管理与技术标准发展趋势。这些法规和标准是水库管理实践的基本依据和工作准则,是水库管理人员应当熟悉和掌握的相关规定,在日常大坝安全运行管理中具有实用价值。本书可供水利水电工程设计、施工、管理和相关工程技术人员及高等院校师生参考,也可作为水库运行管理人员的培训教材。

图书在版编目(CIP)数据

水库大坝安全管理法规和标准实用指南 / 杨正华等编著. —南京:河海大学出版社,2019.10
(水库大坝安全管理丛书 / 孙金华,荆茂涛主编)
ISBN 978-7-5630-5249-3

Ⅰ.①水… Ⅱ.①杨… Ⅲ.①水库-大坝-安全管理-法规-中国-指南②水库-大坝-安全管理-标准-中国-指南 Ⅳ.①D922.66-62②TV698.2-62

中国版本图书馆 CIP 数据核字(2017)第 322950 号

水库大坝安全管理法规和标准实用指南

丛书主编:孙金华　荆茂涛
本册作者:杨正华 等

策划编辑:朱婵玲
责任编辑:成　微　江　娜
特约校对:余　波　胡绪秀
装帧设计:槿容轩

河海大学出版社 出版发行

南京市西康路一号　邮政编码:210098　http://www.hhup.com
电话:(025)83737852(总编室)　83787769(编辑室)　83722833(营销部)
南京布克文化发展有限公司排版
江苏农垦机关印刷厂有限公司印刷
江苏省新华发行集团有限公司经销

开本:787mm×1092mm　1/16　印张:10.5　字数:262 千字
版次:2019 年 10 月第 1 版　印次:2019 年 10 月第 1 次印刷
书号:ISBN 978-7-5630-5249-3
定价:62.00 元

如有印装质量问题,影响阅读,请联系河海大学出版社调换。

《水库大坝安全管理丛书》
编审委员会

主　编：孙金华　荆茂涛

副主编：盛金保　向　衍

编　委：（以姓氏笔画为序）

马福恒　王士军　王昭升　厉丹丹　刘六宴

刘成栋　杨正华　李宏恩　何勇军　谷艳昌

张士辰　张国栋　胡　江　彭雪辉　蒋金平

序 PREFACE

我国水资源短缺且时空分布不均，水旱灾害一直是影响中华民族发展的心腹之患。"兴水利、除水害"历来是治国安邦的大事。中华人民共和国成立70年来，党和国家始终把治水兴水摆在重要位置，取得了辉煌成就。我国目前已建9.8万余座水库大坝，是世界上拥有水库大坝最多的国家，也是世界上拥有100 m、200 m级以上高坝最多的国家，其中100 m以上高坝220座。目前世界上已建200 m级以上高坝77座，我国20座，占26%；在建200 m级以上高坝19座，我国12座，占63%。水库大坝调蓄江河、因势利导、善利万物，不仅是调控水资源时空分布、优化水资源配置的重要工程措施，也是江河防洪工程体系的重要组成部分，是生态环境改善不可分割的保障系统，承担着保障国家防洪安全、供水安全、粮食安全、能源安全、生态安全等重要功能，具有很强的公益性、基础性、战略性，在保障国家水安全和支撑绿色发展、生态文明建设、长江大保护、乡村振兴等战略中具有不可替代的基础性作用。确保水库大坝长效安全运行是国家战略需求，历来受到党和政府的高度重视。

多年来，通过全面落实水库大坝安全责任制、不断建立健全水库大坝安全管理法规与制度体系、大力推动水利管理体制改革、大规模开展病险水库除险加固工程建设、加强运行管理督查和应急管理等一系列扎实工作，我国水库大坝安全管理规范化、制度化、信息化进程不断加快，大坝安全状况与管理条件得到根本性改善，安全管理与保障水平大幅度提升。

党的十九大提出我国进入中国特色社会主义新时代，我国发展的新的历史方位和社会主要矛盾的转变，对水库大坝安全管理赋予了新的内涵，提出了新的更高要求。

2014年3月，习近平总书记在中央财经领导小组专题研究水安全问题的会议上指出，我国水资源时空分布不均及水旱灾害突出等老问题仍有待解决，水资源短缺、水生态损害、水环境污染等新问题越来越突出，明确提出"节水优先、空间均衡、系统治理、两手发力"的新时期治水思路，赋予了新时代治水的新内涵、新要求、新任务，为强化水治理、保障水安全指明了方向，也为新形势下做好水库大坝安全管理工作指明了方向。

2018年10月，中央财经委员会第三次会议强调，防灾减灾与安全要建立高效科学的自然灾害防治体系，提高全社会自然灾害防治能力，为保护人民群众生命财产安全和国家安全提供有力保障。要针对关键领域和薄弱环节，推动建设若干重点工程。要实施灾害风险调查和重点隐患排查工程，掌握风险隐患底数；实施防汛抗旱水利提升工程，完善防洪抗旱工程体系；实施应急救援中心建设工程，建设若干区域性应急救援中心；实施自然灾害监测预警信息化工程，提高多灾种和灾害链综合监测、风险早期识别和预报预警能力；实施自然灾害防治技术装备现代化工程，加大关键技术攻关力度，提高我国救援队伍专业化技术装备水平。水库大坝既是自然灾害防治工程体系不可或缺的组成部分，在遭遇地震、暴雨洪水等重大自然灾害时，大坝自身也可能成为自然灾害次生灾害的载体和重大风险源，2008年四川"5·12"汶川特大地震中，2 400余座水库大坝出现震损险情，其中坝高156 m的紫坪铺水库面板堆石坝产生明显沉降和水平位移，面板接缝错位、止水撕裂，举国关注；2018年汛期，内蒙古增隆昌水库、新疆射月沟水库因超标准洪水溃坝，其中射月沟水库造成严重人员伤亡。因此，水库大坝风险识别、监测预警与应急处置也是国家自然灾害防治体系建设的重点环节和重要任务。

2019年全国水利工作会议指出，我国治水的主要矛盾已经发生深刻变化，从人民群众对除水害兴水利的需求与水利工程能力不足的矛盾，转变为人民群众对水资源水生态水环境的需求与水利行业监管能力不足的矛盾。要清醒认识治水主要矛盾的深刻变化，加快转变治水思路和方式，将工作重心转到"水利工程补短板、水利行业强监管"上来，这是当前和今后一个时期水利改革发展的总基调。水库大坝安全面临从加强工程建设向关注运行管理、风险防控、功能提升、资源优化、环境保护、生态修复和支撑可持续发展等方向转变。

面对我国治水主要矛盾的深刻变化，面对人民日益增长的对美好生活的追求，面对绿色发展、政府职能转变和社会公众广泛参与等新的要求，面对新形势对水库大坝安全管理赋予的新内涵，我国水库大坝安全运行管理和保障仍然面临体制机制不顺，投入不足，管理制度和技术标准不够完善，特别是小型水库管理基础薄弱；工程建设先天不足，老化、性能劣化、淤积等影响大坝长效安全运行的问题日显突出，维修养护与病险水库除险科学决策机制尚未形成；地震、极端暴雨、特大洪水等极端事件频度和强度增加，大坝风险管理体系尚未建立，突发事件应急保障能力仍然不足；高坝大库深水检测与修补加固技术和装备自主创新研发、现代高新技术应用不足等一系列挑战和短板。水库大坝安全事关国运安危、人民福祉，是百年大计、千年大计，要始终坚持"问题导向、安全第一、压实责任、注重实效"的原则，通过理念创新、技术创新、管理创新，扎实做好水库大坝安全管理与保障各项工作，主动化解水库大坝各种潜在安全风险，使每一座水库大坝成为党和政府以及社会与公众的放心工程。

水利部大坝安全管理中心作为归口管理全国水库大坝安全的专业技术支撑机构，多年来围绕水利中心工作，服务全国水库大坝安全行业管理，在水库大坝管理法规与技术标准建设、突发事件调查与应急处置、先进实用技术推广与示范应用、国内外学术交流、行业人才培训和能力建设、基础性前瞻性科学研究等方面开展了卓有成效的工作，取得丰硕成果，主持完成的"十一五"科技支撑计划项目"水库大坝安全保障关键技术与应用"成果获得2015年国家科技进步一等奖，为保障全国水库大坝安全运行提供了强有力的技术支撑。大坝中心的科技骨干针对新形势下水库大坝安全管理实践需求，总结多年来的行业管理、技术开发与推广应用、科学研究、学术交流等成果和经验，编写了《水库大坝安全管理丛书》，分别为《水库大坝风险及其评估与管理》《水库大坝主要安全隐患挖掘与处置技术》《水库大坝安全监控与信息化》《水库大坝安全评价》《水库大坝运行调度技术》《水库大坝安全管理法规和标准实用指南》。本丛书可作为水库运行管理人员的岗位培训教材，可供水利水电工程设计、施工、管理和相关工程技术人员使用，也可供有关高等院校师生参考。

希望本丛书的出版对进一步促进我国水库大坝安全管理法规制度与技术标准建设，推动大坝风险管理理念和技术以及大坝安全监控与信息化技术普及与应用，提高水库大坝安全管理规范化、现代化水平，切实保障水库大坝安全运行，提高水资源利用和保障能力发挥积极作用。是为序！

《水库大坝安全管理丛书》编委会

2019年10月于南京

前言 PREFACE

水是基础性的自然资源和战略性的经济资源，水安全是国家安全发展战略的重要内容，根据《中国水利年鉴》(2018)统计，全国已建成水库98 795座(不含港澳台地区)，总库容9 035亿 m³，其中大型水库732座，中型水库3 934座，小型水库94 129座。水库是调控水资源时空分布、优化水资源配置的主要工程手段，也是水利工程体系和防洪工程体系的重要组成部分，是国民经济的重要基础设施，在防洪、灌溉、供水、发电、航运和改善生态环境等方面发挥了重大作用，为国民经济持续稳定发展提供重要的基础支撑和保障。

在贯彻落实习近平总书记"节水优先、空间均衡、系统治理、两手发力"新时期治水方针的实践中，在深化水利改革、促进水利发展的前进过程中，如何进一步保障水库大坝安全，如何使水库大坝安全管理水平适应经济社会的发展要求，如何使水库管理与我国已跻身国际先进行列的大坝建设水平相适应，如何更好地履行水库大坝安全管理职责，需要每一位水利管理人员加以深入总结和深刻思考的重大课题，也是摆在每一个水利管理人员面前的重要任务和使命。

我国水库大坝基本上是新中国成立以来建设的，且在两个阶段较为集中。第一个是早期的20世纪50—70年代，国民经济基础建设时期建了一大批水库大坝，数量占现有水库大坝总数的约90%，分布广泛，绝大部分为中小规模的水库。第二个是近期的改革开放以来，经济社会快速发展时期建了一批水库大坝，以骨干工程建设为主，高坝大库居多。三峡、小浪底、二滩、小湾、龙滩、水布垭等一批规模宏大的世界级水利水电工程先后建成并正常运行，标志着我国筑坝技术已跻身国际先进行列。我国已建和在建坝高100 m以上大坝220座，其中200 m以上32座，300 m以上2座，最高坝锦屏一级混凝土拱坝305 m，为世界最高坝。由于社会发展情况和技术经济条件的差异，早期工程的标准与质量相对差些，近期工程的筑坝技术已十分先进，工程质量与安全性总体很好。

水库大坝事关人民群众生命财产安全，党和政府高度重视安全工作。自1991年《水库大坝安全管理条例》发布以来，我国的水库管理法规制度体系不断建设和完善，水库大坝安全责任制和水库管理运行和监督职责全面落实，水库注册登记、调度运用、安全监测、维修养护、安全鉴定、应急预案等制度不断健全，病险水库除险加固建设大规模开展，水利工程管理体制改革不断深化，水库大坝安全管理取得了显著成效。

当前，水库管理正在从传统管理模式向现代管理模式不断变革和发展，在这种发展中尤其需要总结水库管理实践，交流水库管理经验，分享新时期水库管理新的思考和探索。

本书在介绍我国水库大坝安全管理组织体系和责任制度基础上，梳理了水库管理的法律法规与技术标准，介绍了水库大坝安全管理适用的主要法规制度和技术标准情况，从国家法律、行政法规、部门规章和规范性文件、地方法规角度提出大坝安全管理法规制度实用要点，按照综合管理、组织管理、调度运用、安全监测与安全评价、维修养护等层次提出大坝安全管理技术标准实用内容，并与加拿大、美国、法国、瑞士等国家大坝安全管理的行政与法规管理进行了比较，对我国水库大坝安全管理法规制度与技术标准的实践与探索进行了分析，展望了水库大坝安全管理与技术标准发展趋势。这些法规和标准是水库管理实践的基本依据和工作准则，是水库管理人员应当熟悉和掌握的相关规定，在日常大坝安全运行管理中具有实用价值。

本书共分5章，各章的主要编写人员是：第1章，杨正华、荆茂涛；第2章，吴素华、朱沁夏、李媛；第3章，张士辰、赵伟；第4章，蒋金平、朱沁夏；第5章，杨正华、张士辰。

本书在编写过程中得到了王士军、沙海明的帮助，在此深表感谢。书中引用了一些法律法规、规范性文件及行业标准等资料，对资料提供者也一并致谢！本著作的出版得到了南京水利科学研究院出版基金、国家自然科学基金（编号：41671504、51679151、51779154）以及水利部公益性行业科研专项（20150133）的资助，特表示感谢。

由于本书编写仓促，疏漏在所难免，殷切期望同行专家和广大读者提出宝贵意见，以便今后进一步修订。

目录

第1章 概述 ... 1

1.1 水库大坝基本情况 ... 1
- 1.1.1 水库大坝概念 ... 1
- 1.1.2 水库大坝概况 ... 2
- 1.1.3 水库大坝管理 ... 3
- 1.1.4 水库大坝安全 ... 4
- 1.1.5 水库管理主要制度 ... 5

1.2 水库大坝安全管理法规与标准概况 ... 8
- 1.2.1 法规与标准的概念 ... 8
- 1.2.2 水库运行管理流程 ... 9
- 1.2.3 法规与标准的发展 ... 10
- 1.2.4 水库大坝安全管理法规与标准建设 ... 11
- 1.2.5 水库大坝安全管理法规与标准现状 ... 12

1.3 地方性法规或规章建设 ... 15
- 1.3.1 地方性法规或规章建设情况 ... 15
- 1.3.2 浙江省的水库管理法规规章建设 ... 17

第2章 水库大坝安全组织管理 ... 18

2.1 大坝安全管理组织体系 ... 18
- 2.1.1 政府监督 ... 18
- 2.1.2 行业部门监管 ... 19
- 2.1.3 业主运行管理 ... 20
- 2.1.4 社会化服务 ... 20

2.2 水库大坝安全责任制 ... 21
- 2.2.1 水库大坝安全责任制体系 ... 21
- 2.2.2 水库大坝安全地方政府责任 ... 22
- 2.2.3 水库大坝安全行业监管职责 ... 22
- 2.2.4 水库大坝运行管理责任 ... 23

2.3 水库管理单位的基本职责 ... 23
- 2.3.1 机构建设 ... 23

  2.3.2 制度建设 ………………………………………………………… 23
  2.3.3 运行管理 ………………………………………………………… 24
  2.3.4 安全管理 ………………………………………………………… 25
  2.3.5 能力建设 ………………………………………………………… 26

第3章 水库大坝安全法规 …………………………………………………… 27

 3.1 国家法律 …………………………………………………………………… 27
  3.1.1 《水法》 …………………………………………………………… 27
  3.1.2 《防洪法》 ………………………………………………………… 28
  3.1.3 《安全生产法》 …………………………………………………… 33
  3.1.4 《水土保持法》 …………………………………………………… 34
  3.1.5 《水污染防治法》 ………………………………………………… 35
  3.1.6 《突发事件应对法》 ……………………………………………… 37
  3.1.7 其他有关法律 …………………………………………………… 39
 3.2 行政法规 …………………………………………………………………… 43
  3.2.1 《水库大坝安全管理条例》 ……………………………………… 44
  3.2.2 《防汛条例》 ……………………………………………………… 47
  3.2.3 《生产安全事故报告和调查处理条例》 ………………………… 48
  3.2.4 《水土保持法实施条例》 ………………………………………… 50
  3.2.5 《国家突发公共事件总体应急预案》 …………………………… 50
  3.2.6 《地震安全性评价管理条例》 …………………………………… 51
  3.2.7 其他重要法规性文件 …………………………………………… 52
 3.3 部门规章和规范性文件 …………………………………………………… 52
  3.3.1 《综合利用水库调度通则》 ……………………………………… 53
  3.3.2 《水库大坝注册登记办法》 ……………………………………… 53
  3.3.3 《水库大坝安全鉴定办法》 ……………………………………… 54
  3.3.4 《水利工程管理考核办法》 ……………………………………… 54
  3.3.5 《水库降等与报废管理办法(试行)》 …………………………… 55
  3.3.6 小型水库管理制度 ……………………………………………… 55
 3.4 地方法规摘要 ……………………………………………………………… 60
  3.4.1 地方立法情况 …………………………………………………… 60
  3.4.2 《江苏省水库管理条例》 ………………………………………… 62
  3.4.3 《浙江省水库大坝安全管理办法》与《浙江省水利工程
     安全管理条例》 ………………………………………………… 64
  3.4.4 《湖北省水库管理办法》 ………………………………………… 65
  3.4.5 《四川省水库大坝安全管理办法》 ……………………………… 65
  3.4.6 《山东省小型水库管理办法》 …………………………………… 66

第4章 水库大坝安全管理技术标准 …………………………… 68

4.1 综合管理 …………………………………………………………… 69
4.1.1 《水库工程管理通则》(SLJ 702—81) ………………… 69
4.1.2 《水库工程管理设计规范》(SL 106—2017) ………… 73
4.1.3 《防洪标准》(GB 50201—2014) ……………………… 75
4.1.4 《水利水电工程等级划分及洪水标准》(SL 252—2017) ……………………………………………………… 79
4.1.5 《水利工程代码编制规范》(SL 213—2012) ………… 79
4.1.6 《中国水库名称代码》(SL 259—2000) ……………… 82
4.1.7 《已成防洪工程经济效益分析计算及评价规范》(SL 206—2014) …………………………………………… 82
4.1.8 《水利工程建设与管理数据库表结构及标识符》(SL 700—2015) …………………………………………… 83

4.2 组织管理 …………………………………………………………… 86
4.2.1 《水利行业岗位规范 水利工程管理岗位》(SL 301.5—93) …………………………………………………… 86
4.2.2 《水利工程管理单位编制定员试行标准》(SLJ 705—81) ……………………………………………………… 87
4.2.3 《水利工程管理单位定岗标准(试点)》(水办〔2004〕307号) ………………………………………………… 87

4.3 调度运用 …………………………………………………………… 90
4.3.1 《水库洪水调度考评规定》(SL 224—98) …………… 90
4.3.2 《防汛储备物资验收标准》(SL 297—2004) ………… 92
4.3.3 《防汛物资储备定额编制规程》(SL 298—2004) …… 94
4.3.4 《大中型水电站水库调度规范》(GB 17621—1998) … 96
4.3.5 《水库调度规程编制导则》(SL 706—2015) ………… 97
4.3.6 《水库大坝安全管理应急预案编制导则》(SL/Z 720—2015) ……………………………………………… 99

4.4 安全监测与安全评价 ……………………………………………… 100
4.4.1 《土石坝安全监测技术规范》(SL 551—2012) ……… 100
4.4.2 《混凝土坝安全监测技术规范》(SL 601—2013) …… 103
4.4.3 《水工隧洞安全监测技术规范》(SL 764—2018) …… 109
4.4.4 《大坝安全监测仪器检验测试规程》(SL 530—2012) ……………………………………………………… 110
4.4.5 《大坝安全监测仪器安装标准》(SL 531—2012) …… 110
4.4.6 《大坝安全监测仪器报废标准》(SL 621—2013) …… 111

　　　　4.4.7 《大坝安全监测系统鉴定技术规范》(SL 766—2018) ……………………………………………… 111
　　　　4.4.8 《水库大坝安全评价导则》(SL 258—2017) ………… 112
　　　　4.4.9 《水利水电工程金属结构报废标准》(SL 226—98) … 114
　　　　4.4.10 《水库降等与报废标准》(SL 605—2013) ………… 117
　　　　4.4.11 《水工钢闸门和启闭机安全检测技术规程》
　　　　　　　(SL 101—2014) …………………………………… 120
　　4.5 维修养护 ……………………………………………………… 124
　　　　4.5.1 《土石坝养护修理规程》(SL 210—2015) …………… 125
　　　　4.5.2 《混凝土坝养护修理规程》(SL 230—2015) ………… 129
　　　　4.5.3 《水工钢闸门和启闭机安全运行规程》
　　　　　　　(SL 722—2015) …………………………………… 131
　　　　4.5.4 《水利水电工程闸门及启闭机、升船机设备管理等级评定
　　　　　　　标准》(SL 240—1999) …………………………… 132
　　　　4.5.5 《水工金属结构防腐蚀规范》(SL 105—2007) ……… 135
　　4.6 其他有关标准 ………………………………………………… 136
　　　　4.6.1 工程设计标准 ……………………………………………… 136
　　　　4.6.2 水电站管理标准(电力标准) …………………………… 137

第5章 大坝安全管理探索 …………………………………………… 140
　　5.1 国外的大坝安全行政与法规管理 ……………………………… 140
　　　　5.1.1 加拿大 …………………………………………………… 140
　　　　5.1.2 美国 ……………………………………………………… 142
　　　　5.1.3 法国 ……………………………………………………… 142
　　　　5.1.4 瑞士 ……………………………………………………… 143
　　　　5.1.5 中外大坝安全管理的行政与法规管理比较 …………… 144
　　5.2 法规与标准的实践经验与挑战 ………………………………… 145
　　　　5.2.1 法规与标准实施成绩 …………………………………… 145
　　　　5.2.2 法规与标准实践中存在的问题 ………………………… 146
　　5.3 大坝安全管理法规与标准展望 ………………………………… 147
　　　　5.3.1 提升法规制度执行效能 ………………………………… 147
　　　　5.3.2 修订《水库大坝安全管理条例》 ……………………… 148
　　　　5.3.3 完善小型水库法规标准体系 …………………………… 150
　　　　5.3.4 加强水库大坝安全管理标准化建设 …………………… 151

参考文献 …………………………………………………………………… 153

第1章
概述

1.1 水库大坝基本情况

1.1.1 水库大坝概念

水库是以大坝为挡水建筑物的水资源开发利用工程,"水库"一词最早见于明代徐光启《农政全书》卷二十:"水库者,水池也。曰库者,固之其下,使无受渫也。幂之其上,使无受损也。"专业书籍中难以见到水库的定义,主要定义水工建筑物和水利枢纽,如麦家煊编著的《水工建筑物》中有:"为了综合利用水力资源,达到防洪、蓄水、发电、灌溉、给水、航运等目的,需要建造几种不同类型的水工建筑物(例如挡水、泄水、输水以及电站等其他专门建筑物),它们的综合体称为水利枢纽。"

从水利管理的角度看,水库指总库容 10 万 m^3 以上的蓄水利用工程,大坝包括永久性挡水建筑物以及与其配合运用的泄洪、输水、发电和通航等建筑物,大坝的概念大致与上述水利枢纽相当。《湖北省水库管理办法》(2002年)给出了水库的一个综合性释义,其第二条第一款:"本办法所称水库,是指由挡水、泄水、输水、发电建筑物,运行管理配套建筑物,水文测报和通信设施设备,以及库内岛屿、库区水体和设计洪水位以下土地等组成的工程体系。"这一释义很难在广泛范围内取得认同,因此只能给出水库的基本定义:水库是由大坝和库区组成的工程体系,大坝包括永久性挡水建筑物以及与其配合运用的泄洪、输水、发电、通航等建筑物、构筑物和设施,库区包括库内水面、水体和一定水位下库内土地即库区管理范围和保护范围。

水库的主要特点:一是指总库容 10 万 m^3 以上的工程,10 万 m^3 以下的工程通常称为山塘、塘坝、堰塘等;二是指通过筑坝方式建设的人工工程,区别于湖泊,有学者解读水库与湖泊的区别,"水库是人工的湖泊,湖泊是天然的水库";三是指水资源的调控利用工程,发挥防洪、灌溉、供水、发电、航运、改善环境等功能,其概念中一般包括水利枢纽、水电站、航电枢纽,但不包括尾矿坝、储灰坝、淤地坝等工程。

水利管理中通常将水库大坝并称,其含义:一是总体指水库,是水利工程的一大类型,管理上侧重工程管理,近年来向库区保护管理延伸,安全管理中顾及下游;二是重点指大坝,主

要指工程、枢纽,即水库枢纽工程,包括外延的大坝管理范围和保护范围;三是特指水库的大坝,排除尾矿坝、储灰坝、淤地坝等相关工程,尾矿坝是冶金矿山储放矿渣的工程,储灰坝是火电厂储放燃煤灰渣的工程,淤地坝是弃水拦沙的水保工程,其工程概念、管理体制与水库大坝有所不同。

我国水库管理中,按照总库容的大小将水库规模分为大型水库、中型水库、小型水库三大类。其中,大型水库又分为大(1)型水库、大(2)型水库,小型水库又分为小(1)型水库、小(2)型水库。水库工程规模分类标准见表1.1-1。

表1.1-1 水库工程规模分类

水库工程规模分类		总库容(亿 m³)
大型水库	大(1)型水库	≥10
	大(2)型水库	10~1.0
中型水库		1.0~0.1
小型水库	小(1)型水库	0.10~0.01
	小(2)型水库	0.01~0.001

水库是调控水资源时空分布、优化水资源配置、防洪减灾的重要工程措施,是江河防洪工程体系的重要组成部分,是国民经济的重要基础设施。我国是人类筑坝历史最悠久的国家之一,但大规模的水库建设起步较晚。根据国际大坝委员会(ICOLD)1950年统计,1949年以前全球建成的坝高15 m以上的5 196座大坝中,中国仅有22座。新中国成立以后,我国开展了大规模的水利工程建设,建成了一大批关系国计民生和经济社会发展全局的水库工程,如北京密云、河北潘家口、辽宁大伙房水库,以及近期建成的长江三峡、黄河小浪底、嫩江尼尔基等水库,这些水库在防洪、供水、发电、航运、水产养殖、改善环境、发展旅游等方面发挥了重大作用,为保障防洪安全、供水安全、粮食安全、能源安全和生态安全做出了重要贡献。

全国已建水库总库容相当于全国河流年径流总量的1/5,水库防洪保护3.1亿人口、132座大中城市、4.8亿亩[①]农田;水库年供水能力2 400多亿 m³,占全年供水能力的38.7%,为2.4亿亩耕地、100多座大中城市提供了可靠水源;全国水电装机容量2.8亿 kW,占全国全口径总装机容量的22.45%,水电年发电量占全国年总发电量的16.9%,为工农业生产和国民经济发展提供了可靠的清洁能源,为保障经济社会发展提供了重要的基础资源支撑并做出了重大的贡献。

1.1.2 水库大坝概况

根据《中国水利年鉴》(2018)统计,全国已建成水库98 795座(不含港澳台地区),总库容9 035亿 m³,其中大型水库732座,中型水库3 934座,小型水库94 129座。《中国水利年鉴》(2018)及第一次全国水利普查的水库数量情况见表1.1-2。

---

① 中国市制面积单位,1亩≈666.7平方米(m²)。

表 1.1-2　全国水库数量情况表

水库规模	合计	大型			中型	小型			备注
		小计	大(1)	大(2)		小计	小(1)	小(2)	
数量（座）	98 795	732			3 934	94 129			《中国水利年鉴》(2018)统计的已建水库
总库容（亿 m³）	9 035	7 210			1 117	708			
数量（座）	98 002	756	127	629	3 938	93 308	17 949	75 359	第一次全国水利普查的已建、在建水库
总库容（亿 m³）	9 323.12	7 499.85	5 665.07	1 834.78	1 119.76	703.51	496.38	207.13	

据统计,湖南、江西、广东、四川、湖北、山东、云南等 7 省是我国的水库大省,7 省水库数量占全国水库总数量的 61.7%,其中以湖南省水库最多,为 14 121 座,占全国水库总数量的 14.3%。从坝型看,土石坝占大坝总数的 93%。从坝高看,全国坝高大于等于 15 m 或总库容大于等于 300 万 m³ 的水库共 40 520 座,其中:坝高大于或等于 15 m 的水库 38 153 座,总库容大于或等于 300 万 m³ 的水库 10 132 座。

我国已建和在建坝高 100 m 以上大坝 220 座,其中 200 m 以上 32 座,300 m 以上 2 座,最高坝锦屏一级混凝土拱坝 305 m,为世界最高坝。目前,我国水库大坝数量、坝高 100 m 以上高坝数量、已建在建 200 m 以上特高坝数量均居世界第一,三峡、小浪底、二滩、小湾等标志性水利水电工程的相继建成,表明我国的筑坝技术已经跻身国际先进行列。

1.1.3　水库大坝管理

水库管理就是采取法律和行政、技术和经济措施,科学合理地组织水库建设与运行,保障水库安全,促进效益发挥,满足经济社会发展对水库综合利用的需求。

水库管理主体主要有水库业主和监管部门,水库业主是从事水库大坝开发利用的单位或各类经济组织,监管部门是对水库大坝安全实施监督管理的政府部门或政府授权机构。随着经济社会发展,公众对水库大坝安全管理的关注度和参与度越来越高,形成了良好的社会氛围。根据发达国家水库管理经验,相关公众、组织对水库大坝安全管理进行参与和监督,这是维护其自身安全和合法权益的一种方式,对促进水库大坝安全管理具有积极意义。

从业主组成看,我国的水库大坝可分为国有水库、农村集体经济组织水库、社会经济组织水库等不同情况。其中,国有水库包括各级政府及有关部门、事业单位、国有企业等所属水库,以大中型水库为主,多用于防洪、水力发电、城镇生活和工业供水、农业灌溉等;农村集体经济组织所属水库,以小型水库为主,多用于农田灌溉,全国 9 万多座水库中绝大多数由农村集体经济管理;社会经济组织水库指由其他社会经济组织投资经营的水库,多为发电、供水等经营性工程。随着改革开放的不断深化、社会主义市场经济体制的不断

完善,依据《中华人民共和国水法》(以下简称《水法》)中"国家鼓励单位和个人依法开发、利用水资源,并保护其合法权益"的规定,各类经济社会组织投资经营的水库、水电站数量有所增多。

根据调查统计,截至 2012 年 7 月,全国 545 座坝高 30 m 以上开工或已建大型水库水电站中(不含涉密工程),事业单位管理 258 座,国有或国有控股企业管理 273 座,非国有企业管理 14 座。非国有企业管理的工程中,国内民营企业管理 11 座,境外企业或外资控股企业管理 3 座。民营企业管理的工程中,坝高大于 100 m 的 5 座,其中最高的江坪河工程坝高 219 m。

从监管角度看,《中华人民共和国水库大坝安全管理条例》(以下简称《水库大坝安全管理条例》或《条例》)明确规定,国务院水行政主管部门会同国务院有关主管部门对全国的水库大坝安全实施监督,各级水利、能源、建设、交通、农业等有关部门,是其所管辖的大坝的主管部门。一般按投资关系、审批关系、隶属关系、管辖关系、政府授权明确水库大坝主管部门,实践中主要由水利、能源、交通、农业、建设、林业、旅游、司法等行业主管部门管辖水库大坝。通常,综合利用水库主要由水利部门监管,水电站水库主要由能源部门监管,航电枢纽主要由交通部门监管,农村集体经济组织所属水库按照有关规定由所在地乡镇人民政府履行主管部门职责,由水利部门监督指导。各部门监管的水库数量,以水利部门最多,其次为能源、交通部门,其他部门监管的水库数量相对较少。

1.1.4　水库大坝安全

水库大坝安全涉及公共安全,保障水库大坝安全极端重要。历史上的水库溃坝事故在国内外并不鲜见,1889 年美国 19 m 高的 South fork 土石坝溃决,死亡 2 209 人;1943 年德国 40 m 高的 Mohne 重力坝溃决,死亡 1 200 人;1959 年法国 66.5 m 高的 Malpasset 拱坝溃决,死亡 421 人;1963 年意大利 261.6 m 高的 Vajont 拱坝因库区滑坡涌浪翻越坝顶,死亡近 2 000 人;1979 年印度 43.3 m 高的 MachhuⅡ土石坝溃决,死亡 3 000 人等。

我国水库溃坝的教训也十分深刻。1975 年 8 月,河南特大洪水导致板桥、石漫滩两座大型水库和竹沟、田岗两座中型水库等相继溃坝,死亡 2.6 万人,是世界上迄今为止损失最为惨痛的溃坝事件;1993 年 8 月,青海沟后小(1)型水库溃坝,近 300 人丧生;2001 年 10 月,四川大路沟小(1)型水库溃坝,近 40 人伤亡。我国自 1954 年有较系统的溃坝记录到 2012 年的 59 年间,发生溃坝的水库共 3 520 座,年均 59.7 座。1954—1982 年的 29 年间发生溃坝的水库共 3 115 座,年均 107.4 座;其中 1959—1961 年、1973—1975 年两个时期是水库溃坝的高发期,年均溃坝分别达 155 座和 380 座。改革开放后,水库管理各项工作逐步规范,水库溃坝事件明显减少。特别是进入 21 世纪以来,2000—2012 年的 13 年间发生溃坝的水库仅 63 座,年均 4.8 座,年均溃坝率仅为 0.49×10^{-4},标志着我国已进入世界低溃坝率国家行列。

改革开放以来,通过全面加强水库大坝安全管理,落实大坝安全责任制,完善水库大坝安全法规与标准体系,开展大规模的病险水库除险加固,大力推进水库管理体制改革,加强大坝安全应急管理和调度运用,强化水库管理队伍建设等一系列扎实工作,大坝安全状况和管理水平大幅度提高。1998 年以来,中央加大了病险水库除险加固的投资力度,开展了大

规模的病险水库除险加固工程建设。2001年和2004年组织编制了两批病险水库除险加固规划,开展了较大规模的病险水库除险加固项目建设,经过近些年的病险水库除险加固建设,水库大坝安全状况显著改善,水资源调控能力明显增强。1998年以来的病险水库除险加固累计规划项目61 000多座,总投资2 100多亿元,其中:①2001年《全国病险水库除险加固专项规划》(以下简称《专项规划》)1 346座,总投资298亿元,其中中央投资166亿元,2005年完成;②2004年《全国病险水库除险加固二期工程规划》1 913座,总投资301亿元,其中中央投资155亿元,2008年完成;③2007年在安全普查基础上调整《专项规划》6 240座,含一、二批规划未实施项目1 759座,总投资510亿元,其中中央投资277亿元,2010年完成;④2008年《东部地区重点小型病险水库除险加固规划》1 116座,作为《专项规划》补充规划,总投资53.1亿元,其中中央投资19.6亿元,2011年完成;⑤2010年《全国重点小型病险水库除险加固规划》5 400座,总投资244亿元,其中中央投资164.9亿元,2012年完成;⑥2011年《全国重点小(2)型病险水库除险加固规划》15 891座,总投资384.1亿元,2013年完成;⑦2014年中央与地方签订责任书的一般小(2)型病险水库25 378座。

1.1.5 水库管理主要制度

1. 水库大坝注册登记

水库大坝注册登记是《水库大坝安全管理条例》确定的一项基本制度,是认定水库工程存在、开展大坝安全监管、明确相关管理职责、掌握工程基本情况的根本手段,是水库规范化、法制化管理的基础性工作。根据《条例》第二十三条规定,1995年,水利部会同原电力工业部、原建设部、原农业部制定发布了《水库大坝注册登记办法》(水管〔1995〕290号),明确了水库大坝注册登记机构、注册登记程序、变更与注销登记、证书与资料管理等要求。到2009年,水库大坝注册登记工作取得阶段性成果。到2014年,8.7万座已建水库完成注册登记工作,但尚有部分水库特别是第一次全国水利普查中新查到的一些水库,未及时办理注册登记或信息变更登记。2014年后,水利部陆续组织开展了水库大坝注册登记复查换证、排查梳理,进一步加大力度落实该项制度,明晰水库管理相关主体职责,全面掌握全国水库大坝基本信息,确保法规制度精准实施,监督管理不留空白、不留死角。

2. 水库大坝运行、维护与监测

一些国家(如加拿大等)在水库管理中要求每座水库都制订运行、维护与监测工作规程,称为OMS手册(operation maintenance and surveillance manual),我国将其划分为调度运用、检查监测和维修养护工作。

水库的调度运用是发挥水库防洪和兴利效益、保障大坝安全的重要工作,水库调度运用制度是水库运行的行为规范,是水库科学、安全、高效运行的重要制度保障,是实现水库综合效益目标、保障水库大坝安全的重要途径。《综合利用水库调度通则》(水管〔1993〕61号)、《大中型水电站水库调度规范》(GB 17621—1998)和《水库洪水调度考评规定》(SL 224—98)等相关规范标准对水库调度工作作出了具体规定。随着经济社会和科学技术的发展,水库调度面临着许多新的需求和问题,水库调度采用的方法手段也在不断进步。2012年,水利部印发了《水库调度规程编制导则(试行)》(水建管〔2012〕442号),2015年发布了水利行业标准《水库调度规程编制导则(试行)》(SL 706—2015),为进一步加强水库调度规程编制工

作提供了指导。当前,水库调度运用中的一些重点课题,如多目标综合利用调度、梯级水库联合优化调度、病险水库安全调度(控制运用调度)、突发事件应急调度等不断实践完善,洪水资源化利用、分期洪水调度、动态汛限水位调度等也在积极探索实践,水库参与抢险救灾的应急调度、流域或区域的水资源统一调度等技术得到越来越多的应用。

检查监测是掌握大坝运行状况的一项重要工作,是依据《水库大坝安全管理条例》第十九条规定和要求制定的安全管理制度。检查主要包括运行管理单位的巡视检查、主管部门的监督检查、防汛指挥机构的防汛检查、突发事件中的应急检查等,通过大坝安全检查掌握工程安全情况,排查事故隐患,反馈调度运用,加强事故预警。在汛期、洪水和地震中及工程存在病险、高水位运用等情况下还应对大坝工程加强安全检查和监测。监测主要是通过仪器设备对大坝运行情况进行测量和记录,方式包括传统设备的人工观测、电传仪器的集中遥测、自动化系统监测等。20世纪90年代后,大坝安全监测的方式向电测、遥测和自动化集成方向快速发展。相关技术标准主要有《土石坝安全监测技术规范》(SL 551—2012)、《混凝土坝安全监测技术规范》(SL 601—2013)等,电力行业标准也有《土石坝安全监测技术规范》(DL/T 5259—2010)和《混凝土坝安全监测技术规范》(DL/T 5178—2016)。

维修养护是改善工程形象面貌、延缓工程老化、避免发生重大安全隐患的关键性工作,包括日常维护、汛前汛后修复、大修岁修等维护措施。随着水利工程管理体制改革不断深化,水库工程维修养护工作得到加强,管养分离正在积极推进,大坝维修养护正逐步向市场化、社会化、专业化方向发展。技术标准主要有《土石坝养护修理规程》(SL 210—2015)、《混凝土坝养护修理规程》(SL 230—2015)和《水工金属结构防腐蚀规范》(SL 105—2007)等。以 SL 210—2015 标准为例,土石坝的养护修理主要是在检查工作基础上,对坝顶、坝坡、混凝土面板、坝区、边坡和监测设施等进行养护,在病害调查分析基础上,对坝面破损、结构裂缝、滑坡和渗漏等进行修复处理,对白蚁危害进行检查和防治等。

3. 水库大坝安全鉴定

大坝安全鉴定是认定工程安全状况的工作,是《水库大坝安全管理条例》第二十二条规定的一项重要制度,是政府部门掌握水库大坝安全状况、履行安全监管职责的重要手段,是实施水库科学调度、控制运用、除险加固或降等报废等安全措施的重要依据,在大坝安全管理和病险水库除险加固中发挥了重要作用。水利部发布的《水库大坝安全鉴定办法》(1995年发布,2003年修订),对水库大坝安全鉴定的目的依据、适用范围、管理原则和鉴定周期,以及鉴定的基本程序和组织工作、鉴定工作内容和鉴定成果等作了明确规定。2000年水利部发布了配套技术标准《水库大坝安全评价导则》(SL 258—2000),2017年修订发布为 SL 258—2017,明确了大坝安全评价的具体技术要求,提高了《水库大坝安全鉴定办法》的可操作性。

4. 除险加固与降等报废

病险水库除险加固是排除工程隐患的工作,是针对病险水库采取的减除水库病险危害的工程措施,是水库业主的基本职责也是公共安全管理的需要,《水库大坝安全管理条例》第四章对此做了明确要求。1998年以来,大规模的除险加固工程建设使我国的水库大坝安全总体状况得到了极大改善。

降等报废是合理处置因病险复杂、淤积严重、功能丧失等而失去运用功能和存在严重安全威胁的水库的一项措施。根据《水库降等与报废管理办法(试行)》(2003)规定,降等报废

是在工程效益衰减或丧失,加固处理技术和经济不合理等情况下,为解除工程隐患、保障工程安全而采取的一项工程处置措施。实践中采取降等报废处理的主要是一些中小型水库。据2002年调查,全国降等与报废的小型水库累计有4 846座,其中小(1)型水库降等366座,报废224座;小(2)型水库降等2 836座,报废1 420座。据新的调查统计,截至2017年底,全国实施降等与报废的水库6 539座,其中降等4 021座(中型3座、小型4 018座),报废2 518座(中型3座、小型2 515座)。

5. 水库大坝应急预案

水库大坝应急预案制度是根据《水库大坝安全管理条例》第二十五条规定,针对大坝险情和事故征兆,以避免、延缓事故发生或扩大,避免或减少下游危害和损失而预先制定的应对计划,是水库大坝安全防范和危机处置工作的统称,是突发事件应急管理工作的组成部分。应急预案制度是以防不测的工作,对水库大坝存在的可能灾害进行主动防范和处置预备,是降低大坝风险、降低可能损失后果的重要非工程措施。随着经济社会的快速发展,水库安全对下游影响快速增大,大坝风险随之加大,应急预案制度成为现代水库管理的重要制度之一。

按照我国目前的水库管理体制,根据《中华人民共和国突发事件应对法》(以下简称《突发事件应对法》)和《国家突发公共事件总体应急预案》要求,针对水库大坝的应急预案主要有两个,一个是水库大坝安全管理应急预案,另一个是水库防汛抢险应急预案,前者是水行政主管部门制定的一项制度,后者是防汛指挥机构制定的一项制度。在此基础上,一些地方政府和水库管理部门还根据有关要求制定了水库水污染突发事件、水库大坝防恐、水库大坝防震减灾以及水库管理单位安全生产等应急预案。目前,指导水库应急预案编制工作的规范性文件主要有《水库大坝安全管理应急预案编制导则》(SL/Z 720—2015)和《水库防汛抢险应急预案编制大纲》(办海〔2006〕9号)。两者目标一致、分工明确、内容衔接,同时在技术内容上也有一定的交叉重复性,目前相关部门正在研究将《水库大坝安全管理应急预案编制导则》和《水库防汛抢险应急预案编制大纲》合并修订为一个技术标准。

近年来应急预案制度得到有效执行,在应对一些水库突发事件中发挥了重要作用,避免或减少了灾害损失。如2007年甘肃小海子水库溃坝,未发生人员伤亡;2008年汶川地震发生后,水利部门及时开展水库震损情况排查,采取有效措施,进行应急处置,确保震损水库无一垮坝;2009年广西卡马水库、2010年青海温泉水库发生重大险情,因处置得当及时控制了险情,未发生溃决事故,未导致更严重的后果。

6. 水库运行管理督查

水库运行管理督查是主管部门对管理单位的水库运行管理情况的检查指导工作,是提升水库大坝运行管理质量的重要措施和手段。为加强水利工程运行管理监督工作,规范水利工程管理,促进工程安全运行,充分发挥工程效益,保障水资源的可持续利用,支撑经济社会的可持续发展,根据《水法》、《中华人民共和国防洪法》(以下简称《防洪法》)、《水库大坝安全管理条例》、《中华人民共和国河道管理条例》(以下简称《河道安全管理条例》)等有关法律法规的规定和要求,水利部建立了水利工程运行管理督查制度,对全国已建水库、水闸、河道堤防等各类水利工程运行管理开展监督检查。

水库运行管理督查的主要工作依据是《水利工程运行管理督查工作指导意见》(水建管〔2013〕41号),该意见对水库管理单位运行管理工作的主要督查内容是:一是管理责任制情

况,水库管理单位有关责任人的落实及履行职责情况,责任追究制度落实情况;二是管理体制情况,管理机构设置、人员配备与培训,日常管理、安全管理、内部管理等规章制度的建立与执行,人员基本支出、工程维修养护经费落实情况;三是水库及库区管理情况,水库大坝及库区的确权划界,注册登记情况,安全鉴定以及采取的除险加固处理或病险水库保坝运行措施,水库大坝、闸门及其启闭设备运行状况,隐患排查及整改落实,调度运用规程编制及有关调度执行,水情测报系统建立与运用,防汛物料准备、专项检查等工作,水库大坝安全管理应急预案编制和落实,水库突发事故报告制度建立和执行等情况;四是日常管理情况,大坝、溢洪道、输水洞等建筑物以及闸门、启闭机等金属结构和电气设备的日常巡检、维修养护、更新改造,观测设施运行状况,工程观测项目、频率以及观测资料整编分析,闸门、启闭设备及机电设备操作运行等情况;五是经营管理情况,水价改革及水费计收情况,电费计收情况,利用水库水土资源开展的多种经营及其经济效益情况。

1.2 水库大坝安全管理法规与标准概况

1.2.1 法规与标准的概念

法律通常指国家立法机关制定的社会行为规则,并由国家强制力保证实施,以规范当事人权利和义务,是对全体社会成员具有普遍约束力的社会规范。

法规是国家机关制定的规范性文件,法规具有法律效力。我国的法规包括国务院制定的行政法规,省、自治区、直辖市人大及其常委会制定的地方性法规。省、自治区人民政府所在地,经国务院批准的较大市的人大及其常委会也可以制定地方性法规。

部门规章是国家最高行政机关所属的各部门、委员会在其职权范围内制定发布的调整部门管理事项的规范性文件。

广义的法规概念包括了国家的法律和行政法规、部门的规章和规范性文件、地方法规和政府规章等。

标准是为了在一定的范围内获得最佳秩序,经协商一致制定并由公认机构批准,共同使用的和重复使用的一种规范性文件(如 GB/T 20000.1—2002)。

国内标准主要包括国家标准、行业标准、地方标准和企业标准,社会广泛应用或多部门应用的一般制定为国家标准,行业标准是在国家标准基础上有特殊或更高要求而制定。因此,对同一适用对象的国家标准和行业标准并行情况,行业标准的要求严于或高于国家标准,在行业技术活动中也应优先采用行业标准。地方标准是在没有相关国家标准或行业标准情况下制定,或者在有国家标准和行业标准情况下出于地方经济社会发展更高要求制定,后者表现为地方标准的要求严于或高于国家标准、行业标准,企业标准的制定或因为没有标准或出于更高要求。国家标准由国家标准化主管部门批准发布,行业标准由相应行业主管部门批准发布,地方标准由地方标准化主管部门批准发布,企业标准由地方标准化主管部门备案。

1.2.2 水库运行管理流程

我国的水库大坝安全管理法规与标准建设的内容、体系架构围绕水库管理的重要工作展开。水库大坝工程的全生命周期可以分为规划设计、工程建设、运行管理、报废处理等主要阶段，工程建成投入运行后的主要管理过程见图1.2-1。

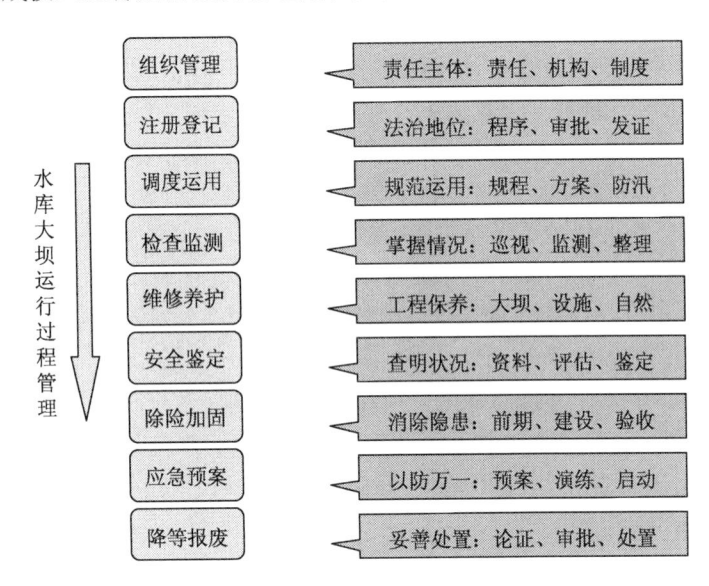

水库大坝运行过程管理：
- 组织管理 ← 责任主体：责任、机构、制度
- 注册登记 ← 法治地位：程序、审批、发证
- 调度运用 ← 规范运用：规程、方案、防汛
- 检查监测 ← 掌握情况：巡视、监测、整理
- 维修养护 ← 工程保养：大坝、设施、自然
- 安全鉴定 ← 查明状况：资料、评估、鉴定
- 除险加固 ← 消除隐患：前期、建设、验收
- 应急预案 ← 以防万一：预案、演练、启动
- 降等报废 ← 妥善处置：论证、审批、处置

图1.2-1　水库运行管理过程示意图

（1）组织管理。主要任务是落实大坝安全责任制，明确水库运行管理、部门监督、政府负责的三方责任体系；组建水库运行管理单位，明确内设机构主要专业岗位和人员，制定并落实运行管理制度，筹措运行管理经费保障。对公益性和以公益性为主的水库，结合水利管理体制改革要求明确单位性质的分类定性，核定定岗定编，明确运行管理和维修养护经费来源，推进管养分离。

（2）注册登记。主要任务是按照分级管理原则由水库管理单位向相关水库大坝注册登记机构申请注册登记，填报相关资料，经审核批准后领取水库大坝注册登记证书，依法开展水库大坝运行管理。在大坝安全等级和工程主要指标发生变化后及时申请办理变更登记。

（3）调度运用。主要任务是按照有关规定编制水库调度规程和汛期调度运用计划，报相关主管部门批准，按照调度规程和调度计划开展水库调度工作，发挥水库运用功能。为给安全高效的水库调度运用提供水情预报，密切掌握大坝安全状况，应当做好水库水情测报和大坝安全监测工作。

（4）检查监测。主要任务是水库管理单位对大坝运行状况实施巡视检查和仪器观测，及时整理分析检查监测资料，指导水库调度运行和维修养护，发现工程问题和安全隐患及时向主管部门报告；水库主管部门对水库大坝安全实施监督，适时组织安全检查，开展水库运行管理情况督查。

（5）维修养护。主要任务是按照水库大坝管理要求和有关技术标准，对大坝工程和设施开展养护修理工作，保持大坝和设施外观、结构和功能维持良好状态和安全性能，保障闸

门、启闭设施、动力电源保持良好的运行条件。对土石坝还应当根据情况保持坝面整洁,避免杂草丛生,防治白蚁和动物危害。

(6) 安全鉴定。主要任务是定期委托具有相应资格条件的技术服务单位进行大坝安全评价,申请相应大坝安全鉴定部门对大坝安全状况进行鉴定。对鉴定为一类坝的工程总结经验,继续做好大坝安全管理工作;对二类坝加强检查监测,及时开展养护修理和隐患处理工作,改进和加强运行管理工作;对三类坝及时采取除险加固或降等报废措施,处理前控制水库调度运用,加强大坝安全检查监测。

(7) 除险加固。主要任务是对大坝工程实施加固处理,消除病险隐患。一般是在大坝被鉴定为三类坝后,在开展初步设计前期工作基础上,由水库主管部门督促水库管理单位筹措除险加固资金,实施除险加固工作建设,加固工程完工后按照建设程序规定,进行蓄水鉴定和验收,验收通过后才能重新投入运行使用。

(8) 应急预案。主要任务是针对工程可能突发事件,按照有关规定和技术标准,在风险分析基础上,制定针对性的防范和应对计划,明确突发事件的分类等级和监测预警,预案的启动方式和结束标准,应急响应的组织指挥、抢险救护、应急转移等方案,制定应急保障措施和条件,提出应急预案宣传、演练计划。

(9) 降等报废。主要任务是根据工程存在的水源短缺、淤积严重、功能丧失、病险复杂、危害重大等问题,经论证除险加固技术上不可行、经济上不合理,提出降等改造和报废处理方案,经有关主管部门批准后组织实施,并处理好工程和管理的遗留问题,保护河流防洪安全和工程环境生态。

1.2.3 法规与标准的发展

水库大坝安全管理法规与标准是指与水库大坝安全管理相关的国家法律、行政法规、部门规章与技术标准的统称。我国的大坝安全管理法规在立法层次上包括了国家法律、行政法规(含法规性文件)、部门规章(含规范性文件)、地方法规(含政府规章)等,其中法律由全国人大颁布,法规由国务院颁发,部门规章由国务院主管部门(水库大坝相关规章由国务院水行政主管部门)发布,地方法规由各地方人大颁布。技术标准包括相关的国家标准、行业标准、地方标准等。

自新中国成立特别是改革开放以来,我国加强了立法工作,水库管理法规与标准随之不断建设与完善,发展过程大致可分为两个阶段,即改革开放前的行政化管理时期,改革开放后的法制化管理时期。对水库大坝安全管理来说,里程碑的标志就是《水法》和《水库大坝安全管理条例》的颁布实施。

20 世纪 80 年代以前,水库管理主要依赖行政手段,政府及其主管部门以各种形式的行政文件、工作会议等方式组织指导水库管理,以检查、调查等方式开展安全监督,其主要内容体现了部分法规性和技术性的管理要求。同时,"技术手册"等专业资料在一定程度上也发挥了指导和规范水库管理工作的作用。进入 80 年代,《水库工程管理通则》(SLJ 702—81)、《土坝观测资料整编办法》(SLJ 701—80)等相关技术标准发布,水库管理进入了一个新的以技术标准为主导的规范化时期,这一时期发布的各类标准奠定了现阶段水库管理技术标准的基础。到 80 年代末,《水法》(1988)颁布,开始了水库管理法规与技术标准体系化建设的

新进程。1991年3月依据《水法》制定的《水库大坝安全管理条例》颁布,奠定了水库管理的法制化建设的基础。此后,一系列相关部门规章和技术标准的发布,进一步完善了水库大坝安全管理法规与标准体系,开启了全面法制化的水库大坝管理新进程。

经过改革开放40多年的努力,以《水法》《防洪法》为统领,以《水库大坝安全管理条例》为主线,相应部门规章、规范性文件和技术标准为配套,地方法规或政府规章为补充,符合我国国情水情并适应经济社会发展需要的水库大坝安全管理法规与标准体系已经形成。

我国的水库大坝安全法律法规对水库大坝安全管理提出了总规则,相关规章和技术标准按工程建设与运行管理两个阶段进行制定,工程建设阶段包括前期勘察设计、施工准备(含招投标)、建设实施、工程验收等,相关规章与技术标准涵盖勘察、设计、施工以及结构、材料、设备、招标、质量、验收等;运行管理阶段包括组织机构建设、管理设施配套、管理制度建设、日常调度运用、巡查检测维护、应急处置与抢险等,相关规章与技术标准涵盖主体责任、注册登记、调度运用、安全监测、安全鉴定、维修养护、除险加固、应急管理等。

从目前情况看,水利、能源两个部门建立的水库大坝建设与管理的规章制度、技术标准体系较为完善,其他行业或组织多依据或参照这两个行业的规章与标准体系组织实施水库大坝安全监督管理。

1.2.4 水库大坝安全管理法规与标准建设

我国历来十分重视水库管理工作,在管理体制、法规制度、管理手段、运行机制等方面建立了一套适合我国国情并不断完善的水库管理体系。我国的大坝安全管理法规在立法层次上包括了国家法律、行政法规、部门规章、地方法规等内容,通过多年建设已经形成了较为完善的水库大坝安全管理法规体系。

大坝安全管理适用的国家法律以《水法》《防洪法》为基础,涉及《中华人民共和国水土保持法》(以下简称《水土保持法》)、《中华人民共和国水污染防治法》(以下简称《水污染防治法》)、《中华人民共和国环境保护法》(以下简称《环境保护法》)、《中华人民共和国环境影响评价法》(以下简称《环境影响评价法》)、《中华人民共和国防震减灾法》(以下简称《防震减灾法》)、《中华人民共和国安全生产法》(以下简称《安全生产法》)、《中华人民共和国土地管理法》(以下简称《土地管理法》)等相关法律。其中,《水法》是水库管理遵循的最高位法;《防洪法》是水库防洪遵循的法律。

行政法规中,大坝安全管理的专门法规是《水库大坝安全管理条例》,其次是《中华人民共和国防汛条例》(以下简称《防汛条例》),以及相关法律法规的实施细则或实施条例等。水库管理重要法规性文件有《水利工程管理体制改革实施意见》《国家突发公共事件总体应急预案》《国家防汛抗旱应急预案》等。其中,《水库大坝安全管理条例》是大坝安全管理的专门法规,是水库管理法规体系的核心。

《条例》的颁布实现了大坝安全管理有法可依,是我国大坝安全管理走向规范化、法制化、现代化的里程碑。在《条例》指导下,一系列配套的部门规章、规范性文件也相继发布,建立了一套以《条例》为龙头和纲领的大坝安全管理法规与制度体系,为全面加强水库大坝安全管理工作,提高大坝安全管理现代化水平发挥了关键作用。但是,随着社会主义市场经济体制的建立,社会财富的不断增加,经济社会发展对水库大坝的运行安全、防洪安全、供水安

全以及生态环境安全等方面提出了更高的要求,水库管理主体的各层次责、权、利发生了较大变化。而《条例》及有关法规对水库管理体制、工程管理和保护范围、水库淹没补偿以及旅游开发、水质保护等问题没有明确的规定,致使一些水库长期存在多头管理的问题,一些地方随意侵占破坏水库工程及其设施,库区旅游资源开发无序,水库淹没补偿范围不明确影响库群关系等,库区开发建设与经营活动频繁,危害了工程安全,影响了水库调度,加重了水土流失,造成了水质污染,制约了水库综合效益的充分发挥,因此,需要对《条例》进行修订。

部门规章以《水库大坝注册登记办法》《水库大坝安全鉴定办法》《水库降等与报废管理办法(试行)》《小型水库安全管理办法》等为代表,包括近期发布的《水利部关于进一步加强水库大坝安全管理的意见》(水建管〔2018〕63号)、《水利部关于加强水库安全管理工作的通知》(水建管〔2006〕131号)、《水利部关于进一步明确和落实小型水库管理主要职责及运行管理人员基本要求的通知》(水建管〔2013〕311号)等重要规范性文件。

1.2.5 水库大坝安全管理法规与标准现状

水库大坝安全管理法规与标准建设近40年来得到了快速发展,为水库大坝安全管理发展提供了法制保障,促进了水库管理从传统模式向规范化、法制化、现代化方向不断进步,奠定了现代水库管理模式的法制基础。以下为水库大坝安全管理法规与标准的主要情况。

水库大坝安全管理法规与标准体系结构见图1.2-2。

水库大坝安全管理主要法律法规见表1.2-1。

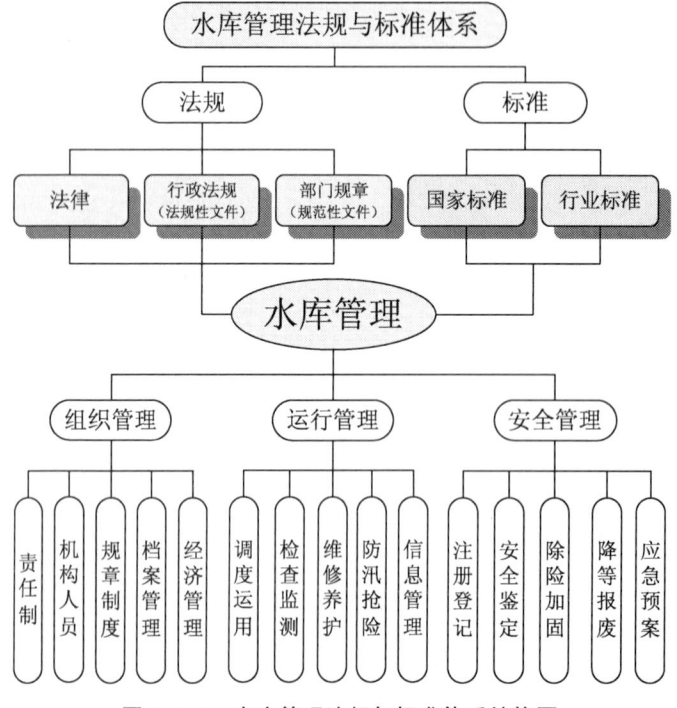

图1.2-2 水库管理法规与标准体系结构图

表 1.2-1　水库管理主要法律法规

分类	国家法律	行政法规(含法规性文件)
基本	水法 防洪法 水土保持法 水污染防治法	水库大坝安全管理条例 防汛条例 水土保持法实施条例 水污染防治法实施细则 水利产业政策实施细则 水利工程管理体制改革实施意见 大中型水利水电工程建设征地补偿和移民安置条例 河道管理条例
相关	环境保护法 环境影响评价法 防震减灾法 土地管理法 安全生产法 突发事件应对法 行政许可法 建筑法 标准化法 计量法 招标投标法 合同法	建设项目环境保护管理条例 地震安全性评价管理条例 土地管理法实施细则 建设工程安全生产管理条例 生产安全事故报告和调查处理条例 特别重大事故调查程序暂行规定 国家突发公共事件总体应急预案 国务院关于全面加强应急管理工作的意见 建设工程勘察设计管理条例 建设工程质量管理条例 安全生产许可证条例 国务院办公厅关于加强基础设施工程质量管理的通知 国务院关于加强公益性水利工程建设管理的若干意见

水库大坝安全管理主要部门规章和规范性文件见表 1.2-2。

表 1.2-2　水库管理主要部门规章与规范性文件

分类	名称	发布文号
主要	水库大坝注册登记办法	水管〔1995〕290 号
	水库大坝安全鉴定办法	水建管〔2003〕271 号
	小型水库安全管理办法	水安监〔2010〕200 号
	水库降等与报废管理办法(试行)	2003 年水利部令第 18 号
	水利工程管理考核办法	水运管〔2019〕53 号
	水利工程运行管理督查工作指导意见	水建管〔2013〕41 号
	水库调度规程编制导则(试行)	水建管〔2012〕442 号
	水库大坝安全管理应急预案编制导则(试行)	水建管〔2007〕164 号
	水利部关于加强水库大坝安全监测工作的通知	水建管〔2013〕250 号
	水利部关于加强水库安全管理工作的通知	水建管〔2006〕131 号
	关于加强小型病险水库除险加固项目验收管理的指导意见	水建管〔2013〕178 号
	水利部关于进一步明确和落实小型水库管理主要职责及运行管理人员基本要求的通知	水建管〔2013〕311 号
	水利部、财政部关于印发《关于深化小型水利工程管理体制改革的指导意见》的通知	水建管〔2013〕169 号
	小型水库土石坝主要安全隐患处置技术导则(试行)	水建管〔2014〕155 号
	水利部关于进一步加强水库大坝安全管理的意见	水建管〔2018〕63 号

续表

分类	名称	发布文号
相关	国家土地管理局、水利部关于水利工程用地确权有关问题的通知	〔1992〕国土〔籍〕字 11 号
	水利工程档案工作规定	水办〔2003〕105 号
	河道管理范围内建设项目管理的有关规定	水政〔1992〕7 号
	关于加强农村水电建设管理的意见	水电〔2006〕338 号
	农村水电站安全生产管理分类及年检办法	水电〔2006〕146 号
	水利水电工程建设项目蓄水安全鉴定暂行办法	水建管〔1999〕177 号
	关于进一步加强病险水库除险加固工程管理有关问题的通知	发改办农经〔2005〕806 号
	水利枢纽工程除险加固近期非常运用洪水标准的意见	水规〔1989〕21 号
	水库防汛抢险应急预案编制大纲	办海〔2006〕9 号
	水利工程管理单位定岗标准（试点）	水办〔2004〕307 号
	水利工程维修养护定额标准（试点）	水办〔2004〕307 号

水库大坝安全管理相关技术标准数量较多，已颁的主要技术标准见表 1.2-3。

表 1.2-3 水库大坝安全管理主要技术标准

分类	名称	编号
综合管理	水库工程管理通则	SLJ 702—81
	水库工程管理设计规范	SL 106—2017（替代 SL 106—96）
	防洪标准	GB 50201—2014（替代 GB 50201—94）
	水利水电工程等级划分及洪水标准	SL 252—2017（替代 SL 252—2000）
	水利工程代码编制规范	SL 213—2012（替代 SL 213—98）
	中国水库名称代码	SL 259—2000
	已成防洪工程经济效益分析计算及评价规范	SL 206—2014（替代 SL 206—98）
	水利工程建设与管理数据库表结构及标识符	SL 700—2015
组织管理	水利行业岗位规范 水利工程管理岗位	SL 301.5—93
	水利工程管理单位编制定员试行标准	SLJ 705—81
调度运用	水库洪水调度考评规定	SL 224—98
	防汛储备物资验收标准	SL 297—2004
	防汛物资储备定额编制规程	SL 298—2004
	大中型水电站水库调度规范	GB 17621—1998
	水库调度规程编制导则	SL 706—2015
	水库大坝安全管理应急预案编制导则	SL/Z 720—2015
安全管理	土石坝安全监测技术规范	SL 551—2012（替代 SL 60—94，SL 169—96，SLJ 701—80）
	混凝土坝安全监测技术规范	SL 601—2013（替代 SDJ 336—89）
	水工隧洞安全监测技术规范	SL 764—2018
	大坝安全监测仪器检验测试规程	SL 530—2012
	大坝安全监测仪器安装标准	SL 531—2012
	大坝安全监测仪器报废标准	SL 621—2013
	大坝安全监测系统鉴定技术规范	SL 766—2018
	水库大坝安全评价导则	SL 258—2017（替代 SL 258—2000）
	水利水电工程金属结构报废标准	SL 226—98
	水工钢闸门和启闭机安全检测技术规程	SL 101—2014（替代 SL 101—94）

续表

分类	名称	编号
维修养护	土石坝养护修理规程	SL 210—2015（替代 SL 210—98）
	混凝土坝养护修理规程	SL 230—2015（替代 SL 230—98）
	水工钢闸门和启闭机安全运行规程	SL 722—2015
	水利水电工程闸门及启闭机、升船机设备管理等级评定标准	SL 240—1999
	水工金属结构防腐蚀规范	SL 105—2007（替代 SL 105—95）

1.3 地方性法规或规章建设

1.3.1 地方性法规或规章建设情况

针对水库大坝安全管理工作，不少地方积极贯彻实施《水库大坝安全管理条例》，加强相关地方性法规或地方政府规章建设，同时，针对一些重要的、跨区域的、需要加强管理协调的工程制定了专门的工程管理法规或规章。地方性法规或规章建设的主要情况是：

（1）早期的地方法规。早在《水法》颁布前，广西壮族自治区为了加强水利工程的管理和保护，合理利用水资源，促进工农业发展，根据《中华人民共和国宪法》和有关法律、法规的规定，结合本区实际情况，制定了《广西壮族自治区水利工程管理条例》（1987年），这是目前所见最早的针对水利工程管理制定的地方法规。

（2）较早的水利工程管理法规。1988年《水法》颁布后，地方人大或政府对包括水库大坝管理在内的水利工程管理制定了一些法规或规章，如《河北省水利工程管理条例》（1990年）、《陕西省水工程管理条例》（1996年）、《四川省水利工程管理条例》（1998年）等。

（3）省级水库管理法规或规章。1991年《条例》颁布后，较早针对水库管理制定地方法规有《河南省〈水库大坝安全管理条例〉实施细则》（1993年）、《广东省〈水库大坝安全管理条例〉实施细则》（1994年）、《山东省实施〈水库大坝安全管理条例〉办法》（1994年）等，此后陆续制定发布的还有《湖北省水库管理办法》（2002年）、《福建省水库大坝安全管理规定（试行）》（2009年）、《江苏省水库管理条例》（2011年）等。

（4）市县的水库管理规章或规范性文件。如《昆明市水利工程管理条例》（1999年）、《南昌市水库管理若干规定》（1999年）、《贵阳市水库管理办法》（2005年）等。同时，各地还针对小型水库管理制定了地方规章或规范性文件，如《本溪市中小型水库安全管理办法》（1995年）、《宜兴市小型水库管理细则》（2004年）、《深圳市小型水库管理办法》（2017年）。

（5）专门的工程立法。针对水库大坝工程的专门立法也在积极实践中，一些地方针对不同工程的特殊性、重要性，有针对性地制定了单座水库的管理规章或规范性文件，如《凉山彝族自治州大桥水库工程管理条例》（2000年）、《淄博市萌山水库保护管理条例》

（2003年）、《广东省东江流域新丰江、枫树坝、白盆珠水库库区水资源保护办法》（2011年）等。

部分地方水库大坝安全管理法规或政府规章见表1.3-1。

表1.3-1 部分地方水库大坝安全管理法规或政府规章

分类	法规规章名称（发布年份，最新修订年份）
省级	安徽省小型水库安全管理办法(2010) 福建省水库大坝安全管理规定(试行)(2009) 甘肃省水库大坝管理办法(试行)(2007) 广东省《水库大坝安全管理条例》实施细则(1994) 广东省水利工程管理条例(2000年发布,2014年修订) 广西壮族自治区水利工程管理条例(1987年发布,2011年修订) 贵州省水库大坝安全管理办法(2005) 河北省水利工程管理条例(1990年发布,2011年修订) 河南省《水库大坝安全管理条例》实施细则(1993) 河南省水利工程管理条例(1997) 湖北省水库管理办法(2002) 江苏省水库管理条例(1987年发布,2017年修订) 江苏省水利工程管理条例(2004) 青海省水库大坝安全管理办法(2003) 山东省实施《水库大坝安全管理条例》办法(1987年发布,2018年修订) 山西省水工程管理条例(1991) 陕西省水工程管理条例(1996) 四川省水库大坝安全管理办法(2008) 四川省水利工程管理条例(1998年发布,2017年修订) 浙江省水库大坝安全管理办法(1997) 浙江省水利工程安全管理条例(2008年发布,2014年修订) 重庆市水利工程管理条例(1993年发布,2011年修订)
市县	南京市水库保护条例(2012) 昆明市水利工程管理条例(1999) 贵阳市水库管理办法(2005) 本溪市中小型水库安全管理办法(1995) 南昌市水库管理若干规定(1999年发布,2012年修订) 深圳市小型水库管理办法(2017年修订后发布) 宜兴市小型水库管理细则(2004) 惠州市小型水库管理办法(2008) 安康市中小型水库安全度汛管理暂行办法(2006) 吉安市小型水库专职安全管理报汛员管理办法(试行)(2007) 云南省文山壮族苗族自治州水利工程管理条例(1994)

续表

分类	法规规章名称(发布年份,最新修订年份)
工程	天津市引滦工程管理办法(1994年发布,2004年修订) 广东省飞来峡水利枢纽管理办法(1997) 广东省东江流域新丰江、枫树坝、白盆珠水库库区水资源保护办法(2011) 哈尔滨市西泉眼水库保护条例(1996) 海南省松涛水库生态环境保护规定(2007) 淄博市萌山水库保护管理条例(2003) 淄博市田庄水库保护管理条例(2010) 内江市关于加强天宫堂水电站库区管理的通告(2009)

地方法规规章的建设,有效贯彻落实了国家法律法规的规定,增强了相关法律法规要求在实施中的衔接和协调,使一些管理要求得以深化、细化,结合地方实际进一步增强了针对性、操作性。

1.3.2 浙江省的水库管理法规规章建设

浙江省的水库管理法规规章建设走在全国的前列。浙江省依据《水法》、《防洪法》和《水库大坝安全管理条例》等法律法规,结合浙江实际,以省级地方法规规章建设为龙头,带动市县规章和政府水行政主管部门规范性文件建设,形成了一套比较完整的、体系化的水库管理法规规章体系。

以适用全省的法规规章为例,内容涵盖了工程管理、安全管理、占用水域管理、综合考核、产权制度改革、小型水库安全运行、山塘巡查、监督检查等多个方面,主要法规规章或规范性文件见表1.3-2。

表1.3-2 浙江省水库大坝安全管理法规规章或规范性文件

序号	法规规章名称(发布年份)
1	浙江省水利工程安全管理条例(2008)
2	浙江省水库大坝安全管理办法(1997)
3	浙江省水库安全管理督查办法(试行)(2008)
4	浙江省建设项目占用水域管理办法(2006年发布,2011年修正)
5	浙江省大中型水库控制运用计划编制导则(2009)
6	浙江省水库工程管理综合考核实施办法(试行)(2002)
7	浙江省小型水库安全运行管理规定(试行)(2012)
8	浙江省小型农田水利工程产权制度改革试行办法(1997)
9	浙江省山塘巡查管理办法(2008)
10	浙江省小型水库大坝安全技术认定办法(试行)(2003)
11	浙江省中型水库大坝安全鉴定及小型水库大坝安全技术认定大纲(2003)

第 2 章
水库大坝安全组织管理

2.1 大坝安全管理组织体系

组织管理是指通过建立组织机构，规定岗位职责，明确责权关系等，以有效实现组织目标的过程。

我国水库大坝数量多、分布广，经过几十年的努力和探索，逐步形成了由政府监督、行业部门监管、业主运行管理及中介机构提供社会化服务组成的四个层面的组织体系。通过统一目标和统一指挥，开展分工协作，采取集权与分权相结合、稳定性与灵活性相结合的方式，努力实现水库大坝安全运行目标。

2.1.1 政府监督

政府监督是指国家行政机关对主管事务负责相应事项的全过程依法监视、督促和管理。政府监督不是单指政府或政府部门进行检查、管理的具体做法与操作，政府监督往往还与行业自律并举。即政府监督的方式、方法，往往与其他管理方法共同提出，相互补充。

我国水库大坝安全的监督主要体现在：一是实行大坝安全地方政府行政首长负责制，二是水行政主管部门组织、指导水库大坝安全监管，三是有关主管部门实施水库大坝安全行业监管。有关主管部门是指建设与管理水库大坝的有关行政部门，如水利、能源、建设、交通、农业等部门，它们是安全监督的主要执行者。《水库大坝安全管理条例》第三条明确："国务院水行政主管部门会同有关主管部门对全国的水库大坝实施监督，县级以上地方人民政府水行政主管部门会同有关主管部门对本行政区域内的大坝安全实施监督。"其中第二款进一步明确："各级水利、能源、建设、交通、农业等有关部门，是其所管辖的大坝的主管部门"。

各级水行政主管部门按照"分级负责、属地管理"的原则实施水库大坝安全监管的组织指导。水利部作为国务院水行政主管部门，具有"依法负责水利行业安全生产工作，组织、指导水库、水电站大坝的安全监管，指导水利建设市场的监督管理，组织实施水利工程建设的监督"的职责。

水利部水库大坝建设与管理的相关职能包括：指导水利工程建设管理，负责水利工程质量监督管理，组织指导水利工程开工审批、蓄水安全鉴定和验收；组织编制水库运行调度规程,指导水库、水电站大坝、堤防、水闸等水利工程的运行管理与确权划界;组织实施具有控制性的或跨省(自治区、直辖市)及跨流域的重要水库工程建设与运行管理;指导大江大河干堤、重要病险水库、重要水闸的除险加固,组织实施中央投资的病险水库、水闸除险加固工程的建设管理等。水利部安全监督相关职能包括:组织拟订水利安全生产以及水利建设项目稽查的法规政策和技术标准并监督实施;指导水利行业安全生产工作,负责水利安全生产综合监督管理和检查;组织落实水利工程项目安全设施"三同时"制度,负责管理水利生产经营单位主要负责人和安全管理人员的安全资格考核工作;组织或参与重大水利生产安全事故的调查处理,负责水利行业生产安全事故统计、报告。

省级地方人民政府根据安全监督的职责也制定了相关的政策与制度。如,山西省人民政府在 2014 年 5 月发布的《关于加强水库安全管理工作的意见》中明确指出:省管水库由省人民政府及其水行政主管部门负责,市县管理的水库由市、县人民政府及其水行政主管部门负责,其他部门管理水库的责任主体为主管部门。各级人民政府是水库管理机构的建立或确定、落实水库安全管理各类责任人和具体责任的主体。《四川省水库大坝安全管理办法》第四条明确:省人民政府水行政主管部门会同有关主管部门对全省的水库大坝安全管理实施监督,县级以上人民政府水行政主管部门会同有关主管部门对本行政区域内的水库大坝安全管理实施监督。第五条指出:城镇、交通干线和密集居民区等位置重要的或病险水库的大坝安全,水库大坝主管部门的上一级主管部门可以直接实施安全监督。

2.1.2 行业部门监管

行业管理部门是政府职能部门中负责某一行业行政管理的部门,负责本行业的社会发展规划、行政许可审批等,对其建设与管理的水库大坝安全实施行业监督管理。

水利部门监管的水库数量最多,大多是以防洪、灌溉等公益性效益为主的综合利用水库,由各级水行政主管部门监督管理;能源部门的水库工程以发电为主,一般称水电站或电站水库,由国家能源局或地方能源部门监督管理;交通部门的水库工程以航运为主,多兼顾发电,一般称为航电枢纽;农业、建设、司法、旅游、林业等其他行业系统也管理了少量以行业需求为目标的水库大坝,由各级主管部门监督管理。此外,军队为了军事需要也建设和管理了少量中小型水库,主要保障供水。

就水利部门管理的水库来说,水库大坝的监督管理机构包括国务院水行政主管部门及其流域管理机构(如长江水利委员会、黄河水利委员会、淮河水利委员会、海河水利委员会、珠江水利委员会、松辽水利委员会、太湖流域管理局),以及地方各级水行政主管部门。国家防汛抗旱总指挥部办公室以及地方各级人民政府防汛抗旱指挥机构按照分级负责原则,在汛期组织水库防汛工作,依据批准的汛期调度运用计划下达调度指令。

国务院水行政主管部门和省级水行政主管部门以外还设有事业性质的水库大坝专业技术管理机构,受水行政主管部门委托归口管理水库大坝安全技术工作,属政府职能的延伸,如水利部大坝安全管理中心、省级水库大坝安全管理中心、省级水利工程管理局等。

目前全国已有近三分之一的省、自治区、直辖市成立了省级大坝安全管理中心,这些机构在水库大坝管理工作中发挥了重要的技术支撑作用。

一个较为特殊的情况是,大量小型水库为农村集体经济组织所有,按照有关规定,其主

管部门职责由所在地乡镇人民政府承担,水行政主管部门加强组织指导。

2.1.3 业主运行管理

业主是指物业的所有权人,可以是自然人、法人和其他组织。我国水库大坝权属包括国家所有、集体所有、各种非公有制经济组织所有三种类型。

水利系统的国有水库以大中型和重点小型水库为主,属全民共同所有,其产权具有不可分性,这些水库以防洪、灌溉等公益性效益为主,由各级水行政主管部门成立的水库管理单位代表同级人民政府行使业主职能。

面广量大的小型水库为农村集体经济组织所有,一般没有专门的管理单位,由相应的集体组织聘请管护人员实施运行管护,也可能在有关部门指导下成立联合管理机构实施运行管理。

各种非公有制经济组织所有的水库,包括各种股份制企业(非公有制为主)、境外企业和民营经济等,一般由各地水行政主管部门或有关部门代表同级人民政府行使安全监督管理职责,但不是水库大坝业主。水库管理单位及其上级主管单位(或业主)承担水库大坝安全的管理主体责任,负责水库大坝的运行与安全,负责水库大坝日常运行管理工作。

2.1.4 社会化服务

社会化服务体系是指为水库大坝安全提供专业化服务的组织机构和方法制度的总称。它是运用社会专业力量,使管理维护队伍小、专业人员少的水库管理单位,适应市场经济体制的要求,克服自身队伍薄弱的弊端,获得大规模生产效益的一种社会化的经济组织形式。

在我国,以水利工程建设为服务对象的项目评估、科研、设计、施工、监理、中介及法律等服务的中介咨询服务体系已建成,基本形成了竞争有序、统一开放的市场格局。而水库工程的运行及维修养护,正在逐步引入市场化管理模式,以促进工程管养分离,提高工程管理效益。为解决小型水库管理资源缺乏等问题,许多地方探索开展了区域化、流域化、集团化等小型水库管理模式。

如浙江省舟山定海区针对水利工程数量多、规模小、分布广以及工程设施缺乏统一管理、工程效益衰减等问题,积极推行水利工程管养分离模式。该模式具体为"总站统一监管、乡镇分散管理、公司维修养护",即对原先由各镇(街道)负责维修养护的全区小(2)型以上水库、标准海塘及沿塘水闸、主要河道等重要水利工程的维修养护均采用企业化运作模式,日常保洁养护由区水利围垦局下属公司承担,工程维修养护则通过市场竞争方式,择优选择有资质的专业化企业负责,每年签订养护合同,不定期进行考核。这种方式推动了全区水利工程维修养护体系专业化、市场化和社会化的发展。

大中型水利工程管理也在传统理念下得到改革创新,管养分离逐步推行,推进了政府向社会组织购买水利工程运行管理和维修养护服务的进程。对于小型水库,通常购买主体为县级人民政府,承接主体为小型水库安全管理员,购买服务内容为水库巡查检查、水雨情观测、报汛、水库大坝等建筑物日常简易维护等,购买资金由市县财政解决,省、市级财政给予适当补助。

工程管护和运行的市场化、专业化、集约化可以加快实现机构精简、良性循环的管理目标。

2.2 水库大坝安全责任制

2.2.1 水库大坝安全责任制体系

"政府行政首长负责制"是世界上许多国家普遍采用的一项行政管理制度,体现了"权力与责任"的对等统一。

根据《水库大坝安全管理条例》第四条规定,"各级人民政府及其大坝主管部门对其所管辖的大坝的安全实行行政领导负责制"。各地在完善水库大坝安全责任制过程中,逐库落实政府责任人、水库主管部门责任人和水库管理单位责任人,水利部公布全国大型水库大坝安全责任人名单,省级水行政主管部门公布辖区内中型水库责任人名单,县级水行政主管部门公布辖区内小型水库责任人名单,并通过媒体向社会公示,接受社会监督。各地中小型水库大坝安全责任人名单定期报送水利部备案,如原责任人工作变动,要及时作出调整。

根据《条例》规定,我国实行水行政主管部门会同能源、建设、交通、农业等有关主管部门对水库大坝安全实行监督的制度,各级水行政主管部门和水库主管部门按"分级负责、属地管理"原则和管辖、隶属关系开展水库大坝安全监督。《小型水库安全管理办法》规定了小型水库大坝安全监督管理体制,明确"农村集体经济组织所属小型水库安全的主管部门职责由所在地乡、镇人民政府承担"。"县级水行政主管部门会同有关主管部门对辖区内小型水库安全实施监督,上级水行政主管部门应加强对小型水库安全监督工作的指导。"

大坝安全责任人要以地方政府行政首长负责制为核心,明确各类责任人的具体职责,全面落实安全管理责任,尤其要重点落实水库大坝安全度汛责任,确保度汛安全。政府责任人负有水库大坝安全监管的领导责任,应协调指导解决水库大坝安全管理的重大问题,建立病险水库除险加固长效机制,组织重大突发事件和安全事故的应急处置;水库主管部门责任人承担水库大坝安全运行监管职责,负责组织建立健全水库安全管理规章制度,指导水库管理单位落实各项安全措施,组织解决水库大坝安全管理的突出问题;水库管理单位责任人承担水库大坝安全管理主体责任,负责水库日常安全运行管理和维修养护工作,具体落实水库管理各项规章制度,严格执行调度指令,保障工程安全运行。

以广西壮族自治区2015年公布的大型水库大坝安全责任人名单为例(表2.2-1),各水库都具体落实了三级安全负责人。政府责任人为水库所在市、区或县的行政首长,主管部门(或业主)责任人为水库所属水利厅局主要领导或业主单位法人,水库管理单位责任人为水库管理单位的主要领导。

根据要求,如原责任人工作变动,则新任领导即为责任人,并及时向水行政主管部门报备。通过责任制体系的建立以加强社会监督,强化责任落实。

表 2.2-1　2015 年广西大型水库大坝安全责任人名单

序号	水库名称	政府责任人			主管部门责任人			水库管理单位责任人		
		姓名	单位	职务	姓名	单位	职务	姓名	单位	职务
1	凤亭河水库	周××	南宁市人民政府	市长	杨××	自治区水利厅	厅长	莫××	凤亭河水库管理处	主任
2	西津水电站	周××	南宁市人民政府	市长	戴××	大唐广源水力发电有限公司	总经理	陈××	西津水电厂	厂长
3	青狮滩水库	李××	桂林市人民政府	代市长	叶××	桂林市水利局	局长	粟××	桂林市属水库管理处	主任
4	京南水利枢纽	朱××	梧州市人民政府	市长	梁××	广西水电集团	董事长	蒙××	京南电站	总经理
5	平龙水库	陈××,	覃塘区人民政府	区长	陈××	覃塘区水利局	局长	黄××	平龙水库管理委员会	主任
6	六陈水库	区××	平南县人民政府	县长	廖××	平南县水利局	局长	练××	六陈水库管理处	主任

2.2.2　水库大坝安全地方政府责任

地方人民政府对水库大坝安全负总责,对公共安全负责,负责落实本行政区域内水库大坝安全行政管理责任人,并明确其职责,协调有关部门做好水库安全管理工作,落实管理经费,划定工程管理范围与保护范围,组织重大安全事故应急处置。

2.2.3　水库大坝安全行业监管职责

各级大坝主管部门对水库大坝安全承担以下行业管理责任:
（1）监督指导水库大坝的管理养护和安全运行;
（2）对其直属的水库大坝还负有监督资金使用和资产管理责任。

水利部大坝安全管理中心作为受水利部委托的大坝安全行业管理部门,其宗旨是为大坝安全提供管理保障,主要职能包括:参与水库大坝安全管理有关规划、标准编制以及有关政策法规规章拟定;参与水库大坝安全检查;指导水库大坝注册登记和信息管理;指导水库大坝安全鉴定,承担鉴定成果核查;指导水库大坝安全监测、资料分析和年度报告编制;指导水库大坝降等、报废;参与水库大坝安全突发事件应急处置、事故调查;开展水库大坝安全管理人员培训及技术交流等。

根据《水电站大坝运行安全管理规定》,位于杭州的大坝安全监察中心负责水电站大坝安全技术监督服务工作。其主要职责包括:办理水电站大坝安全注册;指导水电站运行单位对水电站大坝进行安全检查;指导水电站运行单位对病坝、险坝进行除险加固,及时消除水电站大坝事故隐患；组织对水电站大坝的定期检查和特种检查，提出定期检查审查意见和特种检查报告，报电监会备案；负责水电站运行单位大坝安全管理人员的培训；建立并管理水电站大坝安全监察数据库和档案库；参加水电站大坝补强加固的设计审查及竣工验收，参加水电站大坝附属设施更新改造的设计审查及竣工验收，参加水电工程蓄水验收和竣工验收等工作。

2.2.4　水库大坝运行管理责任

运行管理责任包括建立并认真落实日常管理、调度运用、检查监测、维修养护、防汛抢险及管理考核等各项规章制度，积极开展水库大坝安全鉴定、注册登记、除险加固、降等报废、确权划界等工作，负责水库工程日常管理，科学制定调度运用方案，开展巡视检查和安全监测，组织编制大坝安全应急预案。

2.3　水库管理单位的基本职责

根据《水库大坝安全管理条例》第十一条规定，大坝开工后，大坝主管部门应当组建大坝运行管理单位，由其按照工程基本建设验收规程参与质量检查以及大坝分部、分项验收和蓄水验收工作。

2.3.1　机构建设

根据法律法规，水库大坝应当组建运行管理机构，可按工程等别设管理局、处、所，并落实专业的水库管理人员进行水库的日常运行管理。

县级以上地方人民政府兴建的公益性或以公益性为主的水库，按分级负责原则，由所在地人民政府负责组建运行管理单位。电力、供水以及其他单位兴建的以经营性为主的水库，由建设单位负责组建运行管理单位。农村集体经济组织兴建的水库，由所在地乡镇人民政府负责组建管理单位。国有水库和集体水库跨行政区域的，由共同的上一级人民政府或有关的人民政府协商组建管理单位。没有条件组建运行管理机构的小型水库，由乡镇水利部门负责管理或聘用1~2名专职人员管理，确保把水库管理责任落实到具体的管理部门或个人。

水库运行管理单位应参加水库工程竣工验收工作，具体负责水库工程的管理、运行和维护。为保证水库大坝的安全和效益发挥，水库管理单位应建立有效的运行管理机制，精简管理机构，科学调度运用，积极推行水利工程管养分离，提高养护水平，降低运行成本。

水库运行管理的机构、岗位及人员配置，应根据国务院水行政主管部门和财政部门共同制定的《水利工程管理单位定岗标准》进行配置。

2.3.2　制度建设

为确保水库大坝安全运行、科学调度、正常维护和发挥综合效益，水库管理单位应建立

健全内部规章制度。

规章制度要体现指导性和约束性。对相关人员做什么工作、如何开展工作都要有一定的提示和指导,同时也应明确相关人员不得做什么,以及违背后所应承担的惩罚。规章制度还应具有规范性和程序性,必须以有关政策、法律、法令为依据,制度本身要有程序性,为职工的工作和活动提供可供遵循的依据。水库管理单位的内部规章制度可张贴或悬挂在相应的工作现场,随时鞭策和激励相关人员遵守纪律、努力学习、勤奋工作。

水库运行管理规章制度主要包括:调度运用规程、水库应急预案、岗位责任制以及检查与监测、防汛抢险、维修养护、闸门操作、档案管理等制度。

2.3.3 运行管理

1. 调度运用

水库管理单位应根据本水库的调度运用规程,编制调度运用计划,报水库主管部门审批后实施。根据批准的调度运用指标、计划和上级主管部门的指令进行水库的调度运用。

在汛期及干旱期实施水库调度运行时,必须根据《防汛条例》及《中华人民共和国抗旱条例》(以下简称《抗旱条例》),服从有管辖权的防汛抗旱指挥部的统一调度指令,保障人民的生命和财产安全,保障生活用水,充分发挥水库的公益效益。

2. 检查监测

大坝安全检查监测是通过巡视检查和仪器观测对水库大坝主体结构、坝基基础、两岸边坡、相关设施以及周围环境所作的观察及测量。

为保障水库大坝的安全运行,水库管理单位应按照相关技术标准的要求定期对大坝进行安全检查监测,并及时整理分析资料,评估大坝工作状况。根据安全检查监测资料,发现异常现象或不安全因素时,应立即报告大坝主管部门,及时采取措施。

3. 维修养护

由于设计、施工、管理、老化等原因,水库大坝及其配套设施会出现一定程度的破损或损坏,需要及时维修养护。水库管理单位应按照《土石坝养护修理规程》(SL 210—2015)及《混凝土坝养护修理规程》(SL 230—2015)等要求编制年度维修实施方案,做好大坝及附属设施的维修养护工作,以维持水库大坝及其设施的正常功能。

土石坝维修养护包括土石坝的日常养护、修理和白蚁防治。混凝土坝养护包括建筑物的日常保养和防护;修理包括裂缝修补、渗漏处理、混凝土剥蚀的修补、处理和水下修补。

4. 防汛抢险

根据《防汛条例》规定,水工程管理单位必须加强对所辖水工程设施的管理维护,保证其安全正常运行,组织和参加防汛抗洪工作。汛前,水库管理单位应根据本工程防汛抢险应急预案,组建抢险队伍,明确抢险任务和联系方式,配置抢险设备,开展抢险演练。同时,水工程管理单位及其主管部门在执行汛期调度运用计划时,必须服从有管辖权的人民政府防汛指挥部的统一调度指挥或者监督。而且,管理单位必须按照有关规定加强对水工程的巡查、监测,发现险情,必须立即采取抢护措施,并及时向防汛指挥部和上级主管部门报告。其他任何单位和个人若发现水工程设施出现险情,也应当立即向防汛指挥机构和水工程管理单位报告。

2.3.4 安全管理

1. 大坝安全鉴定

大坝安全鉴定是《水库大坝安全管理条例》设定的一项重要管理制度,是掌握和认定水库安全状况,采取合理调度、控制运用、除险加固或降等报废等安全措施的依据,对强化水库大坝安全管理、科学采取相关处置措施至关重要。

大坝主管部门(单位)负责组织所管辖大坝的安全鉴定工作;农村集体经济组织所属的大坝安全鉴定由所在乡镇人民政府负责组织(以下称鉴定组织单位)。水库管理单位协助鉴定组织单位做好安全鉴定的有关工作。

2. 除险加固

病险水库不仅不能正常发挥效益,而且存在较高的溃坝失事风险,威胁下游生命财产及基础设施安全。除险加固是针对病险水库采取的消除隐患和病险危害的工程措施。

实施除险加固措施既是水库业主的基本职责,也是公共安全管理的需要。根据《水库大坝安全管理条例》第二十六条规定,在险坝加固前,大坝管理单位应当制定保坝应急措施;经论证必须改变原设计运行方式的,应当报请大坝主管部门审批。水库加固项目应遵照基本建设的有关规定,实行项目法人责任制、招标投标制、工程监理制、质量监督制、合同管理制和工程验收等制度。各级水行政主管部门按照分级管理和属地管理的原则,负责水库加固项目的监督管理。

3. 降等报废

降等报废制度是根据水库大坝运行规律和管理实际,合理配置工程的自然、经济和技术资源,在工程效益衰减或丧失,加固处理技术经济不合理等情况下,为保障安全和降低风险而采取的一项综合性措施。根据《水库降等与报废管理办法(试行)》,降等是指因水库规模减小或者功能萎缩,将原设计等别降低一个或者一个以上等别运行管理,以保证工程安全和发挥相应效益的措施;报废是指对病险严重且除险加固技术上不可行或者经济上不合理的水库以及功能基本丧失的水库所采取的处置措施。

县级以上人民政府水行政主管部门按照分级负责的原则,对水库降等与报废工作实施监督管理。水库主管部门(单位)负责所管辖水库的降等与报废工作的组织实施;乡镇人民政府负责农村集体经济组织所管辖水库的降等与报废工作的组织实施。水库管理单位应配合编制降等或者报废申请书、论证报告,做好降等或报废水库的资产核定等工作,按照批准的水库降等或报废措施开展相关工作。

4. 应急预案

应急预案是为避免或减少水库大坝发生突发事件时的损失而预先制定的方案,是指导地方政府、水库管理单位和主管部门(或业主)以及下游公众、库区周边公众应对水库大坝突发事件的行动指南。根据《水库大坝安全管理应急预案编制导则》(SL/Z 720—2015),预案编制应由水库管理单位或其主管部门、水库所有者(业主)组织,并应履行相应的审批和备案手续。

编制应急预案,应明确有关单位或部门在险情监测与巡视检查、抢险、应急调度、信息报告等工作中的职责,以及责任人及其联系方式和对应联系对象。水库管理单位应参与预案

实施的全过程,参与应急会商,完成应急指挥机构交办的任务等。发生影响水库大坝安全的突发事件时,水库管理单位及其主管部门应迅速启动应急预案,采取应急处置措施。

2.3.5 能力建设

人才资源能力建设,就是通过政府、社会以及各类机构所开展的各种教育和培训活动,塑造、改善、培育、拓展人才资源发挥作用的环境和空间,不断增强其学习能力、实践能力和创新能力,从而提高其对社会贡献能力的过程。

各级水库大坝主管部门要加大水库管理人员的教育培训力度,积极组织对水库管理人员、技术人员、运行观测人员、维修养护人员等各类人员进行岗位培训,将学历教育与岗位证书培训相结合,将脱产学习与在职日常培训相结合,将长期培训与短期轮训相结合,注重职工素质教育和技能培养,不断提高管理人员的专业素质和综合素质,逐步建立起适应新形势要求的水库管理队伍。各类水库管理人员要逐步达到《水利工程管理单位定岗标准》要求,对安全管理、启闭设施操作、发电设施运行、大坝监测等关键岗位要逐步探索并实行持证上岗制度。

第3章
水库大坝安全法规

3.1 国家法律

3.1.1 《水法》

《水法》于1988年1月21日由国家主席令第61号公布,自1998年7月1日起施行,是我国第一部水法。2002年8月29日第九届全国人民代表大会常务委员会第二十九次会议修订,自2002年10月1日起施行。2009年8月27日第十一届全国人民代表大会常务委员会第十次会议第一次修正,2016年7月2日第十二届全国人民代表大会常务委员会第二十一次会议第二次修正。

《水法》是国家法律体系的重要组成部分,是水库大坝安全管理各项工作遵循的最高位法律,是国家调整开发、利用、节约、保护、管理水资源和防治水害过程中各种社会关系的法律规范。《水法》总体地、全面地规定了水库建设与管理的法律要求,水库建设与管理遵循的基本法律是《水法》。

《水法》直接涉及水库建设与管理的条文主要有水库建设必须符合规划、兼顾有关方面利益、保护水源与保护工程等。与水库大坝安全管理相关的内容主要有:①水行政管理;②水工程管理;③安全保护。重要条文摘录如下:

第三条 "水资源属于国家所有。水资源的所有权由国务院代表国家行使。农村集体经济组织的水塘和由农村集体经济组织修建管理的水库中的水,归各该农村集体经济组织使用。"

第五条 "县级以上人民政府应当加强水利基础设施建设,并将其纳入本级国民经济和社会发展计划。"

第十二条 "国家对水资源实行流域管理与行政区域管理相结合的管理体制。国务院水行政主管部门负责全国水资源的统一管理和监督工作。国务院水行政主管部门在国家确定的重要江河、湖泊设立的流域管理机构,在所管辖的范围内行使法律、行政法规规定的和国务院水行政主管部门授予的水资源管理和监督职责。县级以上地方人民政府水行政主管部门按照规定的权限,负责本行政区域内水资源的统一管理和监督工作。"(注:本条规定了水资源的管理体制和监督职责。)

第十九条 "建设水工程,必须符合流域综合规划。在国家确定的重要江河、湖泊和跨省、自治区、直辖市的江河、湖泊上建设水工程,未取得有关流域管理机构签署的符合流域综合规划要求的规划同意书的,建设单位不得开工建设;在其他江河、湖泊上建设水工程,未取得县级以上地方人民政府水行政主管部门按照管理权限签署的符合流域综合规划要求的规划同意书的,建设单位不得开工建设。水工程建设涉及防洪的,依照防洪法的有关规定执行;涉及其他地区和行业的,建设单位应当事先征求有关地区和部门的意见。"(注:本条规定了水资源的开发利用(水工程建设)应符合流域综合规划。)

第二十五条 "地方各级人民政府应当加强对灌溉、排涝、水土保持工作的领导,促进农业生产发展;在容易发生盐碱化和渍害的地区,应当采取措施,控制和降低地下水的水位。农村集体经济组织或者其成员依法在本集体经济组织所有的集体土地或者承包土地上投资兴建水工程设施的,按照谁投资建设谁管理和谁受益的原则,对水工程设施及其蓄水进行管理和合理使用。农村集体经济组织修建水库应当经县级以上地方人民政府水行政主管部门批准。"(注:本条规定了农村集体经济组织在其所有土地或承包土地上兴建的水库归其管理和合理使用,兴建水库应当经县级以上地方人民政府水行政主管部门批准。)

第三十一条 "从事水资源开发、利用、节约、保护和防治水害等水事活动,应当遵守经批准的规划;因违反规划造成江河和湖泊水域使用功能降低、地下水超采、地面沉降、水体污染的,应当承担治理责任。开采矿藏或者建设地下工程,因疏干排水导致地下水水位下降、水源枯竭或者地面塌陷,采矿单位或者建设单位应当采取补救措施;对他人生活和生产造成损失的,依法给予补偿。"(注:本条规定了开采矿藏或建设地下工程对影响水库工程正常使用和安全性的应采取补救措施,造成损害的依法给予补偿。)

第四十一条 "单位和个人有保护水工程的义务,不得侵占、毁坏堤防、护岸、防汛、水文监测、水文地质监测等工程设施。"

第四十二条 "县级以上地方人民政府应当采取措施,保障本行政区域内水工程,特别是水坝和堤防的安全,限期消除险情。水行政主管部门应当加强对水工程安全的监督管理。"(注:本条加强了水行政主管部门对包括水库在内的水利工程安全的监督管理责任。)

第四十三条 "国家对水工程实施保护。国家所有的水工程应当按照国务院的规定划定工程管理和保护范围。国务院水行政主管部门或者流域管理机构管理的水工程,由主管部门或者流域管理机构商有关省、自治区、直辖市人民政府划定工程管理和保护范围。前款规定以外的其他水工程,应当按照省、自治区、直辖市人民政府的规定,划定工程保护范围和保护职责。在水工程保护范围内,禁止从事影响水工程运行和危害水工程安全的爆破、打井、采石、取土等活动。"(注:本条规定了国家对水工程实施保护,要求划定工程管理和保护范围,并规定了禁止在水工程保护范围内从事的活动。)

《水法》总结了历史的治水经验,符合我国水利现状和可持续发展需要,可全面指导有关法规与标准建设。与《水法》一同构成水库大坝安全管理法律体系的法律主要还有《防洪法》《水污染防治法》《水土保持法》《防震减灾法》等。

3.1.2 《防洪法》

《防洪法》是水法律体系的重要组成部分,是防治水害的法律依据,1997 年 8 月 29 日第

八届全国人民代表大会常务委员会第二十七次会议通过，自 1998 年 1 月 1 日起施行。2009 年 8 月 27 日第十一届全国人民代表大会常务委员会第十次会议第一次修正，2015 年 4 月 24 日第十二届全国人民代表大会常务委员会第十四次会议第二次修正，2016 年 7 月 2 日第十二届全国人民代表大会常务委员会第二十一次会议第三次修正。

《防洪法》内容包括总则、防洪规划、治理与防护、防洪区和防洪工程设施的管理、防汛抗洪、保护措施、法律责任、附则等 8 章共 65 条，对防治洪水，防御、减轻洪涝灾害工作提出了全面要求。水库建设与管理中涉及防洪工作的适用《防洪法》，主要涉及水库的防洪规划、防洪标准、防洪调度、险库加固等规定，《防洪法》与《水法》一起构成适用水库建设与管理的基本法律。《防洪法》直接涉及水库建设与管理的条文主要有防洪责任与义务、防洪调度与监督、维护工程防洪能力、防洪设施保护与安全保障等内容，具体情况为：

（1）总则

立法宗旨。第一条"为了防治洪水，防御、减轻洪涝灾害，维护人民的生命和财产安全，保障社会主义现代化建设顺利进行，制定本法。"

防洪原则。第二条"防洪工作实行全面规划、统筹兼顾、预防为主、综合治理、局部利益服从全局利益的原则。"

防洪设施。第三条"防洪工程设施建设，应当纳入国民经济和社会发展计划。防洪费用按照政府投入同受益者合理承担相结合的原则筹集。"

防洪原则。第四条"开发利用和保护水资源，应当服从防洪总体安排，实行兴利与除害相结合的原则。江河、湖泊治理以及防洪工程设施建设，应当符合流域综合规划，与流域水资源的综合开发相结合。本法所称综合规划是指开发利用水资源和防治水害的综合规划。"

第五条"防洪工作按照流域或者区域实行统一规划、分级实施和流域管理与行政区域管理相结合的制度。"

防洪义务。第六条"任何单位和个人都有保护防洪工程设施和依法参加防汛抗洪的义务。"

第七条"各级人民政府应当加强对防洪工作的统一领导，组织有关部门、单位，动员社会力量，依靠科技进步，有计划地进行江河、湖泊治理，采取措施加强防洪工程设施建设，巩固、提高防洪能力。各级人民政府应当组织有关部门、单位，动员社会力量，做好防汛抗洪和洪涝灾害后的恢复与救济工作。各级人民政府应当对蓄滞洪区予以扶持；蓄滞洪后，应当依照国家规定予以补偿或者救助。"

防洪监管。第八条"国务院水行政主管部门在国务院的领导下，负责全国防洪的组织、协调、监督、指导等日常工作。国务院水行政主管部门在国家确定的重要江河、湖泊设立的流域管理机构，在所管辖的范围内行使法律、行政法规规定和国务院水行政主管部门授权的防洪协调和监督管理职责。国务院建设行政主管部门和其他有关部门在国务院的领导下，按照各自的职责，负责有关的防洪工作。县级以上地方人民政府水行政主管部门在本级人民政府的领导下，负责本行政区域内防洪的组织、协调、监督、指导等日常工作。县级以上地方人民政府建设行政主管部门和其他有关部门在本级人民政府的领导下，按照各自的职责，负责有关的防洪工作。"

（2）防洪规划

规划意义。第九条"防洪规划是指为防治某一流域、河段或者区域的洪涝灾害而制定的

总体部署,……防洪规划应当服从所在流域、区域的综合规划;区域防洪规划应当服从所在流域的流域防洪规划。防洪规划是江河、湖泊治理和防洪工程设施建设的基本依据。"

政府审批。第十条"国家确定的重要江河、湖泊的防洪规划,由国务院水行政主管部门依据该江河、湖泊的流域综合规划,会同有关部门和有关省、自治区、直辖市人民政府编制,报国务院批准。其他……报国务院水行政主管部门批准。城市防洪规划,……按照国务院规定的审批程序批准后纳入城市总体规划。修改防洪规划,应当报经原批准机关批准。"

规划原则。第十一条"编制防洪规划,应当遵循确保重点、兼顾一般,以及防汛和抗旱相结合、工程措施和非工程措施相结合的原则,充分考虑洪涝规律和上下游、左右岸的关系以及国民经济对防洪的要求,并与国土规划和土地利用总体规划相协调……"

山洪防治。第十三条"山洪可能诱发山体滑坡、崩塌和泥石流的地区以及其他山洪多发地区的县级以上地方人民政府,应当组织负责地质矿产管理工作的部门、水行政主管部门和其他有关部门对山体滑坡、崩塌和泥石流隐患进行全面调查,划定重点防治区,采取防治措施。城市、村镇和其他居民点以及工厂、矿山、铁路和公路干线的布局,应当避开山洪威胁;已经建在受山洪威胁的地方的,应当采取防御措施。"

工程建设。第十七条"在江河、湖泊上建设防洪工程和其他水工程、水电站等,应当符合防洪规划的要求;水库应当按照防洪规划的要求留足防洪库容。前款规定的防洪工程和其他水工程、水电站未取得有关水行政主管部门签署的符合防洪规划要求的规划同意书的,建设单位不得开工建设。"

(3)治理与防护

蓄泄兼施。第十八条"防治江河洪水,应当蓄泄兼施,充分发挥河道行洪能力和水库、洼淀、湖泊调蓄洪水的功能,加强河道防护,因地制宜地采取定期清淤疏浚等措施,保持行洪畅通。防治江河洪水,应当保护、扩大流域林草植被,涵养水源,加强流域水土保持综合治理。"

维护河流。第十九条"整治河道和修建控制引导河水流向、保护堤岸等工程,应当兼顾上下游、左右岸的关系,按照规划治导线实施,不得任意改变河水流向……"

禁止围垦。第二十三条"禁止围湖造地。已经围垦的,应当按照国家规定的防洪标准进行治理,有计划地退地还湖。禁止围垦河道。确需围垦的,应当进行科学论证,经水行政主管部门确认不妨碍行洪、输水后,报省级以上人民政府批准。"(注:如在水库库区内围湖造地或进行围湖建设应当适用本条。)

检查权利。第二十八条"对于河道、湖泊管理范围内依照本法规定建设的工程设施,水行政主管部门有权依法检查;水行政主管部门检查时,被检查者应当如实提供有关的情况和资料。前款规定的工程设施竣工验收时,应当有水行政主管部门参加。"

(4)防洪区和防洪工程设施的管理

防洪区域。第二十九条"防洪区是指洪水泛滥可能淹及的地区,分为洪泛区、蓄滞洪区和防洪保护区。洪泛区是指尚无工程设施保护的洪水泛滥所及的地区。蓄滞洪区是指包括分洪口在内的河堤背水面以外临时贮存洪水的低洼地区及湖泊等。防洪保护区是指在防洪标准内受防洪工程设施保护的地区。洪泛区、蓄滞洪区和防洪保护区的范围,在防洪规划或者防御洪水方案中划定,并报请省级以上人民政府按照国务院规定的权限批准后予以公告。"

防洪重点。第三十四条"大中城市,重要的铁路、公路干线,大型骨干企业,应当列为防

洪重点,确保安全。受洪水威胁的城市、经济开发区、工矿区和国家重要的农业生产基地等,应当重点保护,建设必要的防洪工程设施。城市建设不得擅自填堵原有河道沟叉、贮水湖塘洼淀和废除原有防洪围堤。确需填堵或者废除的,应当经城市人民政府批准。"(注:该条是水库管理中划分重点水库的法律依据。)

确权划界。第三十五条"属于国家所有的防洪工程设施,应当按照经批准的设计,在竣工验收前由县级以上人民政府按照国家规定,划定管理和保护范围。属于集体所有的防洪工程设施,应当按照省、自治区、直辖市人民政府的规定,划定保护范围。在防洪工程设施保护范围内,禁止进行爆破、打井、采石、取土等危害防洪工程设施安全的活动。"

除险加固。第三十六条"各级人民政府应当组织有关部门加强对水库大坝的定期检查和监督管理。对未达到设计洪水标准、抗震设防要求或者有严重质量缺陷的险坝,大坝主管部门应当组织有关单位采取除险加固措施,限期消除危险或者重建,有关人民政府应当优先安排所需资金。对可能出现垮坝的水库,应当事先制定应急抢险和居民临时撤离方案。各级人民政府和有关主管部门应当加强对尾矿坝的监督管理,采取措施,避免因洪水导致垮坝。"(注:这是病险水库除险加固建设的法律依据。)

工程保护。第三十七条"任何单位和个人不得破坏、侵占、毁损水库大坝、堤防、水闸、护岸、抽水站、排水渠系等防洪工程和水文、通信设施以及防汛备用的器材、物料等。"

(5) 防汛抗洪

实行责任制。第三十八条"防汛抗洪工作实行各级人民政府行政首长负责制,统一指挥、分级分部门负责。"

防汛指挥。第三十九条"国务院设立国家防汛指挥机构,负责领导、组织全国的防汛抗洪工作,其办事机构设在国务院水行政主管部门。在国家确定的重要江河、湖泊可以设立由有关省、自治区、直辖市人民政府和该江河、湖泊的流域管理机构负责人等组成的防汛指挥机构,指挥所管辖范围内的防汛抗洪工作,其办事机构设在流域管理机构。有防汛抗洪任务的县级以上地方人民政府设立由有关部门、当地驻军、人民武装部负责人等组成的防汛指挥机构,在上级防汛指挥机构和本级人民政府的领导下,指挥本地区的防汛抗洪工作,其办事机构设在同级水行政主管部门;必要时,经城市人民政府决定,防汛指挥机构也可以在建设行政主管部门设城市市区办事机构,在防汛指挥机构的统一领导下,负责城市市区的防汛抗洪日常工作。"

防洪预案。第四十条"有防汛抗洪任务的县级以上地方人民政府根据流域综合规划、防洪工程实际状况和国家规定的防洪标准,制定防御洪水方案(包括对特大洪水的处置措施)。长江、黄河、淮河、海河的防御洪水方案,由国家防汛指挥机构制定,报国务院批准;跨省、自治区、直辖市的其他江河的防御洪水方案,由有关流域管理机构会同有关省、自治区、直辖市人民政府制定,报国务院或者国务院授权的有关部门批准。防御洪水方案经批准后,有关地方人民政府必须执行。各级防汛指挥机构和承担防汛抗洪任务的部门和单位,必须根据防御洪水方案做好防汛抗洪准备工作。"

汛期划分。第四十一条"省、自治区、直辖市人民政府防汛指挥机构根据当地的洪水规律,规定汛期起止日期。当江河、湖泊的水情接近保证水位或者安全流量,水库水位接近设计洪水位,或者防洪工程设施发生重大险情时,有关县级以上人民政府防汛指挥机构可以宣布进入紧急防汛期。"

防洪清障。第四十二条"对河道、湖泊范围内阻碍行洪的障碍物,按照谁设障、谁清除的原则,由防汛指挥机构责令限期清除;逾期不清除的,由防汛指挥机构组织强行清除,所需费用由设障者承担。在紧急防汛期,国家防汛指挥机构或者其授权的流域、省、自治区、直辖市防汛指挥机构有权对壅水、阻水严重的桥梁、引道、码头和其他跨河工程设施作出紧急处置。"

汛期调度。第四十四条"在汛期,水库、闸坝和其他水工程设施的运用,必须服从有关的防汛指挥机构的调度指挥和监督。在汛期,水库不得擅自在汛期限制水位以上蓄水,其汛期限制水位以上的防洪库容的运用,必须服从防汛指挥机构的调度指挥和监督。在凌汛期,有防凌汛任务的江河的上游水库的下泄水量必须征得有关的防汛指挥机构的同意,并接受其监督。"

(6) 保障措施

防洪投入。第四十八条"各级人民政府应当采取措施,提高防洪投入的总体水平。"(注:这是病险水库除险加固经费中实行各级政府补助或配套制度的法律依据之一。)

第四十九条"江河、湖泊的治理和防洪工程设施的建设和维护所需投资,按照事权和财权相统一的原则,分级负责,由中央和地方财政承担。城市防洪工程设施的建设和维护所需投资,由城市人民政府承担。受洪水威胁地区的油田、管道、铁路、公路、矿山、电力、电信等企业、事业单位应当自筹资金,兴建必要的防洪自保工程。"

水毁修复。第五十条"中央财政应当安排资金,用于国家确定的重要江河、湖泊的堤坝遭受特大洪涝灾害时的抗洪抢险和水毁防洪工程修复。省、自治区、直辖市人民政府应当在本级财政预算中安排资金,用于本行政区域内遭受特大洪涝灾害地区的抗洪抢险和水毁防洪工程修复。"

水利基金。第五十一条"国家设立水利建设基金,用于防洪工程和水利工程的维护和建设。具体办法由国务院规定。受洪水威胁的省、自治区、直辖市为加强本行政区域内防洪工程设施建设,提高防御洪水能力,按照国务院的有关规定,可以规定在防洪保护区范围内征收河道工程修建维护管理费。"

(7) 法律责任

非法工程。第五十三条"违反本法第十七条规定,未经水行政主管部门签署规划同意书,擅自在江河、湖泊上建设防洪工程和其他水工程、水电站的,责令停止违法行为,补办规划同意书手续;违反规划同意书的要求,严重影响防洪的,责令限期拆除;违反规划同意书的要求,影响防洪但尚可采取补救措施的,责令限期采取补救措施,可以处一万元以上十万元以下的罚款。"

阻碍防洪。第五十五条"违反本法第二十二条第二款、第三款规定,有下列行为之一的,责令停止违法行为,排除阻碍或者采取其他补救措施,可以处五万元以下的罚款:(一)在河道、湖泊管理范围内建设妨碍行洪的建筑物、构筑物的;(二)在河道、湖泊管理范围内倾倒垃圾、渣土,从事影响河势稳定、危害河岸堤防安全和其他妨碍河道行洪的活动的;(三)在行洪河道内种植阻碍行洪的林木和高秆作物的。"

围湖造地。第五十六条"违反本法第十五条第二款、第二十三条规定,围海造地、围湖造地、围垦河道的,责令停止违法行为,恢复原状或者采取其他补救措施,可以处五万元以下的罚款;既不恢复原状也不采取其他补救措施的,代为恢复原状或者采取其他补救措施,所需

费用由违法者承担。"

违章建设。第五十七条"违反本法第二十七条规定,未经水行政主管部门对其工程建设方案审查同意或者未按照有关水行政主管部门审查批准的位置、界限,在河道、湖泊管理范围内从事工程设施建设活动的,责令停止违法行为,补办审查同意或者审查批准手续;工程设施建设严重影响防洪的,责令限期拆除,逾期不拆除的,强行拆除,所需费用由建设单位承担;影响行洪但尚可采取补救措施的,责令限期采取补救措施,可以处一万元以上十万元以下的罚款。"

破坏设施。第六十条"违反本法规定,破坏、侵占、毁损堤防、水闸、护岸、抽水站、排水渠系等防洪工程和水文、通信设施以及防汛备用的器材、物料的,责令停止违法行为,采取补救措施,可以处五万元以下的罚款;造成损坏的,依法承担民事责任;应当给予治安管理处罚的,依照治安管理处罚法的规定处罚;构成犯罪的,依法追究刑事责任。"

(8) 附则

实施时间。第六十五条"本法自1998年1月1日起施行。"

3.1.3 《安全生产法》

《安全生产法》是"为了加强安全生产工作,防止和减少生产安全事故,保障人民群众生命和财产安全,促进经济社会持续健康发展"而制定的法律。《安全生产法》与水库建设和管理有关的主要内容是水库工程建设与运行中的安全生产工作,它是解决水库建设与管理中涉及安全生产问题的法律依据。

《安全生产法》由第九届全国人民代表大会常务委员会第二十八次会议于2002年6月29日通过,国家主席令第70号颁布,自2002年11月1日起施行。2009年8月27日第十一届全国人民代表大会常务委员会第十次会议第一次修正,2014年8月31日第十二届全国人民代表大会常务委员会第十次会议第二次修正。

《安全生产法》的第二次修正突出事故隐患排查治理和事前预防,重点强化三方面的制度措施:一是强化落实生产经营单位主体责任,解决安全生产责任制、安全生产投入、安全生产管理机构和安全生产管理人员作用发挥、事故隐患排查治理制度等问题;二是强化政府监管,完善监管措施,加大监管力度;三是强化安全生产责任追究,加重对违法行为特别是对责任人的处罚力度,着力解决如何"重典治乱"的问题。

《安全生产法》直接涉及水库建设与管理的条文主要有:

(1) 适用范围。第二条"在中华人民共和国领域内从事生产经营活动的单位(以下统称生产经营单位)的安全生产,适用本法;有关法律、行政法规对消防安全和道路交通安全、铁路交通安全、水上交通安全、民用航空安全以及核与辐射安全、特种设备安全另有规定的,适用其规定。"

(2) 领导责任。第五条"生产经营单位的主要负责人对本单位的安全生产工作全面负责。"

(3) 监管职责。第九条"国务院安全生产监督管理部门依照本法,对全国安全生产工作实施综合监督管理;县级以上地方各级人民政府安全生产监督管理部门依照本法,对本行政区域内安全生产工作实施综合监督管理。国务院有关部门依照本法和其他有关法律、行政法规的规定,在各自的职责范围内对有关行业、领域的安全生产工作实施综合监督管理;县级以

上地方各级人民政府有关部门依照本法和其他有关法律、法规的规定,在各自的职责范围内对有关行业、领域的安全生产工作实施监督管理。安全生产监督管理部门和对有关行业、领域的安全生产工作实施监督管理的部门,统称负有安全生产监督管理职责的部门。"

(4) 责任追究。第十四条"国家实行生产安全事故责任追究制度,依照本法和有关法律、法规的规定,追究生产安全事故责任人员的法律责任。"

(5) 安全职责。第十八条"生产经营单位的主要负责人对本单位安全生产工作负有下列职责:(一)建立、健全本单位安全生产责任制;(二)组织制定本单位安全生产规章制度和操作规程;(三)组织制定并实施本单位安全生产教育和培训计划;(四)保证本单位安全生产投入的有效实施;(五)督促、检查本单位的安全生产工作,及时消除生产安全事故隐患;(六)组织制定并实施本单位的生产安全事故应急救援预案;(七)及时、如实报告生产安全事故。"

(6) 经费保障。第二十条"生产经营单位应当具备的安全生产条件所必需的资金投入,由生产经营单位的决策机构、主要负责人或者个人经营的投资人予以保证,并对由于安全生产所必需的资金投入不足导致的后果承担责任。……"

(7) 人员培训。第二十五条"生产经营单位应当对从业人员进行安全生产教育和培训,保证从业人员具备必要的安全生产知识,熟悉有关的安全生产规章制度和安全操作规程,掌握本岗位的安全操作技能,了解事故应急处理措施,知悉自身在安全生产方面的权利和义务。未经安全生产教育和培训合格的从业人员,不得上岗作业。生产经营单位使用被派遣劳动者的,应当将被派遣劳动者纳入本单位从业人员统一管理,对被派遣劳动者进行岗位安全操作规程和安全操作技能的教育和培训。劳务派遣单位应当对被派遣劳动者进行必要的安全生产教育和培训。生产经营单位接收中等职业学校、高等学校学生实习的,应当对实习学生进行相应的安全生产教育和培训,提供必要的劳动防护用品。学校应当协助生产经营单位对实习学生进行安全生产教育和培训。生产经营单位应当建立安全生产教育和培训档案,如实记录安全生产教育和培训的时间、内容、参加人员以及考核结果等情况。"

(8) 设施建设。第二十八条"生产经营单位新建、改建、扩建工程项目(以下统称建设项目)的安全设施,必须与主体工程同时设计、同时施工、同时投入生产和使用。安全设施投资应当纳入建设项目概算。"

(9) 设施标准。第三十三条"安全设备的设计、制造、安装、使用、检测、维修、改造和报废,应当符合国家标准或者行业标准。生产经营单位必须对安全设备进行经常性维护、保养,并定期检测,保证正常运转。维护、保养、检测应当作好记录,并由有关人员签字。"

(10) 项目出让。第四十六条"……生产经营项目、场所发包或者出租给其他单位的,生产经营单位应当与承包单位、承租单位签订专门的安全生产管理协议,或者在承包合同、租赁合同中约定各自的安全生产管理职责;生产经营单位对承包单位、承租单位的安全生产工作统一协调、管理,定期进行安全检查,发现安全问题的,应当及时督促整改。"(注:水库是具有潜在安全问题的设施,其承包经营是否按照该法条的规定还是需要进一步研究的问题。)

3.1.4 《水土保持法》

《水土保持法》是"为预防和治理水土流失,保护和合理利用水土资源,减轻水、旱、风沙灾害,改善生态环境,保障经济社会可持续发展"而制定的法律。《水土保持法》于 1991 年 6

月 29 日由第七届全国人民代表大会常务委员会第二十次会议通过。2010 年 12 月 25 日第十一届全国人民代表大会常务委员会第十八次会议审议通过了修订后的《水土保持法》，并于 2011 年 3 月 1 日起实施。

水库上游的水土保持工作是水库长期稳定运行的重要保障，《水土保持法》与水库建设和管理有关的主要内容是水库相关水土保持工作，它是水库建设与管理中水土保持工作的法律依据。《水土保持法》直接涉及水库建设与管理的条文主要有：

（1）水保职责。第四条"县级以上人民政府应当加强对水土保持工作的统一领导，将水土保持工作纳入本级国民经济和社会发展规划，对水土保持规划确定的任务，安排专项资金，并组织实施。"

第五条"国务院水行政主管部门主管全国的水土保持工作。……县级以上地方人民政府水行政主管部门主管本行政区域的水土保持工作。"

（2）水保义务。第八条"任何单位和个人都有保护水土资源、预防和治理水土流失的义务，并有权对破坏水土资源、造成水土流失的行为进行举报。"

（3）水保预防。第十八条"……在侵蚀沟的沟坡和沟岸、河流的两岸以及湖泊和水库的周边，土地所有权人、使用权人或者有关管理单位应当营造植物保护带。禁止开垦、开发植物保护带。"

第二十条"禁止在二十五度以上陡坡地开垦种植农作物。在二十五度以上陡坡地种植经济林的，应当科学选择树种，合理确定规模，采取水土保持措施，防止造成水土流失。省、自治区、直辖市根据本行政区域的实际情况，可以规定小于二十五度的禁止开垦坡度。禁止开垦的陡坡地的范围由当地县级人民政府划定并公告。"

（4）水保治理。第三十五条"……在重力侵蚀地区，地方各级人民政府及其有关部门应当组织单位和个人，采取监测、径流排导、削坡减载、支挡固坡、修建拦挡工程等措施，建立监测、预报、预警体系。"

第三十二条"开办生产建设项目或者从事其他生产建设活动造成水土流失的，应当进行治理。在山区、丘陵区、风沙区以及水土保持规划确定的容易发生水土流失的其他区域开办生产建设项目或者从事其他生产建设活动，损坏水土保持设施、地貌植被，不能恢复原有水土保持功能的，应当缴纳水土保持补偿费，专项用于水土流失预防和治理。专项水土流失预防和治理由水行政主管部门负责组织实施。水土保持补偿费的收取使用管理办法由国务院财政部门、国务院价格主管部门会同国务院水行政主管部门制定。生产建设项目在建设过程中和生产过程中发生的水土保持费用，按照国家统一的财务会计制度处理。"

3.1.5 《水污染防治法》

《水污染防治法》是"为了保护和改善环境，防治水污染，保护水生态，保障饮用水安全，维护公众健康，推进生态文明建设，促进经济社会可持续发展"而制定的法律。

《水污染防治法》于 1984 年 5 月 11 日由第六届全国人民代表大会常务委员会第五次会议通过。1996 年 5 月 15 日第八届全国人民代表大会常务委员会第十九次会议第一次修正。2008 年 2 月 28 日第十届全国人民代表大会常务委员会第三十二次会议修订。2017 年 6 月 27 日第十二届全国人民代表大会常务委员会第二十八次会议第二次修正，自 2018 年 1 月 1

日起施行。

《水污染防治法》与水库建设和管理有关的主要内容是水库水污染防治，它是水库水质保护的法律依据，特别对承担饮用水供水任务的水库，该法律是防治水质污染的重要依据。《水污染防治法》直接涉及水库建设与管理的条文主要有：

（1）适用对象。第二条"本法适用于中华人民共和国领域内的江河、湖泊、运河、渠道、水库等地表水体以及地下水体的污染防治。"

（2）政府职责。第四条"县级以上人民政府应当将水环境保护工作纳入国民经济和社会发展规划。地方各级人民政府对本行政区域的水环境质量负责，应当及时采取措施防治水污染。"

第九条"县级以上人民政府环境保护主管部门对水污染防治实施统一监督管理。交通主管部门的海事管理机构对船舶污染水域的防治实施监督管理。县级以上人民政府水行政、国土资源、卫生、建设、农业、渔业等部门以及重要江河、湖泊的流域水资源保护机构，在各自的职责范围内，对有关水污染防治实施监督管理。"

（3）河长制。第五条"省、市、县、乡建立河长制，分级分段组织领导本行政区域内江河、湖泊的水资源保护、水域岸线管理、水污染防治、水环境治理等工作。"

（4）环保补偿。第八条"国家通过财政转移支付等方式，建立健全对位于饮用水水源保护区区域和江河、湖泊、水库上游地区的水环境生态保护补偿机制。"

（5）保护责任。第十一条"任何单位和个人都有义务保护水环境，并有权对污染损害水环境的行为进行检举。……"

（6）污染标准。第十二条"国务院环境保护主管部门制定国家水环境质量标准。省、自治区、直辖市人民政府可以对国家水环境质量标准中未作规定的项目，制定地方标准，并报国务院环境保护主管部门备案。"

第十三条"国务院环境保护主管部门会同国务院水行政主管部门和有关省、自治区、直辖市人民政府，可以根据国家确定的重要江河、湖泊流域水体的使用功能以及有关地区的经济、技术条件，确定该重要江河、湖泊流域的省界水体适用的水环境质量标准，报国务院批准后施行。"

第十四条"国务院环境保护主管部门根据国家水环境质量标准和国家经济、技术条件，制定国家水污染物排放标准。省、自治区、直辖市人民政府对国家水污染物排放标准中未作规定的项目，可以制定地方水污染物排放标准；对国家水污染物排放标准中已作规定的项目，可以制定严于国家水污染物排放标准的地方水污染物排放标准。地方水污染物排放标准须报国务院环境保护主管部门备案。向已有地方水污染物排放标准的水体排放污染物的，应当执行地方水污染物排放标准。"

（7）水质调度。第二十七条"国务院有关部门和县级以上地方人民政府开发、利用和调节、调度水资源时，应当统筹兼顾，维持江河的合理流量和湖泊、水库以及地下水体的合理水位，保障基本生态用水，维护水体的生态功能。"

（8）检查监测。第二十五条"国家建立水环境质量监测和水污染物排放监测制度。国务院环境保护主管部门负责制定水环境监测规范，统一发布国家水环境状况信息，会同国务院水行政等部门组织监测网络，统一规划国家水环境质量监测站（点）的设置，建立监测数据共享机制，加强对水环境监测的管理。"

第二十六条"国家确定的重要江河、湖泊流域的水资源保护工作机构负责监测其所在流域的省界水体的水环境质量状况,并将监测结果及时报国务院环境保护主管部门和国务院水行政主管部门;有经国务院批准成立的流域水资源保护领导机构的,应当将监测结果及时报告流域水资源保护领导机构。"

第三十条"环境保护主管部门和其他依照本法规定行使监督管理权的部门,有权对管辖范围内的排污单位进行现场检查,被检查的单位应当如实反映情况,提供必要的资料。检查机关有义务为被检查的单位保守在检查中获取的商业秘密。"

(9) 水源保护区。第六十三条"国家建立饮用水水源保护区制度。饮用水水源保护区分为一级保护区和二级保护区;必要时,可以在饮用水水源保护区外围划定一定的区域作为准保护区。饮用水水源保护区的划定,由有关市、县人民政府提出划定方案,报省、自治区、直辖市人民政府批准;跨市、县饮用水水源保护区的划定,由有关市、县人民政府协商提出划定方案,报省、自治区、直辖市人民政府批准;协商不成的,由省、自治区、直辖市人民政府环境保护主管部门会同同级水行政、国土资源、卫生、建设等部门提出划定方案,征求同级有关部门的意见后,报省、自治区、直辖市人民政府批准。……"

第六十五条"禁止在饮用水水源一级保护区内新建、改建、扩建与供水设施和保护水源无关的建设项目;已建成的与供水设施和保护水源无关的建设项目,由县级以上人民政府责令拆除或者关闭。禁止在饮用水水源一级保护区内从事网箱养殖、旅游、游泳、垂钓或者其他可能污染饮用水水体的活动。"

第六十六条"禁止在饮用水水源二级保护区内新建、改建、扩建排放污染物的建设项目;已建成的排放污染物的建设项目,由县级以上人民政府责令拆除或者关闭。在饮用水水源二级保护区内从事网箱养殖、旅游等活动的,应当按照规定采取措施,防止污染饮用水水体。"

第六十七条"禁止在饮用水水源准保护区内新建、扩建对水体污染严重的建设项目;改建建设项目,不得增加排污量。"

第三十八条"禁止在江河、湖泊、运河、渠道、水库最高水位线以下的滩地和岸坡堆放、存贮固体废弃物和其他污染物。"

(10) 法律责任。第八十五条"有下列行为之一的,由县级以上地方人民政府环境保护主管部门责令停止违法行为,限期采取治理措施,消除污染,处以罚款;逾期不采取治理措施的,环境保护主管部门可以指定有治理能力的单位代为治理,所需费用由违法者承担:……(四)向水体排放、倾倒工业废渣、城镇垃圾或者其他废弃物,或者在江河、湖泊、运河、渠道、水库最高水位线以下的滩地、岸坡堆放、存贮固体废弃物或者其他污染物的;……"

3.1.6 《突发事件应对法》

《突发事件应对法》是"为了预防和减少突发事件的发生,控制、减轻和消除突发事件引起的严重社会危害,规范突发事件应对活动,保护人民生命财产安全,维护国家安全、公共安全、环境安全和社会秩序"而制定的法律。《突发事件应对法》与水库建设和管理有关的主要内容是水库工程建设与运行中的大坝安全突发事件应对工作,它是水库建设与管理中涉及大坝安全突发事件应对的法律依据。

《突发事件应对法》由第十届全国人民代表大会常务委员会第二十九次会议于2007年8月30日通过,国家主席令2007年第69号颁布,自2007年11月1日起施行。目前,随着政府机构改革和突发事件应急管理深入开展,突发事件应急管理体制机制发生了一些变化。

《突发事件应对法》涉及水库建设与管理的条文主要有:

(1) 适用范围。第二条"突发事件的预防与应急准备、监测与预警、应急处置与救援、事后恢复与重建等应对活动,适用本法。"

(2) 概念解释。第三条"本法所称突发事件,是指突然发生,造成或者可能造成严重社会危害,需要采取应急处置措施予以应对的自然灾害、事故灾难、公共卫生事件和社会安全事件。按照社会危害程度、影响范围等因素,自然灾害、事故灾难、公共卫生事件分为特别重大、重大、较大和一般四级。法律、行政法规或者国务院另有规定的,从其规定。突发事件的分级标准由国务院或者国务院确定的部门制定。"

(3) 政府负责。第七条"县级人民政府对本行政区域内突发事件的应对工作负责;涉及两个以上行政区域的,由有关行政区域共同的上一级人民政府负责,或者由各有关行政区域的上一级人民政府共同负责。突发事件发生后,发生地县级人民政府应当立即采取措施控制事态发展,组织开展应急救援和处置工作,并立即向上一级人民政府报告,必要时可以越级上报。突发事件发生地县级人民政府不能消除或者不能有效控制突发事件引起的严重社会危害的,应当及时向上级人民政府报告。上级人民政府应当及时采取措施,统一领导应急处置工作。法律、行政法规规定由国务院有关部门对突发事件的应对工作负责的,从其规定;地方人民政府应当积极配合并提供必要的支持。"

(4) 应急预案。第十七条"国家建立健全突发事件应急预案体系。国务院制定国家突发事件总体应急预案,组织制定国家突发事件专项应急预案;国务院有关部门根据各自的职责和国务院相关应急预案,制定国家突发事件部门应急预案。地方各级人民政府和县级以上地方各级人民政府有关部门根据有关法律、法规、规章、上级人民政府及其有关部门的应急预案以及本地区的实际情况,制定相应的突发事件应急预案。应急预案制定机关应当根据实际需要和情势变化,适时修订应急预案。应急预案的制定、修订程序由国务院规定。"

第十八条"应急预案应当根据本法和其他有关法律、法规的规定,针对突发事件的性质、特点和可能造成的社会危害,具体规定突发事件应急管理工作的组织指挥体系与职责和突发事件的预防与预警机制、处置程序、应急保障措施以及事后恢复与重建措施等内容。"

(5) 危险源登记。第二十条"县级人民政府应当对本行政区域内容易引发自然灾害、事故灾难和公共卫生事件的危险源、危险区域进行调查、登记、风险评估,定期进行检查、监控,并责令有关单位采取安全防范措施。省级和设区的市级人民政府应当对本行政区域内容易引发特别重大、重大突发事件的危险源、危险区域进行调查、登记、风险评估,组织进行检查、监控,并责令有关单位采取安全防范措施。县级以上地方各级人民政府按照本法规定登记的危险源、危险区域,应当按照国家规定及时向社会公布。"

(6) 预警与报告。第四十三条"可以预警的自然灾害、事故灾难或者公共卫生事件即将发生或者发生的可能性增大时,县级以上地方各级人民政府应当根据有关法律、行政法规和国务院规定的权限和程序,发布相应级别的警报,决定并宣布有关地区进入预警期,同时向上一级人民政府报告,必要时可以越级上报,并向当地驻军和可能受到危害的毗邻或者相关地区的人民政府通报。"

(7)单位响应。第五十六条"受到自然灾害危害或者发生事故灾难、公共卫生事件的单位,应当立即组织本单位应急救援队伍和工作人员营救受害人员,疏散、撤离、安置受到威胁的人员,控制危险源,标明危险区域,封锁危险场所,并采取其他防止危害扩大的必要措施,同时向所在地县级人民政府报告;对因本单位的问题引发的或者主体是本单位人员的社会安全事件,有关单位应当按照规定上报情况,并迅速派出负责人赶赴现场开展劝解、疏导工作。突发事件发生地的其他单位应当服从人民政府发布的决定、命令,配合人民政府采取的应急处置措施,做好本单位的应急救援工作,并积极组织人员参加所在地的应急救援和处置工作。"

3.1.7 其他有关法律

水库建设与管理工作中还涉及《环境保护法》《环境影响评价法》《防震减灾法》《行政许可法》《土地管理法》《标准化法》《计量法》《招标投标法》《合同法》等相关法律。此处仅简要介绍一部分。

1.《环境保护法》

《环境保护法》是"为保护和改善生活环境,防治污染和其他公害,保障公众健康,推进生态文明建设,促进经济社会可持续发展"而制定的法律。《环境保护法》与水库建设和管理有关的主要内容是水库相关环境保护,它是水库相关环境保护的法律依据。

《环境保护法》于1989年12月26日由第七届全国人民代表大会常务委员会第十一次会议通过,国家主席令第22号颁布。2014年4月24日第十二届全国人民代表大会常务委员会第八次会议修订,自2015年1月1日起施行。修订后的《环境保护法》,严格了企业防治环境污染的责任,加大了对企业环保违法的惩治力度,建立了环境公益诉讼制度,被称为"史上最严厉"的新法。《环境保护法》直接涉及水库建设与管理的条文主要有:

(1)环境定义。第二条"本法所称环境,是指影响人类生存和发展的各种天然的和经过人工改造的自然因素的总体,包括大气、水、海洋、土地、矿藏、森林、草原、湿地、野生生物、自然遗迹、人文遗迹、自然保护区、风景名胜区、城市和乡村等"。(注:这是水库防洪和突发事件应对中考虑的防护对象的主要内容之一,也是水库管理中确定水库重要性的法律依据之一。)

(2)监督管理。第十条"国务院环境保护主管部门,对全国环境保护工作实施统一监督管理;县级以上地方人民政府环境保护主管部门,对本行政区域环境保护工作实施统一监督管理。县级以上人民政府有关部门和军队环境保护部门,依照有关法律的规定对资源保护和污染防治等环境保护工作实施监督管理"。(注:这里的水行政主管部门主要对水环境进行监督管理。)

(3)环境保护。第三十二条"国家加强对大气、水、土壤等的保护,建立和完善相应的调查、监测、评估和修复制度。"

(4)污染防治。第四十七条"各级人民政府及其有关部门和企业事业单位,应当依照《中华人民共和国突发事件应对法》的规定,做好突发环境事件的风险控制、应急准备、应急处置和事后恢复等工作。县级以上人民政府应当建立环境污染公共监测预警机制,组织制定预警方案;环境受到污染,可能影响公众健康和环境安全时,依法及时公布预警信息,启动应急措施。企业事业单位应当按照国家有关规定制定突发环境事件应急预案,报环境保护

主管部门和有关部门备案。在发生或者可能发生突发环境事件时,企业事业单位应当立即采取措施处理,及时通报可能受到危害的单位和居民,并向环境保护主管部门和有关部门报告。突发环境事件应急处置工作结束后,有关人民政府应当立即组织评估事件造成的环境影响和损失,并及时将评估结果向社会公布。"

(5) 信息公开。第五十四条"国务院环境保护主管部门统一发布国家环境质量、重点污染源监测信息及其他重大环境信息。省级以上人民政府环境保护主管部门定期发布环境状况公报。县级以上人民政府环境保护主管部门和其他负有环境保护监督管理职责的部门,应当依法公开环境质量、环境监测、突发环境事件以及环境行政许可、行政处罚、排污费的征收和使用情况等信息。县级以上地方人民政府环境保护主管部门和其他负有环境保护监督管理职责的部门,应当将企业事业单位和其他生产经营者的环境违法信息记入社会诚信档案,及时向社会公布违法者名单。"

2.《环境影响评价法》

《环境影响评价法》是"为了实施可持续发展战略,预防因规划和建设项目实施后对环境造成不良影响,促进经济、社会和环境的协调发展"而制定的法律,是专门为规划和建设项目实施环境影响评价并加强相关监管的一项法律。《环境影响评价法》与水库建设和管理有关的主要内容是水库建设与管理的环境影响评价工作,它是应对水库建设与管理中涉及环境影响评价问题的法律依据。

《环境影响评价法》由第九届全国人民代表大会常务委员会第三十次会议于 2002 年 10 月 28 日通过,国家主席令第 77 号颁布,自 2003 年 9 月 1 日起施行。2016 年 7 月 2 日第十二届全国人民代表大会常务委员会第二十一次会议第一次修正,2018 年 12 月 29 日第十三届全国人民代表大会常务委员会第七次会议第二次修正。

《环境影响评价法》直接涉及水库建设与管理的条文主要有:

(1) 环评定义。第二条"本法所称环境影响评价,是指对规划和建设项目实施后可能造成的环境影响进行分析、预测和评估,提出预防或者减轻不良环境影响的对策和措施,进行跟踪监测的方法与制度。"

(2) 规划环评。第八条"国务院有关部门、设区的市级以上地方人民政府及其有关部门,对其组织编制的工业、农业、畜牧业、林业、能源、水利、交通、城市建设、旅游、自然资源开发的有关专项规划(以下简称专项规划),应当在该专项规划草案上报审批前,组织进行环境影响评价,并向审批该专项规划的机关提出环境影响报告书。"

(3) 环评听证。第十一条"专项规划的编制机关对可能造成不良环境影响并直接涉及公众环境权益的规划,应当在该规划草案报送审批前,举行论证会、听证会,或者采取其他形式,征求有关单位、专家和公众对环境影响报告书草案的意见。但是,国家规定需要保密的情形除外。编制机关应当认真考虑有关单位、专家和公众对环境影响报告书草案的意见,并应当在报送审查的环境影响报告书中附具对意见采纳或者不采纳的说明。"

(4) 项目环评。第十六条"国家根据建设项目对环境的影响程度,对建设项目的环境影响评价实行分类管理。建设单位应当按照下列规定组织编制环境影响报告书、环境影响报告表或者填报环境影响登记表(以下统称环境影响评价文件):(一)可能造成重大环境影响的,应当编制环境影响报告书,对产生的环境影响进行全面评价;(二)可能造成轻度环境影响的,应当编制环境影响报告表,对产生的环境影响进行分析或者专项评价;(三)对环境影

响很小、不需要进行环境影响评价的,应当填报环境影响登记表。"

（5）环评报告。第十七条"建设项目的环境影响报告书应当包括下列内容:(一)建设项目概况;(二)建设项目周围环境现状;(三)建设项目对环境可能造成影响的分析、预测和评估;(四)建设项目环境保护措施及其技术、经济论证;(五)建设项目对环境影响的经济损益分析;(六)对建设项目实施环境监测的建议;(七)环境影响评价的结论。环境影响报告表和环境影响登记表的内容和格式,由国务院环境保护行政主管部门制定。"

（6）符合规划。第十八条"建设项目的环境影响评价,应当避免与规划的环境影响评价相重复。作为一项整体建设项目的规划,按照建设项目进行环境影响评价,不进行规划的环境影响评价。已经进行了环境影响评价的规划包含具体建设项目的,规划的环境影响评价结论应当作为建设项目环境影响评价的重要依据,建设项目环境影响评价的内容应当根据规划的环境影响评价审查意见予以简化。

（7）变更重评。第二十四条"建设项目的环境影响评价文件经批准后,建设项目的性质、规模、地点、采用的生产工艺或者防治污染、防止生态破坏的措施发生重大变动的,建设单位应当重新报批建设项目的环境影响评价文件。建设项目的环境影响评价文件自批准之日起超过五年,方决定该项目开工建设的,其环境影响评价文件应当报原审批部门重新审核;原审批部门应当自收到建设项目环境影响评价文件之日起十日内,将审核意见书面通知建设单位。"

（8）开工条件。第二十五条"建设项目的环境影响评价文件未依法经审批部门审查或者审查后未予批准的,建设单位不得开工建设。"

（9）措施落实。第二十六条"建设项目建设过程中,建设单位应当同时实施环境影响报告书、环境影响报告表以及环境影响评价文件审批部门审批意见中提出的环境保护对策措施。"

3.《防震减灾法》

《防震减灾法》是"为了防御与减轻地震灾害,保护人民生命和财产安全,促进经济社会的可持续发展"而制定的法律,与水库建设和管理有关的主要内容是水库工程的抗震工作,它是应对水库建设与管理中涉及抗震设防、抗震加固、地震应急处置等问题的法律依据。

《防震减灾法》由第八届全国人民代表大会常务委员会第二十九次会议于1997年12月29日通过,国家主席令第94号颁布,自1998年3月1日起施行。2008年12月27日第十一届全国人民代表大会常务委员会第六次会议修订,自2009年5月1日起实施。

《防震减灾法》直接涉及水库建设与管理的条文主要有:

（1）职责分工。第五条"在国务院的领导下,国务院地震工作主管部门和国务院经济综合宏观调控、建设、民政、卫生、公安以及其他有关部门,按照职责分工,各负其责,密切配合,共同做好防震减灾工作。县级以上地方人民政府负责管理地震工作的部门或者机构和其他有关部门在本级人民政府领导下,按照职责分工,各负其责,密切配合,共同做好本行政区域的防震减灾工作。"

（2）防震规划。第十四条"防震减灾规划的内容应当包括:震情形势和防震减灾总体目标,地震监测台网建设布局,地震灾害预防措施,地震应急救援措施,以及防震减灾技术、信息、资金、物资等保障措施。编制防震减灾规划,应当对地震重点监视防御区的地震监测台网建设、震情跟踪、地震灾害预防措施、地震应急准备、防震减灾知识宣传教育等作出具体

（3）监测预报。第十九条"水库、油田、核电站等重大建设工程的建设单位，应当按照国务院有关规定，建设专用地震监测台网或者强震动监测设施，其建设资金和运行经费由建设单位承担。"

第二十三条"国家依法保护地震监测设施和地震观测环境。任何单位和个人不得侵占、毁损、拆除或者擅自移动地震监测设施。地震监测设施遭到破坏的，县级以上地方人民政府负责管理地震工作的部门或者机构应当采取紧急措施组织修复，确保地震监测设施正常运行。任何单位和个人不得危害地震观测环境。国务院地震工作主管部门和县级以上地方人民政府负责管理地震工作的部门或者机构会同同级有关部门，按照国务院有关规定划定地震观测环境保护范围，并纳入土地利用总体规划和城乡规划。"

（4）工程抗震。第三十五条"新建、扩建、改建建设工程，应当达到抗震设防要求。重大建设工程和可能发生严重次生灾害的建设工程，应当按照国务院有关规定进行地震安全性评价，并按照经审定的地震安全性评价报告所确定的抗震设防要求进行抗震设防。建设工程的地震安全性评价单位应当按照国家有关标准进行地震安全性评价，并对地震安全性评价报告的质量负责。前款规定以外的建设工程，应当按照地震烈度区划图或者地震动参数区划图所确定的抗震设防要求进行抗震设防；对学校、医院等人员密集场所的建设工程，应当按照高于当地房屋建筑的抗震设防要求进行设计和施工，采取有效措施，增强抗震设防能力。"（注：要求工程新建、扩建、改建时必须达到抗震设防要求，这是《防震减灾法》与水库建设与管理工作最直接相关的条文。）

（5）烈度区划。第三十四条"国务院地震工作主管部门负责制定全国地震烈度区划图或者地震动参数区划图。国务院地震工作主管部门和省、自治区、直辖市人民政府负责管理地震工作的部门或者机构，负责审定建设工程的地震安全性评价报告，确定抗震设防要求。"

（6）抗震加固。第三十九条"已经建成的下列建设工程，未采取抗震设防措施或者抗震设防措施未达到抗震设防要求的，应当按照国家有关规定进行抗震性能鉴定，并采取必要的抗震加固措施：（一）重大建设工程；（二）可能发生严重次生灾害的建设工程；（三）具有重大历史、科学、艺术价值或者重要纪念意义的建设工程；（四）学校、医院等人员密集场所的建设工程；（五）地震重点监视防御区内的建设工程。"

（7）应急救援。第四十六条"国务院地震工作主管部门会同国务院有关部门制定国家地震应急预案，报国务院批准。国务院有关部门根据国家地震应急预案，制定本部门的地震应急预案，报国务院地震工作主管部门备案。县级以上地方人民政府及其有关部门和乡、镇人民政府，应当根据有关法律、法规、规章、上级人民政府及其有关部门的地震应急预案和本行政区域的实际情况，制定本行政区域的地震应急预案和本部门的地震应急预案。省、自治区、直辖市和较大的市的地震应急预案，应当报国务院地震工作主管部门备案。交通、铁路、水利、电力、通信等基础设施和学校、医院等人员密集场所的经营管理单位，以及可能发生次生灾害的核电、矿山、危险物品等生产经营单位，应当制定地震应急预案，并报所在地的县级人民政府负责管理地震工作的部门或者机构备案。"

第四十七条"地震应急预案的内容应当包括：组织指挥体系及其职责，预防和预警机制，处置程序，应急响应和应急保障措施等。地震应急预案应当根据实际情况适时修订。"

（8）恢复重建。第七十条"地震灾后恢复重建，应当统筹安排交通、铁路、水利、电力、通

信、供水、供电等基础设施和市政公用设施,学校、医院、文化、商贸服务、防灾减灾、环境保护等公共服务设施,以及住房和无障碍设施的建设,合理确定建设规模和时序。……"

(9) 监督管理。第七十五条"县级以上人民政府依法加强对防震减灾规划和地震应急预案的编制与实施、地震应急避难场所的设置与管理、地震灾害紧急救援队伍的培训、防震减灾知识宣传教育和地震应急救援演练等工作的监督检查。县级以上人民政府有关部门应当加强对地震应急救援、地震灾后过渡性安置和恢复重建的物资的质量安全的监督检查。"

第七十六条"县级以上人民政府建设、交通、铁路、水利、电力、地震等有关部门应当按照职责分工,加强对工程建设强制性标准、抗震设防要求执行情况和地震安全性评价工作的监督检查。"

4.《行政许可法》

《行政许可法》是"为了规范行政许可的设定和实施,保护公民、法人和其他组织的合法权益,维护公共利益和社会秩序,保障和监督行政机关有效实施行政管理,根据宪法"而制定的法律,与水库建设和管理有关的主要内容是水库工程建设与运行中的行政许可工作,它是水库建设与管理中涉及行政许可工作的法律依据。

《行政许可法》于 2003 年 8 月 27 日由第十届全国人民代表大会常务委员会第四次会议通过,自 2004 年 7 月 1 日起施行。2019 年 4 月 23 日第十三届全国人民代表大会常务委员会第十次会议修正,自 2019 年 4 月 23 日起实施。

《行政许可法》直接涉及水库建设与管理的条文主要有:

(1) 概念解释。第二条"本法所称行政许可,是指行政机关根据公民、法人或者其他组织的申请,经依法审查,准予其从事特定活动的行为。"

(2) 适用范围。第三条"行政许可的设定和实施,适用本法。有关行政机关对其他机关或者对其直接管理的事业单位的人事、财务、外事等事项的审批,不适用本法。"

第四条"设定和实施行政许可,应当依照法定的权限、范围、条件和程序。"(注:水库规划审批、建设审批、运行许可等工作的组织实施应当遵循《行政许可法》。)

(3) 许可设定。第十二条"下列事项可以设定行政许可:(一)直接涉及国家安全、公共安全、经济宏观调控、生态环境保护以及直接关系人身健康、生命财产安全等特定活动,需要按照法定条件予以批准的事项;(二)有限自然资源开发利用、公共资源配置以及直接关系公共利益的特定行业的市场准入等,需要赋予特定权利的事项……"

(4) 许可依据。第十四条"本法第十二条所列事项,法律可以设定行政许可。尚未制定法律的,行政法规可以设定行政许可。必要时,国务院可以采用发布决定的方式设定行政许可。实施后,除临时性行政许可事项外,国务院应当及时提请全国人民代表大会及其常务委员会制定法律,或者自行制定行政法规。"

(5) 许可实施。第二十二条"行政许可由具有行政许可权的行政机关在其法定职权范围内实施。"

3.2　行政法规

在行政法规层面上,对水库大坝安全具有管理约束力的,除专门法规《水库大坝安全管

理条例》外,还应当关注根据《水法》《防洪法》《安全生产法》《水土保持法》《水污染防治法》《环境保护法》《环境影响评价法》《防震减灾法》《行政许可法》《突发事件应对法》等制定的相关条例或实施细则,如《防汛条例》《河道管理条例》《水土保持法实施条例》《水污染防治法实施细则》《取水许可和水资源费征收管理条例》《大中型水利水电工程建设征地补偿和移民安置条例》《国家突发公共事件总体应急预案》《国家防汛抗旱应急预案》《生产安全事故报告和调查处理条例》《国务院关于特大安全事故行政责任追究的规定》等,这些都是相关法律的具体实施措施。

3.2.1 《水库大坝安全管理条例》

1991年3月22日《水库大坝安全管理条例》(国务院令第77号)颁布实施,标志着我国水库大坝安全管理步入法制化轨道。《条例》实施20多年来,水库大坝建设、运行管理、安全管理制度和技术标准体系逐步建立健全,政府、主管部门和管理单位的安全管理职责得以明确,涉库涉坝经济活动不断规范,水库综合效益得以充分发挥。随着社会主义市场经济体制的深入推进,水库大坝安全管理的社会因素、法律环境、政策要求、经济技术条件都发生了显著变化,修订《条例》势在必行。

1. 出台背景

1978年以前,我国以计划经济体制为主,水库管理主要依赖行政手段,以各种形式的行政文件指导和实施管理。1978年实行改革开放后,计划经济体制逐步向社会主义市场经济体制转变,经济社会得到快速发展,水库大坝安全管理得到发展。自20世纪90年代中后期,国家法制建设逐步驶入了"快车道",尤其1997年党的"十五大"提出"依法治国、建设社会主义法治国家"方略后,我国先后颁布了一大批重要法律法规,具有中国特色的社会主义法律体系初步形成,与水库大坝安全管理有关的法规制度也逐步完善起来。

20世纪80年代前,全国建成的水库数量占现有水库总数的90%以上,水库大坝安全管理法规体系基本空白,行业监督管理相对粗放,安全管理机制难以满足实际需求,经费渠道不通畅、确权划界不到位等问题长期影响水库大坝安全管理,管理水平总体处于较低水平。1980年以前全国共有2973座水库发生溃坝事故,占迄今为止溃坝总数的84%,1960—1980年先后出现两次溃坝高峰,板桥、石漫滩水库溃坝事故就发生在此期间。

1988年出台了《水法》,对水资源开发利用、水工程保护、水域保护、防汛抗洪及相关法律责任都做了明确规定,催生了一批法律法规的相继出台。1991年《条例》颁布实施,成为我国第一部针对水库大坝安全管理的专门法规。《条例》一经发布,即成为水库大坝安全管理领域的纲领性文件,大坝安全行政首长责任制随之建立,注册登记、防洪调度、安全鉴定等一批配套法规先后颁布,大坝安全管理制度不断健全,配套技术标准体系不断完善,管理机构、队伍、经费等管理条件不断改善,大坝安全管理各项工作不断加强。自此,水库溃坝事故也大幅减少,水库大坝安全管理水平显著提升。

2011年1月8日,根据《国务院关于废止和修改部分行政法规的决定》,对《条例》中关于治安管理处罚的规定作出修正,将该法规中"治安管理处罚条例"修改为"治安管理处罚法"。2018年3月19日,对《条例》进行了第二次修正,将第三章第十六条"大坝坝顶确需兼做公路的,须经科学论证和大坝主管部门批准,并采取相应的安全维护措施",调整为"大坝坝顶确

需兼做公路的,须经科学论证和县级以上地方人民政府大坝主管部门批准,并采取相应的安全维护措施"。

2. 主要内容

（1）总则

目的依据。主要目的是满足保障人民生命财产和社会主义建设对水库大坝安全的社会需要,以及加强水库大坝安全管理的自身需要。《条例》编制的依据是我国的《水法》,《水法》是水利基本法,是水库大坝安全管理遵循的最高位法。

适用对象。《条例》第二条第一款明确了"条例适用于中华人民共和国境内坝高 15 m 以上或者库容 100 万 m³ 以上的水库大坝",第二款补充了对重要小(2)型水库的安全管理参照条例执行。

监督管理。第三条主要明确三点:一是国务院水行政主管部门对水库大坝的归口监管职责,二是地方水行政主管部门对水库大坝实行分级管理的原则,三是对水利、能源、建设、交通、农业等管辖水库大坝的有关部门各自负责监管的职责。依据《条例》落实的现行水库大坝监管职责非常明确,切合国情并行之有效。

责任制度。第四条规定了各级人民政府及其大坝主管部门对其所管辖的大坝的安全实行行政领导负责制。这一制度得到了切实有效的落实,对大坝安全管理工作起到了极大的促进作用。近年来,水库安全度汛工作成绩显著,溃坝事故明显减少,大规模病险水库除险加固项目建设有成效,水管体制改革工作稳步推进,这些都与行政领导负责制的有力保障密不可分。

安全第一。第五条提出了大坝建设与管理的"安全第一"方针,明确了大坝安全管理的最高目标,这一观念在贯彻实施过程中,伴随着经济社会中安全意识的加强得到了体现。

公众参与。第六条提出了任何单位和个人都有保护大坝安全的义务。随着经济社会的发展,水库库区与下游影响不断加大,应急预案和风险管理对社会公众参与提出了更高要求。应当加大对这一条的贯彻力度,注重对社会与公众进行大坝安全相关宣传、交流与培训工作。

（2）大坝建设

第二章内容主要体现从工程建设、从源头上做好大坝安全管理工作的要求,共 5 条。第七条明确大坝建设必须符合大坝安全技术标准要求,本章贯彻了《水法》《标准化法》等法律对安全的要求,也隐含了应当符合规划的要求。

第八条实际规定通过批准的大坝设计所具有的法律地位,建设过程及后期管理必须严格执行批准的大坝设计要求。本条除大坝设计资质要求外,还包括了对观测、通信、交通等管理设施的专项设计要求,这是加强水库管理配套设施建设、扭转重建轻管问题的法规依据。

第九条是大坝施工的总体要求,明确了施工资质管理要求和施工必须遵循设计的原则,也包含了工程质量监督制度和监理制度的基本要求。

第十条是遵照《土地管理法》及其实施细则,做好水库大坝建设与管理土地使用、确权划界的法规依据。历史上建设的大多数水库工程对土地使用问题均无明确确权划界问题,随着社会经济发展和法制化进程的加快,水库大坝土地使用问题逐步凸显,水库确权划界工作应当依据本条法规及相关法律法规规定加快推进。

第十一条是对大坝建设项目管理的要求。随着近年来大坝建设的实践,根据该条文要求制定的相应建设管理规章不断完善,有效规范了大坝建设项目管理行为。

(3)大坝管理

第三章大坝管理是《条例》的重点内容,是制定水库大坝安全管理各项制度的主要依据,是现行水库大坝安全管理制度体系建设的基础,包含第十二条至第二十五条共14条。

第十二至十五条总体上属于库区管理和工程管理范围、工程保护范围的相关规定,从当前水库实际反映的一些情况看,库区管理工作有待加强,库区管理相关法规规定还需进一步完善。

第十六条是对坝顶兼做公路的相关规定,坝顶兼做公路的问题不少,随意加宽坝顶路面而忽视大坝工程标准的现象常见,对此应当加强监管和执法力度。

第十七条是对大坝范围内建设工程的管理规定,实际执行情况相对于河道范围内建设项目管理还有较大差距,鉴于水库大坝工程的重要影响,应当进一步加大相关管理力度。

第十八条是对管理队伍和管理机制建设的规定,是管理队伍能力建设的依据,也是建立健全水库大坝安全管理各项制度的总体要求。

第十九条是对大坝安全检查监测制度等的要求,是现行大坝安全检查监测、预测预警、防汛抢险和险情处理等相关工作的依据。这一制度至关重要,工程事故征兆普遍为检查和监测最先发现,其事故防范和预警作用显著。从目前大坝安全检查监测和大坝安全鉴定中现场检查工作看,这一工作还需进一步加强,制度建设还需完善。

第二十条是对工程维修养护和安全操作的要求。维修养护是维持大坝安全性状、减缓工程老化的主要措施,有效的安全操作是科学调度、控制运行的前提条件,大坝安全管理必须做到经常化和规范化的工程维修养护,保持大坝调度设备的良好运行状态。

第二十一条是水库大坝调度运用规定。良好的大坝安全管理成效与加强水库科学调度管理关系密切。其中强调了水库调度具有严格的法制要求,强调了兴利调度必须服从防汛与安全调度的原则。

第二十二条是大坝安全鉴定制度的依据。为及时、准确掌握大坝安全状况,定期和适时的大坝安全检查、鉴定和认定是必要的,这一制度在各国先进的大坝安全管理制度中均有体现。

第二十三条规定了水库大坝注册登记制度和档案管理要求。为落实这一要求,水利部于1995年发布实施了《水库大坝注册登记办法》,水库大坝注册登记是当前水库管理信息化建设的基础性工作。

第二十四至二十五条是防汛抢险、通信保障等应急处置要求,衔接现行的大坝安全应急预案制度。

(4)险坝处理

《条例》以第四章的全章内容对病险水库处置做出了规定。当前水库管理的控制运用、除险加固、降等报废、工程重建等措施主要以本章内容为依据。近年来,国家投入大量资金组织开展大规模病险水库除险加固建设,截至目前已经对6万余座病险水库实施了除险加固。

第二十八条明确了应急预案制度建设要求,是当前水库大坝应急预案制度的主要

依据。

(5) 罚则与附则

第五章罚则提出了对违反《条例》规定的惩处措施和相关法律规定,其中明确"构成犯罪的依法追究刑事责任"是违反《条例》规定的最高处罚。大坝相关事故涉及公共安全,近年来对破坏大坝安全、导致大坝事故特别是造成较大人员伤亡事故的行为加大了惩治力度。

第六章附则主要提出各地和相关部门可以根据该《条例》制定实施细则,以及《条例》的施行日期,即1991年3月22日。

3. 发挥的作用

《条例》的颁布实施实现了我国水库大坝安全管理有法可依,是我国水库大坝安全管理规范化、法制化、现代化进程中的重要里程碑,为加强水库大坝安全管理发挥了重要作用,体现为:

(1) 推动了行业主管部门和地方人民政府针对水库的立法进程。根据《条例》规定,水利、能源部门制定了一系列针对水库、水电站大坝安全管理的部门规章,形成了两套较为系统的水库水电站大坝安全管理规章体系,各地结合地方实际积极制定水库管理、水利工程管理或针对特定水库的地方法规或政府规章。截至目前,全国已有27个省级行政区针对水库大坝或包括水库在内的水利工程管理进行了专门立法,占全国(除港澳台地区)32个省级行政区域的87%。

(2) 完善了水库大坝安全管理的制度措施和行业标准。依据《条例》和有关法律法规,水库大坝建设行为进一步规范,项目法人责任制、招标承包制、工程建设监理制和合同管理制普遍推行,工程质量与安全监督制度逐步完善;强化了政府主管部门监督管理,明确了注册登记、安全鉴定、安全监测、调度运用等一系列运行管理制度,管理队伍、管理手段、管理方式不断丰富,病坝险坝及时处置,公益性水库运行管理和维修养护经费落实工作受到重视并逐步推进,应急管理不断加强。除此之外还引导和带动了水库大坝安全管理技术标准体系的建设。

(3) 强化了公众对水库大坝安全的责任意识。通过实施《条例》,增强了社会公众的水库大坝安全意识,促进了公众参与保护大坝安全的义务感和社会氛围的初步形成,坝区、库区影响或危害大坝安全的行为得到遏制。

(4) 产生了显著的社会经济效益。《条例》的实施,在强化水库大坝安全保障的情况下,促进了水库综合利用效益的进一步发挥,使得水库在防洪、灌溉、供水、发电、生态保护等方面取得了巨大的社会效益和经济效益。

总体来看,《条例》更多地具有计划经济时代背景特色,但体现了水库大坝安全管理的根本要求,体现了对现代大坝安全管理制度体系建设的总体要求。

3.2.2 《防汛条例》

1991年7月2日中华人民共和国国务院令第86号发布《防汛条例》,该条例成为新中国第一部管理防汛工作的行政法规,标志着我国防汛管理步入了法制轨道。2005年7月15日进行了第一次修订。2011年1月8日根据《国务院关于废止和修改部分行政法规的决定》进行了第二次修订。《防汛条例》既规定了政府和部门的防汛抗洪职责,也规定了单位和个人

在防汛抗洪抢险中的义务和责任,是保障防汛抗洪和抢险减灾工作的法律基础。实践证明,《防汛条例》在我国防汛抗洪中起到了十分重要的作用,符合我国防汛抗洪实际情况。《防汛条例》中与水库大坝有关的主要内容包括:

第九条 "河道管理机构、水利水电工程管理单位和江河沿岸在建工程的建设单位,必须加强对所辖水工程设施的管理维护,保证其安全正常运行,组织和参加防汛抗洪工作。"

第十条 "有防汛任务的地方人民政府应当组织以民兵为骨干的群众性防汛队伍,并责成有关部门将防汛队伍组成人员登记造册,明确各自的任务和责任。河道管理机构和其他防洪工程管理单位可以结合平时的管理任务,组织本单位的防汛抢险队伍,作为紧急抢险的骨干力量。"

第十四条 "水库、水电站、拦河闸坝等工程的管理部门,应当根据工程规划设计、经批准的防御洪水方案和洪水调度方案以及工程实际状况,在兴利服从防洪,保证安全的前提下,制定汛期调度运用计划,经上级主管部门审查批准后,报有管辖权的人民政府防汛指挥部备案,并接受其监督。经国家防汛总指挥部认定的对防汛抗洪关系重大的水电站,其防洪库容的汛期调度运用计划经上级主管部门审查同意后,须经有管辖权的人民政府防汛指挥部批准。汛期调度运用计划经批准后,由水库、水电站、拦河闸坝等工程的管理部门负责执行。有防凌任务的江河,其上游水库在凌汛期间的下泄水量,必须征得有管辖权的人民政府防汛指挥部的同意,并接受其监督。"

第二十条 "有防汛任务的地方人民政府应当建设和完善江河堤防、水库、蓄滞洪区等防洪设施,以及该地区的防汛通信、预报警报系统。"

第二十三条 "省级人民政府防汛指挥部,可以根据当地的洪水规律,规定汛期起止日期。当江河、湖泊、水库的水情接近保证水位或者安全流量时,或者防洪工程设施发生重大险情,情况紧急时,县级以上地方人民政府可以宣布进入紧急防汛期,并报告上级人民政府防汛指挥部。"

第二十六条 "在汛期,河道、水库、闸坝、水运设施等水工程管理单位及其主管部门在执行汛期调度运用计划时,必须服从有管辖权的人民政府防汛指挥部的统一调度指挥或者监督。在汛期,以发电为主的水库,其汛限水位以上的防洪库容以及洪水调度运用必须服从有管辖权的人民政府防汛指挥部的统一调度指挥。"

第二十七条 "在汛期,河道、水库、水电站、闸坝等水工程管理单位必须按照规定对水工程进行巡查,发现险情,必须立即采取抢护措施,并及时向防汛指挥部和上级主管部门报告。其他任何单位和个人发现水工程设施出现险情,应当立即向防汛指挥部和水工程管理单位报告。"

第四十四条 "违反河道和水库大坝的安全管理,依照《中华人民共和国河道管理条例》和《水库大坝安全管理条例》的有关规定处理。"

3.2.3 《生产安全事故报告和调查处理条例》

《生产安全事故报告和调查处理条例》(国务院令第493号)于2007年4月9日公布,自2007年6月1日起施行,全文共6章46条。根据"生产经营活动中发生的造成人身伤亡或

者直接经济损失的生产安全事故的报告和调查处理,适用本条例",水库溃坝事故报告与调查适用于本条例。该条例有如下特点:

(1) 立法目的。一是为了规范生产安全事故报告和调查处理;二是为了落实生产安全事故责任追究制度;三是为了防止和减少生产安全事故。(第一条)

(2) 适用范围。生产经营活动中发生的造成人身伤亡或者直接经济损失的生产安全事故的报告和调查处理,适用本条例;环境污染事故、核设施事故、国防科研生产事故的报告和调查处理不适用本条例。(第二条)

(3) 生产安全事故分类。把生产安全事故分为四类,即:一般事故、较大事故、重大事故、特别重大事故。一般事故,是指造成3人以下死亡,或者10人以下重伤,或者1 000万元以下直接经济损失的事故。较大事故,是指造成3人以上10人以下死亡,或者10人以上50人以下重伤,或者1 000万元以上5 000万元以下直接经济损失的事故。重大事故,是指造成10人以上30人以下死亡,或者50人以上100人以下重伤,或者5 000万元以上1亿元以下直接经济损失的事故。特别重大事故,是指造成30人以上死亡,或者100人以上重伤,或者1亿元以上直接经济损失的事故。这种事故分类方法,在水库大坝安全管理突发事件应急预案编制技术中被引用。"以上"包括本数,"以下"不包括本数。(第三条)

(4) 关于事故报告时间的规定。在该条例中明确规定了3个时间界限,第一个时间界限是:事故现场有关人员向本单位负责人报告的时间,这个时间要求是立即向本单位负责人报告;第二个时间界线是:单位负责人接到报告后,从生产经营单位上报到事故发生地县级以上人民政府安全生产监督管理部门和负有安全生产监督管理职责的有关部门是1小时内;第三个时间是:安全生产监督管理部门和负有安全监督管理职责的有关部门逐级上报,每一级上报的时间不得超过2个小时。而且这样的规定有重点,还设定了明确的起点,形成严密的时间链条,更具操作性。

(5) 事故报告的单位和部门。规定事故现场有关人员向本单位负责人报告;单位负责人向县级以上人民政府安全生产监督管理部门和负有安全生产监督管理职责的有关部门报告。总的来说,有关部门指行业管理部门和企业的主管机关。

(6) 事故报告的内容。第十二、十三条作了一般性规定。在实际工作中的事故报告大致有3个过程,第一个过程是事故的初次报告;第二个过程是事故的中间报告;第三个过程是事故的终结报告。这3个过程有时候可以1次完成,有时候也可以2次完成,有时候3次甚至多次才能最终完成事故报告。为什么?按照事故报告的规定,事故报告应该提供的内容有6个部分,而这6个部分内容应当是事故终结报告才能完整体现的内容,但是在事故发生当时,我们并不能全面和完整地了解这些内容,所以在实际操作过程中,就将事故报告分为3个报告来完成。第1个是初次报告,初次报告的内容包括事故发生的时间、地点、单位和人员伤亡的初步情况,包括下落不明人数。因为在接到事故报告时,我们只知道事故大致情况,对抢险过程等情况不清楚。第2个过程是事故的中间报告,一般来说,事故抢险有关人员到达现场后,进一步对事故发生的情况进行了解,包括伤亡情况的变化、抢险救援过程中的变化、有关抢险救援过程中组织情况的变化等等,可以是1次报告,也可以是多次,根据事故应急救援的情况而定。在事故抢险救险结束后,按照该条例6个方面的内容提供一个事故终结报告,全面反映事故的整体情况,事故报告才能最后终结。

另外,该条例还对事故调查组履行的职责、权利和义务,事故调查报告的内容,事故处理相关责任的落实,事故处理中的行政责任和刑事责任等方面作了规定。

3.2.4 《水土保持法实施条例》

《水土保持法实施条例》于1993年8月1日国务院令第120号发布施行。2011年1月8日对该细则中关于治安管理处罚的规定进行了修订。《水土保持法实施条例》是对《水土保持法》的细化,第十四条内容直接与水工程建设的水土保持问题相关。向水库倾倒废弃沙、石、土或尾矿废渣问题,以及对在水库流域内进行工程建设、坡地开垦种植等活动造成严重水土流失进而淤积水库库容的问题,应当按本条例有关内容加强管理。

3.2.5 《国家突发公共事件总体应急预案》

2005年1月26日,国务院第79次常务会议通过了《国家突发公共事件总体应急预案》(以下简称《总体预案》),2006年1月8日发布并实施。《总体预案》是全国应急预案体系的总纲,是指导预防和处置各类突发公共事件的规范性文件,也为水库大坝安全管理应急预案、防汛应急预案等制度提供了明确的应急组织和应急机制的框架样板。具有如下几方面特点:

(1)预案编制的意义和目的。《总体预案》开宗明义,编制目的是"提高政府保障公共安全和处置突发公共事件的能力,最大程度地预防和减少突发公共事件及其造成的损害,保障公众的生命财产安全,维护国家安全和社会稳定,促进经济社会全面协调、可持续发展"。预案的编制,是在认真总结我国历史经验和借鉴国外有益做法的基础上,经过集思广益、科学民主化的决策过程,按照依法行政的要求,并注重结合实践而形成的。

(2)突发公共事件的分类分级。突发公共事件主要分自然灾害、事故灾难、公共卫生事件、社会安全事件等4类;按照其性质、严重程度、可控性和影响范围等因素分成4级,Ⅰ级(特别重大),Ⅱ级(重大),Ⅲ级(较大),Ⅳ级(一般)。依据该预案对突发公共事件的分类方式,水库可能产生的突发事件应当包括自然灾害(如大洪水漫顶)、事故灾难(如工程质量差可能造成的安全事故)、社会安全事件(可能针对大坝的恐怖袭击等)。

(3)规范预警标识:4级预警"红、橙、黄、蓝"。"防患于未然"是《总体预案》的一个基本要求。在《总体预案》中,依据突发公共事件可能造成的危害程度、紧急程度和发展势态,把预警级别分为4级,Ⅰ级(特别严重),Ⅱ级(严重),Ⅲ级(较重),(Ⅳ级)一般,依次用红色、橙色、黄色和蓝色表示。预警信息的主要内容应该具体、明确,要向公众讲清楚突发公共事件的类别、预警级别、起始时间、可能影响范围、警示事项、应采取的措施和发布机关等。为了使更多的人接收到预警信息,从而能够及早做好相关的应对、准备工作,预警信息的发布、调整和解除要通过广播、电视、报刊、通信、信息网络、警报器、宣传车或组织人员逐户通知等方式进行。对老、幼、病、残、孕等特殊人群以及学校等特殊场所和警报盲区,要视具体情形采取有针对性的公告方式。

(4)发生Ⅰ级或Ⅱ级突发公共事件应在4小时内报告国务院。基于对突发公共事件危害性的认识,《总体预案》对信息报告的第一要求就是:快。为了做到"快",《总体预案》强调,特别重大或者重大突发公共事件发生后,省级人民政府、国务院有关部门要在4小时内向国务院报告,同时通报有关地区和部门。应急处置过程中,要及时续报有关情况。

(5) 突发公共事件消息须第一时间向社会发布。发生突发公共事件后,及时准确地向公众发布事件信息,是负责任的重要表现。《总体预案》要求,突发公共事件的信息发布应当及时、准确、客观、全面。要在事件发生的第一时间向社会发布简要信息,随后发布初步核实情况、政府应对措施和公众防范措施等,并根据事件处置情况做好后续发布工作。

(6) 要做好受灾群众基本生活保障工作。发生突发公共事件,尤其是自然灾害时,人民群众的生活必然会受到影响。《总体预案》强调,要做好受灾群众的基本生活保障工作。怎样才是做好"基本生活保障"?预案明确,就是要确保灾区群众有饭吃、有水喝、有衣穿、有住处、有病能得到及时医治。

(7) 国务院是突发公共事件应急管理工作最高行政领导机构。这一规定与《突发事件应对法》一致。《总体预案》明确,国务院是突发公共事件应急管理工作的最高行政领导机构。在国务院总理领导下,由国务院常务会议和国家相关突发公共事件应急指挥机构负责突发公共事件的应急管理工作;必要时,派出国务院工作组指导有关工作;国务院办公厅设国务院应急管理办公室,履行值守应急、信息汇总和综合协调职责,发挥运转枢纽作用;国务院有关部门依据有关法律、行政法规和各自职责,负责相关类别突发公共事件的应急管理工作,具体负责相关类别的突发公共事件专项和部门应急预案的起草与实施,贯彻落实国务院有关决定事项;地方各级人民政府是本行政区域突发公共事件应急管理工作的行政领导机构。同时,根据实际需要聘请有关专家组成专家组,为应急管理提供决策建议。这样就形成了"统一指挥、分级负责、协调有序、运转高效"的应急联动体系,可以使日常预防和应急处置有机结合,常态和非常态有机结合,从而减少运行环节,降低行政成本,提高快速反应的能力。

(8) 确定6大工作原则,体现以人为本理念。《总体预案》确定了应对突发公共事件的6大工作原则:以人为本,减少危害;居安思危,预防为主;统一领导,分级负责;依法规范,加强管理;快速反应,协同应对;依靠科技,提高素质。把保障公众健康和生命财产安全作为首要任务,最大程度地减少突发公共事件及其造成的人员伤亡和危害——这体现了现代行政理念对人民政府"切实履行政府的社会管理和公共服务职能"的根本要求。基于这个认识,《总体预案》特别要求:充分动员和发挥乡镇、社区、企事业单位、社会团体和志愿者队伍的作用,依靠公众力量,形成统一指挥、反应灵敏、功能齐全、协调有序、运转高效的应急管理机制。

3.2.6 《地震安全性评价管理条例》

《地震安全性评价管理条例》于2001年11月15日国务院令第323号公布,自2002年1月1日起施行。2017年3月1日国务院令第676号第一次修订,2019年3月2日国务院令第709号第二次修订。其中涉及水库建设与管理工作的主要内容如下:

第三条 "新建、扩建、改建建设工程,依照《中华人民共和国防震减灾法》和本条例的规定,需要进行地震安全性评价的,必须严格执行国家地震安全性评价的技术规范,确保地震安全性评价的质量。"

第八条 "下列建设工程必须进行地震安全性评价:(一)国家重大建设工程;(二)受地

震破坏后可能引发水灾、火灾、爆炸、剧毒或者强腐蚀性物质大量泄露或者其他严重次生灾害的建设工程,包括水库大坝、堤防和贮油、贮气、贮存易燃易爆、剧毒或者强腐蚀性物质的设施以及其他可能发生严重次生灾害的建设工程;(三)受地震破坏后可能引发放射性污染的核电站和核设施建设工程;(四)省、自治区、直辖市认为对本行政区域有重大价值或者有重大影响的其他建设工程。"

第九条 "地震安全性评价单位对建设工程进行地震安全性评价后,应当编制该建设工程的地震安全性评价报告。地震安全性评价报告应当包括下列内容:(一)工程概况和地震安全性评价的技术要求;(二)地震活动环境评价;(三)地震地质构造评价;(四)设防烈度或者设计地震动参数;(五)地震地质灾害评价;(六)其他有关技术资料。"

第十条 "国务院地震工作主管部门负责下列地震安全性评价报告的审定:(一)国家重大建设工程;(二)跨省、自治区、直辖市行政区域的建设工程;(三)核电站和核设施建设工程。省、自治区、直辖市人民政府负责管理地震工作的部门或者机构负责除前款规定以外的建设工程地震安全性评价报告的审定。"

第十一条 "国务院地震工作主管部门和省、自治区、直辖市人民政府负责管理地震工作的部门或者机构,应当自收到地震安全性评价报告之日起15日内进行审定,确定建设工程的抗震设防要求。"

第十三条 "县级以上人民政府负责项目审批的部门,应当将抗震设防要求纳入建设工程可行性研究报告的审查内容。对可行性研究报告中未包含抗震设防要求的项目,不予批准。"

第十四条 "国务院建设行政主管部门和国务院铁路、交通、民用航空、水利和其他有关专业主管部门制定的抗震设计规范,应当明确规定按照抗震设防要求进行抗震设计的方法和措施。"

第十五条 "建设工程设计单位应当按照抗震设防要求和抗震设计规范,进行抗震设计。"

3.2.7 其他重要法规性文件

水库大坝管理法规层面上内容还包括重要的相关法规性文件,即国务院发布的与水库大坝管理相关的法规性、政策性文件,如《水利工程管理体制改革实施意见》《国务院关于完善大中型水库移民后期扶持政策的意见》《关于加强公益性水利工程建设管理若干意见的通知》《国家防汛抗旱应急预案》《国务院关于特大安全事故行政责任追究的规定》《国务院关于全面加强应急管理工作的意见》《工程建设标准强制性条文(水利工程部分)》等。其中,《水利工程管理体制改革实施意见》是水利管理体制改革工作的法规性依据,是国家关于包括水库管理体制改革在内的改革发展的政策性要求,对促进水资源的可持续利用和经济社会的可持续发展都有着十分重要的现实意义和深远的历史意义。

3.3 部门规章和规范性文件

根据《水库大坝安全管理条例》规定,结合我国水库大坝安全管理实际和发展要求,建立了注册登记、调度运用、防汛抢险、检查监测、维修养护、安全鉴定、除险加固、降等报废、应急

预案等水库安全运行管理制度。

(1) 注册登记制度。该制度是《水库大坝注册登记办法》规定的一项基本管理制度，是认定水库工程存在、掌握工程情况、开展监督管理的基础性工作。

(2) 调度运用制度。该制度是《综合利用水库调度通则》等有关法规和技术标准要求的一项管理制度，是科学调度、安全运行、实现水库综合效益目标的调度行为准则。

(3) 防汛抢险制度。根据《条例》第二十五条规定，防汛抢险是汛期水库大坝安全防范和处置工作的重点，是应急管理工作的组成部分。

(4) 检查监测制度。根据《条例》第十九条规定，对大坝实施巡视检查、安全监测、事故预警，特别在汛期、洪水和地震期间以及工程存在病险、高水位运用等情况时应加强巡视检查和安全监测。

(5) 维修养护制度。该制度是减缓工程老化、提高工程安全性能、改善工程形象面貌的重要工作，包括日常维护、汛前汛后修复、大修岁修等维护措施。

(6) 安全鉴定制度。该制度是《水库大坝安全鉴定办法》规定的一项制度，是定期掌握水库大坝安全状况，采取合理调度、控制运用、除险加固、降等报废等风险控制措施的依据，在大坝安全管理和病险水库除险加固中发挥了重要作用。

(7) 除险加固制度。《条例》对该制度做了相应规定，针对病险水库采取必要的工程和非工程措施，是水库业主的基本职责和公共安全需要。

(8) 降等报废制度。《水库降等与报废管理办法（试行）》规定，在工程效益衰减或丧失，加固处理技术经济不合理情况下，降等报废是为管控水库安全风险而采取的一种减弱或退出机制。

(9) 应急预案制度。该制度是应对水库突发事件的重要制度，属于水库风险管理的一部分。

下面对重点部门规章和规范性文件进行介绍。

3.3.1 《综合利用水库调度通则》

《综合利用水库调度通则》于 1993 年 12 月 20 日起施行，是指导水库调度运行的重要规章。内容主要涉及调度运用指标、防洪调度、兴利调度、水文测报和调度管理。该通则颁布已有二十多年，其规定内容仍基本符合水库大坝安全运行管理现状，但在法律法规体系发生一定变化后应做相应修订，建议在《水库大坝安全管理条例》修订完成后适时进行修订。

3.3.2 《水库大坝注册登记办法》

水库大坝注册登记制度是水库规范化、法制化管理的基础性工作，根据《水库大坝安全管理条例》第二十三条，1995 年发布实施了《水库大坝注册登记办法》（1997 年 12 月 25 日修订），明确了水库大坝注册登记制度。《水库大坝注册登记办法》明确了水库大坝注册登记机构、注册登记程序、变更与注销登记、证书与资料管理等要求。

该办法发布实施以来，各地不断完善水库大坝注册登记工作，为水库大坝安全监督管理、病险水库除险加固、应急管理等工作提供了有力支撑。但随着国家对水库大坝安全运行

管理的要求逐步提高,现有水库大坝注册登记工作长期存在的一些弊端逐步显现,如大坝注册登记门槛过低、注册登记工作随意化现象较为突出等,灵活运用注册登记制度约束水库大坝安全运行管理工作的机制尚未形成,有必要对该办法进行再次修订。建议根据水库管理情况的变化,吸收实践经验,尽快修订该办法,加强约束力与强制性,修订中可研究注册登记制度向水库运行许可制度发展。

3.3.3 《水库大坝安全鉴定办法》

大坝安全鉴定是根据《水库大坝安全管理条例》第二十二条,由《水库大坝安全鉴定办法》(1995年发布,2003年修订)规定的一项重要制度,是掌握和认定水库大坝安全状况,采取科学调度、控制运用、除险加固或降等报废等安全措施的重要依据,在大坝安全管理和病险水库除险加固中发挥了重要作用。《水库大坝安全鉴定办法》对水库大坝安全鉴定的目的、依据、适用范围、分级负责原则和鉴定周期,以及鉴定的基本程序与组织工作、鉴定工作内容和鉴定成果等作了规定。2000年水利部发布了《水库大坝安全评价导则》(SL 258—2000),2017年对该导则完成了修订,作为其配套技术标准,明确了大坝安全评价的具体技术要求,提高了《水库大坝安全鉴定办法》的可操作性。

《水库大坝安全鉴定办法》是经过多年解决水库大坝工程病险问题的实践,总结大量病险水库专题分析评价经验,结合全面认识工程安全状况的技术需要提出来的。1986年,水利部原水管司组织对陕西省羊毛湾水库(位于陕西省咸阳市,总库容1.2亿 m^3,均质土坝,最大坝高47.6 m)进行大坝安全论证,确立了现行大坝安全鉴定制度的技术模式。为进一步总结大坝安全论证经验,全面贯彻实施《水库大坝安全鉴定办法》,水利部原水管司又组织了湖南省黄石水库大坝(位于湖南省常德市,总库容6.02亿 m^3,黏土心墙坝,最大坝高40.4 m)安全鉴定试点工作。1996年4月在黄石水库召开了"全国水库大坝安全鉴定(试点)工作会议",对黄石水库进行了大坝安全鉴定,与会专家对鉴定试点工作进行了观摩和交流。

与此同时,鉴定承担单位资质要求有必要进一步完善,鉴定组织程序有必要进一步优化,《水库大坝安全鉴定办法》有必要适时修订。

3.3.4 《水利工程管理考核办法》

《水利工程管理考核办法》是推进水库工程管理规范化、法制化、现代化建设的重要规章,于2003年5月颁布,后于2016年、2019年修订。主要内容涉及组织管理、安全管理、运行管理和经济管理,实行水利工程管理考核评定制度,规范了考核管理工作。考核采用了1 000分的评分考核制,并制定了考核项目分类和评分标准。这一规章和标准对提高水库大坝安全管理水平,加快水库大坝安全管理现代化建设起到了促进作用。

水库工程管理考核属于质量管理的范畴,从长远看,该办法可向水库管理质量体系认证过渡,按技术监督和认证认可要求对水库管理单位实行质量管理体系认证,在今后修订《水利工程管理考核办法》时可将其调整为《水利工程管理单位质量管理体系认证办法》,并参照ISO质量管理体系标准制定《水库管理单位质量管理体系认证标准》,通过认证和认证咨询

活动,促进水库管理单位的质量管理和大坝安全管理水平的提高。

3.3.5 《水库降等与报废管理办法(试行)》

降等与报废制度是水库全生命周期管理的重要一环,是病险水库科学治理、多样选择的综合措施之一。为完善水库降等与报废制度,水利部2003年发布《水库降等与报废管理办法(试行)》(水利部令第18号),2013年发布配套技术标准《水库降等与报废标准》(SL 605—2013),科学指导水库降等与报废工作。在实施病险水库除险加固的同时,积极推行水库降等与报废,共同消解水库大坝安全隐患。

《水库降等与报废管理办法(试行)》是根据水库从产生、运用到终结的自然规律制定的一部重要规章,对降等与报废管理、降等与报废条件、降等与报废程序、工程善后处理等进行了规定。水库降等与报废主要是针对水库功能衰退丧失、病险隐患复杂、淤积严重等情况,对恢复利用价值不大或除险加固经济不合理的工程,结合环境整治、生态保护等要求,按照规定程序,开展降等与报废评估论证,经水库主管部门审查批准,采取工程降等使用或报废处理,落实防洪安全保障、生态环境保护措施,做好人员安置、资产和档案管理等善后处置。

今后应当加强水库降等与报废评估论证工作。水库降等与报废论证基本内容应当包括工程现状调查、存在问题分析、处置措施研究、技术经济评估、意见与建议,并编制降等与报废论证报告。其中,"工程现状调查"可参照水库大坝安全鉴定或认定有关规定,调查阐明水库工程和管理基本情况;"存在问题分析"主要分析大坝安全、运行管理、功能效益等方面存在的问题;"处置措施研究"主要在维修养护、除险加固和降等、报废等方式中研究优化处置方案,分析工程处理、功能补偿、水土保持、生态环境、安全生产等影响;"技术经济评估"主要分析不同处置方案的经费和技术投入,以及对区域水资源配置体系结构的影响;"意见与建议"是经综合分析后提出明确的处置意见和建议。论证报告中对防洪安全、遗留工程、国有资产、技术档案等处置应当有明确的处置意见。

对于水库降等与报废履行程序问题应当繁简适当,既能通过设置程序加强管理,又能避免程序烦琐影响水库降等与报废工作实施。《水库降等与报废管理办法(试行)》应对水库降等与报废管理程序进一步完善,使得程序更具可操作性。

3.3.6 小型水库管理制度

1. 我国小型水库管理法规标准体系

目前,以《水法》《防洪法》为基础,《水库大坝安全管理条例》为重点,部门规章规范性文件和技术标准配套,水库大坝安全运行管理法规制度和技术标准体系不断健全。建立了大坝安全责任制,以及涵盖注册登记、调度运用、防汛抢险、检查监测、养护修理、安全鉴定、除险加固、应急管理、降等与报废等贯穿大坝全生命周期的管理制度(见表3.3-1、表3.3-2)。这些法规制度中,《水库大坝安全管理条例》《水库大坝安全鉴定办法》等法规文件及技术标准的适用范围主要针对大中型、小(1)型水库及坝高15 m以上的小(2)型水库,其他水库参照执行。

表 3.3-1　小型水库运行管理部分法规文件

分类	法规规章或文件名称	发布文号	适用范围
法规	水库大坝安全管理条例	国务院令第 77 号	大中型、小(1)型和坝高 15 m 以上的小(2)型水库
	防汛条例	国务院令第 441 号	所有防洪抗洪活动
	大中型水利水电工程建设征地补偿和移民安置条例	国务院令第 471 号	大中型水库
综合管理	水库大坝注册登记办法	水管〔1995〕290 号	所有水库
	关于加强水库安全管理工作的通知	水建管〔2006〕131 号	所有水库
	小型水库安全管理办法	水安监〔2010〕200 号	小型水库
	关于水利工程用地确权有关问题的通知	〔1992〕国土〔籍〕字第 11 号	
	水库降等与报废管理办法(试行)	2003 年水利部令第 18 号	所有水库
	关于深化小型水利工程管理体制改革的指导意见	水建管〔2013〕169 号	小型水利工程
	水利部办公厅关于切实加强当前小型水库安全管理工作的通知	办建管〔2016〕16 号	小型水库
	水利部关于进一步加强水库大坝安全管理的意见	水建管〔2018〕63 号	所有水库
	关于加强小型水库安全管理工作的意见	水建管〔2002〕188 号	小型水库
	关于进一步明确和落实小型水库管理主要职责及运行管理人员基本要求的通知	水建管〔2013〕311 号	小型水库
	关于加强中小型水库除险加固后初期蓄水管理的通知	水建管〔2013〕138 号	小型水库
	水利部关于加强水库大坝安全监测工作的通知	水建管〔2013〕250 号	所有水库
运行管理	综合利用水库调度通则	水管〔1993〕61 号	大型、重要中、小型
	水利工程运行管理督查工作指导意见	水建管〔2013〕41 号	所有水库
	水利工程管理考核办法	水运管〔2019〕53 号	大中型
	水利工程管理单位定岗标准(试点)	水办〔2004〕307 号	
	水利工程维修养护定额标准(试点)	水办〔2004〕307 号	
	水利工程建设项目档案管理规定	水办〔2005〕480 号	大中型工程
安全管理	水库大坝安全鉴定办法	水建管〔2003〕271 号	大中型、小(1)型和坝高 15 m 以上小(2)型
	关于进一步做好水库大坝安全鉴定工作的通知	办建管〔2018〕71 号	15 m 以下小(2)型参照
	水库防汛抢险应急预案编制大纲	办海〔2006〕9 号	

续表

分类	法规规章或文件名称	发布文号	适用范围
安全管理	水利部关于加强水库大坝安全监测工作的通知	水建管〔2013〕250号	所有水库
	关于落实水库安全度汛应急抢护措施的通知		
	小型水库安全运行专项督查工作实施细则(试行)	办安监〔2018〕126号	小型水库

表 3.3-2　小型水库运行管理部分技术标准

分类	规范名称	编号	适用范围
安全监测	土石坝安全监测技术规范	SL 551—2012	3级(含)以上
	混凝土坝安全监测技术规范	SL 601—2013	4级(含)以上
	水利水电工程安全监测设计规范	SL 725—2016	1～5级挡水建筑物和1～3级水工建筑物
	大坝安全自动监测系统设备基本技术条件	SL 268—2001	未明确
	大坝安全监测仪器安装标准	SL 531—2012	各级水库大坝
	大坝安全监测仪器检验测试规程	SL 530—2012	各级水库大坝
	大坝安全监测仪器报废标准	SL 621—2013	各级水库大坝
	大坝安全监测系统验收规范	GB/T 22385—2008	1～3级工程及70m以上高坝或监测系统复杂的中坝、低坝
	大坝安全监测系统鉴定技术规范	SL 766—2018	1～3级土石坝和1～4级混凝土坝
工程管理	水库工程管理设计规范	SL 106—2017	大中型水库
	土石坝养护修理规程	SL 210—2015	1～4级土石坝,5级参照
	混凝土坝养护修理规程	SL 230—2015	1～4级混凝土坝,5级参照
	水库调度设计规范	GB/T 50587—2010	大型水库
	水库大坝安全评价导则	SL 258—2017	大中型、小(1)型和坝高15m以上小(2)型水库
	水库调度规程编制导则	SL 706—2015	大中型水库,小型参照
	水库大坝安全管理应急预案编制导则	SL/Z 720—2015	大中型水库,小型参照

　　为进一步加强小型水库安全管理,2010年水利部印发《小型水库安全管理办法》,对大坝安全责任制、调度运用、检查监测、安全鉴定、维修养护、除险加固、应急管理、降等与报废、档案管理等运行管理主要环节提出了明确要求,并先后发布了《关于进一步加强水库大坝安

全管理的意见》(2018)、《关于切实加强当前小型水库安全管理工作的通知》(2016)、《小型水库土石坝主要安全隐患处置技术导则》(2014)、《关于进一步明确和落实小型水库管理主要职责及运行管理人员基本要求的通知》(2013)、《关于深化小型水利工程管理体制改革的指导意见》(2013)、《关于加强中小型水库除险加固后初期蓄水管理的通知》(2013)、《关于加强小型水库安全管理工作的意见》(2002)等一系列规范性文件。

各地结合实际,也积极出台了一系列地方法规制度,大多数省级行政区建立了包括水库在内的水利工程管理地方法规规章,如《江苏省水库管理条例》《浙江省小型水库安全运行管理规定(试行)》《湖北省水库管理办法》等,普遍将小型水库纳入适用对象。

2.《小型水库安全管理办法》

为进一步加强小型水库安全管理,水利部于2010年5月31日发布了《小型水库安全管理办法》(水安监〔2010〕200号,以下简称《办法》),这是进一步完善水库管理制度的重要举措。该办法的发布与施行对改善我国小型水库安全管理总体状况具有重要意义。

(1)编制依据

《办法》编制依据的主要法律法规是《水法》《防洪法》《安全生产法》《水库大坝安全管理条例》,研究参考的法律法规或法规性文件还有《突发事件应对法》《国家突发公共事件应急预案》《水利工程管理体制改革实施意见》等。《办法》编制力求与现有相关制度衔接,编制过程中参考的相关规章或规范性文件主要有《关于加强小型水库安全管理工作的意见》(2002年)、《关于加强水库安全管理工作的通知》(2006年)、《水库降等与报废管理办法(试行)》(2003年)、《水库大坝注册登记办法》(1995年)、《水库大坝安全鉴定办法》(2003年)等。《办法》的编制结合了我国小型水库安全管理的实际情况,充分考虑了小型水库安全管理的地区差异和不同做法。

(2)重点考虑

《办法》立足我国小型水库安全管理实际,考虑各地差异和存在的困难,着重解决小型水库安全管理中的关键问题。重点在明晰责任主体,落实安全责任;明确监管职责,加强监督检查;改善工程设施,完善管理条件;健全管理制度,注重检查维护;加强应急管理,落实处置预案;在小型水库安全管理规范化、法制化、现代化建设方向上提出合理可行、行之有效的具体要求。关键内容有:

一是强化和全面落实小型水库安全责任制。以地方人民政府(县市、乡镇)行政首长负责制为核心,明确各类责任人的具体责任。县级以上水行政主管部门承担监管职责,会同水库主管部门加强辖区内小型水库大坝安全的监督管理,督促水库管理单位和业主按照有关规定做好各项安全管理工作,确保小型水库工程的安全运行和综合效益的充分发挥。

二是明确小型水库保坝安全工程措施。在考虑坝型、坝高、位置、重要性以及特殊性基础上,明确小型水库安全管理硬件基本要求。明确挡水、泄水、放水三类建筑物的基本要求,重点保证小型水库的防洪与结构安全。同时,考虑防汛道路、通信手段、监测设施等工程管理设施要求,明确工程管理设施的参照标准。

三是建立健全小型水库安全管理制度。通过落实管养经费,保障日常运行管理工作正常开展。建立健全运行管理各项制度,包括调度运用、巡视检查、维修养护等。加强小型水库安全鉴定与除险加固工程管理,切实掌握小型水库安全状况。对功能基本缺失,风险大又

没有条件加固的病险小型水库,按规定积极实施降等与报废处理。

四是强化小型水库安全监督检查。小型水库管理粗放,多为乡镇分散管理,相当一部分小型水库无管理机构,管理人员中技术人员极少。特别是小(2)型水库,一般由当地村民负责看护,甚至无人管理。研究界定小型水库直接责任主体(法人、水库管理单位、乡镇人民政府、主管部门),加强小型水库管理机构建设或管理人员配置,推行分片集中管理、代管制等新模式。落实小型水库安全监管检查工作。明确监督检查职责和制度。

五是注重安全管理非工程措施建设。加强小型水库在应急保坝管理方面的非工程措施建设,提高水库业主、安全监管、行业部门、社会公众等的灾害防范和风险意识,健全突发事件应急预案制度。对病险严重、功能萎缩而除险加固技术上不可行、经济上不合理的小型水库,实行降等与报废处理,以缓解病险小型水库的风险。

六是提高小型水库管理队伍素质。针对小型水库管理人员中的技术人员缺乏、专业知识欠缺,特别是小(2)型水库主要由当地村民看护的情况,提出小型水库管理人员培训上岗要求,通过加大管理人员培训力度,提高小型水库管理队伍整体素质,逐步实行小型水库管理人员持证上岗制度。

(3) 内容要点

《办法》分为总则、管理责任、工程设施、管理措施、应急管理、监督检查、附则,共7章33条。

第一章"总则"(共7条):主要明确编制目的、适用对象、安全责任制、责任主体、监督管理、预防保护原则等。特别是明晰了小型水库安全管理的各相关责任主体,包括了新型体制下的水库业主,明确了农村集体经济组织所属小型水库主管部门职责由所在地乡镇人民政府承担。

第二章"管理责任"(共5条):主要明确小型水库安全管理的各相关责任主体职责(地方人民政府、水行政主管部门、水库主管部门或业主、水库管理单位或管护人员),并明确了水库租赁承包后的安全管理责任由原水库主管部门或业主承担。

第三章"工程设施"(共6条):主要明确小型水库安全管理硬件基本要求,包括挡水、泄洪、放水三类建筑物的安全,以及防汛道路和管理用房、通信手段(汛期报汛或紧急情况报警)等工程管理设施配套要求。特别是对调蓄能力差的小型水库泄洪设施,对下游有重要影响的小型水库,放水设施紧急情况下要满足降低水位等的要求。

第四章"管理措施"(共7条):主要明确管理机构或管护人员,特别是对无管理单位的水库要落实管护人员;健全小型水库安全管理各项制度,包括调度运用、巡视检查、维修养护、防汛抢险、闸门操作、技术档案等要求;对管理人员技术培训等提出要求。

第五章"应急管理"(共4条):主要明确小型水库突发事件应急预案制度,包括预案编制与管理、险情发现与报告、抢险队伍与物料、预案宣传与演练等要求。特别是明确水库管理单位或管护人员发现险情后的报告程序,通过宣传演练告知下游群众撤离的信号、路线、方式、避难场所等。

第六章"监督检查"(共3条):主要明确小型水库安全监督检查机构与职责。明确水行政主管部门的监督检查方式与内容,加强检查信息管理和备案,以及加强工程保护区监督等。特别是通过监督检查掌握安全状况,督促水库主管部门或业主对存在问题落实整改措施,对重大安全隐患实行挂牌督办。

第七章"附则"(共1条):主要明确办法的施行日期,办法自公布之日起施行。

总体认为,办法内容简明翔实,责任清晰明确,措施得力到位。《办法》填补了小型水库安全管理在规章层面上的不足,是加强小型水库规范化、现代化管理的指南性文件。

3.《小型水库土石坝主要安全隐患处置技术导则(试行)》

为提高小型水库土石坝主要安全隐患处置技术水平,切实保障水库安全,充分发挥水库功能和效益,更好地服务于经济和社会发展,水利部在2014年组织编制了《小型水库土石坝主要安全隐患处置技术导则(试行)》。

该导则适用于按《水利水电工程等级划分及洪水标准》(SL 252)确定的小型水库4、5级且坝高小于30 m的土石坝主要安全隐患处置。导则明确小型水库土石坝主要安全隐患包括防洪安全隐患、渗流安全隐患、结构安全隐患、金属结构安全隐患以及运行管理安全隐患。导则要求当小型水库土石坝出现安全隐患或险情时,应判别其成因及危害,采取合理处置措施。当隐患或险情危及大坝安全或有溃坝风险时,应及时报告水库主管部门、水行政主管部门和当地人民政府,并做好溃坝突发事件预警。

3.4 地方法规摘要

3.4.1 地方立法情况

水库主管部门与管理单位高度重视水库大坝安全管理制度建设,各地结合实际积极制定地方法规规章或实施细则,陆续出台了一系列地方性法规或规章。按照不同分类方式,地方法规有如下特征:

(1)立法客体特征

立法客体包括了省、市、县各级行政区,有的地区为重要的单座水库工程进行了专门立法。

全国(除港澳台地区)32个省级行政区中,已有29个进行了地方法规及政府规章建设(表3.4-1),占90%。

表3.4-1 各省级行政区内水库大坝安全管理地方法规或政府规章情况汇总表

序号	规章或法规名称	发布时间
1	北京市河湖保护管理条例	2012年
2	河北省水利工程管理条例	1998年
3	山西省水工程管理条例	1990年
4	内蒙古自治区水工程管理保护办法	2010年
5	黑龙江省水利工程管理条例	1991年
6	上海市关于贯彻实施国务院《水库大坝安全管理条例》的若干规定	1993年
7	江苏水库管理条例	2011年

续表

序号	规章或法规名称	发布时间
8	浙江省水利工程安全管理条例	2009 年
9	安徽省水工程管理和保护条例 安徽省小型水库安全管理办法	2005 年 2010 年
10	福建省水库大坝安全管理规定(试行)	2009 年
11	江西省水利工程条例	2009 年
12	山东省实施《水库大坝安全管理条例》办法	1994 年发布,2018 年第四次修订
13	河南省《水库大坝安全管理条例》实施细则 河南省小型水库管理办法	1993 年 2015 年
14	湖北省水库管理办法	2002 年
15	湖南省水库和灌区工程管理办法	1997 年
16	广东省水利工程管理条例 广东省水库大坝安全管理实施细则	1999 年发布,2014 年修正 1994 年
17	广西壮族自治区水利工程管理条例	1997 年发布,2011 年修订
18	海南省水利工程管理办法	1999 年
19	重庆市水利工程管理条例	1998 年发布,2011 年第四次修正
20	四川省水库大坝安全管理办法	2008 年
21	贵州省水库大坝安全管理办法	2005 年
22	云南省水利工程管理条例	2018 年
23	西藏自治区水利工程管理条例 西藏自治区小型水库安全运行管理办法	2007 年 2013 年
24	陕西省水工程管理条例	1996 年
25	甘肃省水利工程设施管理保护条例	1994 年发布,2010 年第三次修正
26	青海省水库大坝安全管理办法	2003 年
27	宁夏回族自治区水工程管理条例	2002 年
28	新疆维吾尔自治区水利工程管理和保护办法	2011 年
29	新疆兵团水库大坝安全管理实施办法	2007 年

针对市级行政区域内水库管理,多地陆续出台了相应的水库管理或保护规定,例如《南昌市水库管理若干规定》《深圳市小型水库管理暂行办法》《南京市水库保护条例》等。

有的地方对特别重要的单个水库工程专门立法,比如针对单座工程的《昆明市云龙水库保护条例》《凉山彝族自治州大桥水利工程管理条例》等。

目前,流域立法工作也逐步被重视并走上轨道。由于流域管理对象必然涉及辖区内水库工程,因而流域管理法规制度建设工作必然对水库水电站管理起到推动作用。例如,《太湖流域管理条例》于 2011 年 11 月 1 日起施行,这是我国第一部流域综合性行政法规,标志

着太湖流域管理进入了依法治水的新阶段。其中,与水库有关的重点规定,比如"国务院水行政主管部门规定的对流域水资源配置影响较大的水工程,由太湖流域管理机构商当地省、直辖市人民政府水行政主管部门下达调度指令。太湖流域其他水工程,由县级以上地方人民政府水行政主管部门按照职责权限下达调度指令"。该条例的出台,对促进太湖流域和区域之间、不同部门之间形成治水管水合力,提升流域涉水事务社会管理能力和公共服务水平具有十分重要的意义。该条例提出要实行流域管理与行政区域管理相结合的管理体制。明确了流域管理机构在流域防洪、水资源统一调度和水资源保护等方面的统筹协调、综合管理和监督检查等职责,强化了地方人民政府及其有关部门在调整经济结构、优化产业布局、保障供水安全、预防处置应急事故等方面的责任。该条例提出要建立有效的协作协调机制,在供水安全事故处置、防洪和水资源调度、水域开发利用管理、监测和信息共享、跨部门跨行政区域违法行为通报等方面规定了协作、沟通的机制和措施。

(2) 立法适用范围特征

从立法适用范围看,大多适用于辖区内所有水库,不再仅将适用范围限制在大中型和部分小型水库,这也是对水库安全需求和重视的体现。

(3) 立法涵盖内容特征

从立法内容看,相当一部分地方立法内容在《水库大坝安全管理条例》基础上有所延伸,不仅针对水库大坝安全,区位上还延伸至上游库区和下游安全影响范围。对水库也不仅仅针对大坝安全管理作出规定,相当一部分地区扩大至水库保护管理的规定,这是社会经济发展对水库要求不断调整的必然结果。比如,湖北省、江苏省制定出台的是水库安全管理条例,而不是大坝安全管理条例。

(4) 分部门立法特征

部门立法除水利部门制度健全外,以能源部门最具代表性,其相继出台了《水电站大坝运行安全管理规定》及《水电站大坝安全检查施行细则》、《水电站大坝安全注册规定》等法规制度。

3.4.2 《江苏省水库管理条例》

江苏省水库管理与保护法规制度建设工作走在全国前列。江苏省社会经济发展位于全国前列,随着工业化、城市化进程的日益加快和经济社会的快速发展,该省在水库的管理和保护工作中也出现了不少新情况和新问题。为了加强水库管理与保护,保障人民生命财产安全和水资源有效供给,维护水库生态环境,规范水库的开发利用,发挥水库综合效益,江苏省制定了《江苏省水库管理条例》,该条例自2011年10月1日起施行,2017年6月3日第一次修正,2018年11月23日第二次修正(本书不涉及第二次修正内容)。

该条例共分总则、水库建设、工程管理、安全运行、开发利用管理、水域与水资源保护、法律责任、附则共8章45条。

条例首先明确监管责任,确保监管责任落实到位。江苏省不少水库的管理机构不健全,管护经费严重不足,特别是大量乡村集体自建的小型水库,长期以来"只使用、不维护",有的甚至处于无人管理的状态,给水库的安全运行带来了较大隐患,安全责任难以落实。针对这一问题,条例第四条规定:"县级以上地方人民政府水行政主管部门对本行政区域内水库的

建设维护、安全运行、开发利用和水资源保护等实施监督管理。县级以上地方人民政府其他有关部门应当按照各自职责,做好与水库有关的监督管理工作。县级以上地方人民政府有关部门或者政府派出机关是其所管辖的水库的主管单位,乡镇人民政府、街道办事处是其辖区内农村集体经济组织所有的水库的主管单位。水库主管单位对水库的运行管理和安全负责"。

条例科学制定规划,规范开发利用行为。近年来,由于一些地方对水库的无序、过度开发利用,尤其是利用水库景观盲目进行商业开发,给水库的安全运行带来了严重隐患,导致水库水质普遍下降。据初步统计,江苏省有376座水库的周边建有高档宾馆、别墅住宅等,从事餐饮休闲、旅游运动等商业活动,将水库资源利用至极致,使水库俨然成了"洗脚盆",严重影响了水库综合效益的可持续发挥。针对这一严重问题,条例第十三条第一款规定:"在水库管理范围内禁止从事下列活动:(一)围垦、填库、圈圩;(二)建设宾馆、饭店、酒店、度假村、疗养院或者进行房地产开发;(三)在大坝上修建码头、埋设杆(管)线;(四)在大坝上植树、垦种、修渠、放牧、堆放物料、晾晒粮草;(五)在水库水域内炸鱼、毒鱼、电鱼,以及向水库水域排放污水和弃置废弃物;(六)擅自在水库水域内游泳、游玩、垂钓;(七)其他减少水库库容、危害水库安全以及侵占、损毁水库工程设施的活动"。

条例加强了水库管理能力建设。为了更好地落实水库安全管理的责任,条例规范了水行政主管部门对水库实施监督管理的职责以及其他相关部门的职责,明确要求水库建立管理单位,以确保每座水库都有专职管理人员,并规定了政府、主管单位和管理单位对水库安全运行的三级责任制。此外,条例还根据不同性质的水库,对水库的运行管理、维修养护、人员基本费用、除险加固等经费的解决渠道作了明确规定,并要求地方各级人民政府应当加强水库的管理与保护工作,加大财政投入,加强安全监督检查,落实安全责任,保障水库安全运行。第五条规定:"水库应当建立管理单位。两座以上的农村集体经济组织所有的小(2)型水库,可以建立共同管理单位,但每座水库应当配备专职管理人员"。第二十条规定:"水库安全运行实行政府、主管单位和管理单位三级责任制"。第二十一条规定:"县级以上地方人民政府水行政主管部门对本行政区域内水库的安全运行实施监督检查,发现安全隐患的,应当向水库主管单位提出整改意见"。

条例加强源头治理,保护水域生态环境。目前,江苏省20%的水库为居民饮用水水源区或者备用水源区,但一些地方利用水库水域进行大面积、高密度围网养殖,大量投放饵料,加快了水体富营养化积累;更有一些地方甚至将厂矿企业规划建设在水库的上游集水区域内,造成了水库水质的下降。据水文监测分析,不少水库的水质已从20世纪80年代的普遍Ⅱ类降到现在的Ⅲ至Ⅳ类,并有继续恶化的趋势,已严重影响到部分地区居民的饮用水水源安全,破坏了库区的生态环境。针对这类问题,条例第三十条规定:"地方各级人民政府应当对水库集水区域内的产业结构进行优化调整,建设水源涵养林、水土保持林和生态保护带、隔离带,增强涵养水源功能,防治水土流失。地方各级人民政府应当加强水库集水区域环境保护基础设施建设,逐步扩大集水区域截污管网覆盖面,实现雨水、污水分流,配备生活污水、垃圾收集设施,并进行集中处理"。第三十一条、三十二条分别对水库集水区投肥养殖、化学污染做出具体规定,并在第三十四条提出了生态保护带禁止活动的规定。

《江苏省水库管理条例》对全国水库管理与保护工作具有参考借鉴意义。

3.4.3 《浙江省水库大坝安全管理办法》与《浙江省水利工程安全管理条例》

浙江省在水库大坝安全管理法规建设方面走在了全国前列,具有一定的示范和开拓意义。《浙江省水库大坝安全管理办法》自 1997 年起施行,《浙江省水利工程安全管理条例》自 2009 年起施行(2014 年修改,本书不涉及修改内容),两者均现行有效。从时间上,《浙江省水库大坝安全管理办法》早于《浙江省水利工程安全管理条例》十余年,后者更具有现实针对性;从规定内容看,后者比前者覆盖面更广。因此,这里重点对《浙江省水利工程安全管理条例》主要内容进行介绍。

《浙江省水利工程安全管理条例》分为总则、建设质量与建设安全、运行安全、工程保护、监督管理、法律责任和附则共 7 章 54 条。

条例规定,水利工程是指开发、利用、控制、调配和保护水资源的各类工程,包括水库(含山塘)、水电站、水闸(含涵闸)、堤防(含护岸)、泵站、渡槽、倒虹吸、沟渠、堰坝、机电井、输(供)水管道(隧洞)等。

监督管理:水利工程实行分级和分类管理。县级以上人民政府水行政主管部门负责本行政区域内水利工程的监督管理。乡镇人民政府(包括街道办事处)负责本行政区域内农村集体经济组织修建并管理的水利工程以及县级人民政府确定的其他水利工程监督管理的相关工作。

安全管理责任制:水利工程实行安全管理责任制。水行政主管部门对水利工程安全负行业管理责任。水行政主管部门和其他水利工程主管部门对其直接管理的水利工程安全负管理责任。水利工程管理单位对其管理的水利工程安全负直接责任。

水利工程管理:水利工程管理单位应当建立健全日常维护、安全运行、应急处置等相关制度,加强对水利工程的安全监测、日常巡查、维修养护、控制运行、安全保卫等工作,完善水利工程技术档案,规范操作规程,保障水利工程完好和运行安全。乡镇人民政府应当根据所负责管理的水利工程的规模、受益范围,确定或者督促集体经济组织确定水利工程管理组织。

水库大坝安全鉴定:水库大坝主管部门或者乡镇人民政府应当依法组织水库大坝安全鉴定工作。对危险坝、病坝,水库大坝主管部门和水库管理单位应当采取除险加固等措施。在危险坝、病坝除险加固前,水库管理单位应当对水库采取空库运行或者限制蓄水措施。

泄洪预警:水库、水闸放水,水利工程管理单位应当根据当地人民政府公布的水库、水闸放水预警方案,做好预警工作,相关的地方人民政府和有关部门也应当组织做好相应的安全防范工作。

水利工程保护:县级以上人民政府应当依照本条例规定,根据水利工程所处的地质条件、工程结构、工程规模、安全需要和周边土地利用状况,对本行政区域内水利工程划定管理范围和保护范围,设置界桩和公告牌。任何单位和个人不得擅自移动、损坏界桩和公告牌。在水利工程保护范围内,禁止从事影响水利工程运行、危害水利工程安全的爆破、打井、采石、取土、挖砂、开矿等活动。在水利工程管理范围内,不影响水利工程安全运行的前提下,确需新建建筑物、构筑物和其他设施的,应当按照管理权限报水行政主管部门和相关部门

审批。

水利工程交通管理：禁止机动车辆在堤顶、坝顶、渠顶、戗台、护堤地和水闸工作桥上通行，但执行紧急任务的警车、消防车、工程救险车、救护车和水利工程管理、维护的车辆除外。对已兼有道路通行功能的水利工程，根据水利工程安全状况和防汛要求，水行政主管部门可以提出限制或者禁止机动车辆通行的意见，由公安机关交通管理部门决定并组织实施。

工程应急处置预案：各级人民政府和有关部门以及水利工程管理单位应当制定水利工程应急处置预案，建立应急救援体系。水利工程出现险情征兆时，水利工程管理单位应当按照应急预案要求采取有效措施，排除险情，并按照规定报告水行政主管部门和其他有关部门。各级人民政府和有关部门在排除水利工程险情时，有权采取应急处置措施，有关单位和个人必须服从和配合。

3.4.4 《湖北省水库管理办法》

湖北省大型水库数量居全国之首。为了规范湖北省水库管理工作，《湖北省水库管理办法》自 2002 年 8 月 1 日起施行。该办法的实施，对于促进该省水资源保护和生态平衡，减少自然灾害，实现国民经济和社会可持续发展有着十分重要的意义。

《湖北省水库管理办法》共 7 章 33 条，重点对水库管理体制和安全管理、工程管理、供水管理、水质保护等方面做了规定。针对水库管理体制混乱等问题，该办法特别对水库工程管理范围和保护范围做了明确的界定，针对管理范围和保护范围方面的规定，走在全国前列。

办法强化安全管理，规定新建水库在进行蓄引水验收前，应当按有关规定进行蓄水安全鉴定。水库管理单位对水库工程的安全监测、防洪调度、遥控遥测、通信等设施设备应当每年检修、校正、核定，制定安全维护计划，落实具体措施，确保工程安全运行。水库水文资料和监测资料必须规范整编，分类建档，不得遗失。

办法强化工程管理，规定水库是指由挡水、泄水、输水、发电建筑物，运行管理配套建筑物，水文测报和通信设施设备，以及库内岛屿、库区水体和设计洪水位以下土地等组成的工程体系，并明确界定了水库管理与保护范围。强调确需在水库工程管理、保护范围内修建防洪、灌溉、供水、发电、航运、养殖、旅游等工程及其设施的，应当符合防洪规划、大坝安全管理和水土保持管理的要求，并经有管辖权的水行政主管部门审查同意。

办法强化水质保护，规定利用水库进行水产养殖、科学试验的，必须事先经过水库管理单位同意，有偿使用。水产养殖、科学试验不得影响大坝安全和污染水体。利用水库资源开发旅游项目的，应当由县级以上人民政府组织水利、旅游、环保等部门制订规划，开发的旅游项目不得污染水体、破坏生态环境。水库管理单位要配合环保部门定期检查，对违反本"办法"规定的，由环保行政主管部门会同水行政主管部门依法处理。

办法还对供水管理做了规定。

3.4.5 《四川省水库大坝安全管理办法》

《四川省水库大坝安全管理办法》自 2008 年 5 月 1 日起施行。该办法的出台，为巩固四川省水库大坝除险加固的成果，明确安全管理主体，落实安全管理责任，促进水库大坝良性

运行,保障人民生命财产安全等起着十分重要的作用,大力推进了四川省水库管理规范化、法制化和现代化建设的进程。

《四川省水库大坝安全管理办法》共32条,大部分规定与《水库大坝安全管理条例》无原则区别,以下是该办法的特色。

关于适用范围。该办法适用于四川省行政区域内总库容在10万 m³ 以上的水库大坝,较《水库大坝安全管理条例》的适用范围放宽,这也是绝大多数地区的规定。

关于监管体制。办法明确规定,省人民政府水行政主管部门会同有关主管部门对全省的水库大坝安全管理实施监督。县级以上人民政府水行政主管部门会同有关主管部门对本行政区域内的水库大坝安全管理实施监督。比较特殊的规定是,城镇、交通干线和密集居民区等位置重要的或病险水库的大坝安全,水库大坝主管部门的上一级主管部门可以直接实施安全监督。

关于确权划界。办法给出了比较清晰的实现路径,即水库大坝的管理范围和保护范围应当根据安全管理的需要和工程类型、规模,按照《四川省水利工程管理条例》等有关规定,由水库大坝主管部门会同国土资源部门划定,依法办理用地手续。

关于大坝兼做公路。办法规定得相对清晰,要求水库大坝坝顶确需兼做公路的,必须进行科学论证,满足水库大坝安全运行要求,并报经水库大坝主管部门批准,申请大坝兼做公路的单位应采取相应的安全加固措施并承担日常维护费用。同时明确了申请大坝兼做公路的单位应当向大坝主管部门提交的材料类别。

关于大坝安全鉴定。办法规定了比《水库大坝安全鉴定办法》更加严格的鉴定成果审定和通报程序,实行分级、分部门负责制度。即总库容1 000万 m³ 以上的一类坝、二类坝、三类坝,由省级水库大坝主管部门审定并通报;总库容100万 m³ 至1 000万 m³ 的一类坝、二类坝、三类坝,由市(州)水库大坝主管部门审定并通报;其他一类坝、二类坝、三类坝,由县级水库大坝主管部门审定并通报。

办法还对不执行相关规定或者执行不力者,提出了明确的罚则。

3.4.6 《山东省小型水库管理办法》

山东省共有小型水库5 800余座,由于历史等各方面的原因,不少小型水库虽然实施了除险加固建设,但仍存在诸多管理问题,主要表现在:一是管理体制不顺,管理人员缺乏;二是管理经费投入严重不足;三是管理设施不完善。因此,根据《水法》《水库大坝安全管理条例》等法律法规,结合山东省工作实际,学习借鉴了湖北、深圳等省市立法经验,2011年制定出台了《山东省小型水库管理办法》,自2012年1月1日开始实施。

该办法共28条,主要规范了小型水库的概念、监管体制、安全管理、建设与运行管理、工程维护、开发经营、监督考核以及法律责任等内容。

关于小型水库的安全管理。小型水库管理工作涉及许多方面,但非常重要的一个方面是安全管理,这也是该办法规范的重点。主要有六个方面的内容:一是确立了小型水库的安全管理实行行政首长负责制,并明确要求"设区的市、县(市、区)和乡镇人民政府按照属地管理原则和隶属关系,对每座小型水库确定一名政府领导成员为安全责任人"(第五条第一款)。二是对小型水库的直接安全责任做了明确规定,"按照'谁管理、谁负责'的原则,小型

水库的安全由水库管理单位直接负责;未设立水库管理单位的,其安全由行使管理权的乡镇人民政府或者农村集体经济组织、企业(个人)直接负责"(第五条第二款)。三是以列举的方式对妨碍小型水库安全运行的行为做了禁止性规定(第十三条)。四是对水库管理单位实施日常安全管理工作提出了要求,并规定"未设立水库管理单位的,应当聘用1至3名安全管理员做好水库的日常安全管理工作"(第十四条)。五是对小型水库的防汛准备以及汛前汛后的安全隐患排查、汛期的巡查与调度运行等工作做了相应规定(第十五条、第十六条)。六是对小型水库的安全鉴定与除险加固、应急预案的制定做了相应规定(第十七条、第十八条)。

关于小型水库的运行管理。小型水库除险加固工作完成后,运行管理将是重点工作。办法除对安全管理措施做了明确规定外,还对小型水库管理和保护范围的划定以及禁止行为、日常工程管护、水库调度、损毁工程的修复等内容进行了相应规定(第十一条、第十二条、第十三条等)。同时,第二十一条对小型水库运行管理、防汛安全以及维修养护、除险加固等资金来源作了明确规定,以充分保障工程管护和安全运行的需要,其中,由县级以上人民政府水行政主管部门和乡镇人民政府管理的小型水库,其运行管理、防汛安全、维修养护、除险加固等经费,按照隶属关系由本级人民政府承担,上级人民政府可适当予以补助;属农村集体经济组织管理的水库,其运行管理、防汛安全、维修养护、除险加固等费用,主要由农村集体经济组织承担,上级人民政府适当补助。

关于对小型水库经营行为的规范。通过开展一定的经营活动,可较好地解决小型水库管理经费不足等实际问题,也更有利于发挥小型水库的良好功能和效益。但在实际工作中,这些经营行为存在不少问题,如暗箱操作确定经营人、承包租赁费用过低、忽略安全管理等。针对这些问题,第二十条专门规定:"小型水库通过租赁、承包、股份合作等形式开展经营活动的,应当签订相应的经营合同;属于县级以上水行政主管部门、乡镇人民政府、农村集体经济组织管理的小型水库,应当通过公开竞标的方式确定经营人。经营合同应当包括经营项目、期限、费用或者收益分配、抗旱灌溉用水、水质保护、险情报告等内容,并可对安全管理、工程维修养护等事项做出约定。经营合同签订后1个月内,应当报县级以上人民政府水行政主管部门备案。小型水库经营活动不得影响水库的安全运行和防汛抢险调度,不得污染水体和破坏生态环境"。第二十一条第二款同时规定:"依法收取的水费以及承包费、租赁费等收入,应当优先用于小型水库的运行管理。"

关于法律责任。办法依据行政处罚法和《水法》等法律、法规的规定,对擅自建设小型水库、损毁工程设施、非法设置排污口、破坏水库运行秩序以及影响水库安全等方面的违法行为,规定了相应的法律责任,以维护法律的权威和尊严,保证本办法的贯彻实施。对有关人民政府、监管部门和水库管理单位工作人员的法律责任,办法也相应进行了规定。

第4章

水库大坝安全管理技术标准

本章所介绍的水库大坝安全管理技术标准,为2018年12月前发布的最新版本。请在使用中,及时追踪2019年1月后发布的标准。本章主要对相关技术标准的内容进行摘要介绍。

本章将水库大坝安全管理技术标准分为综合管理、组织管理、调度运用、安全监测与安全评价、维修养护几类。此外,简要介绍了水库大坝工程设计标准和电力部门的相关标准。各类主要引用标准如下:

1. 综合管理
(1) 水库工程管理通则(SLJ 702—81)
(2) 水库工程管理设计规范(SL 106—2017)
(3) 防洪标准(GB 50201—2014)
(4) 水利水电工程等级划分及洪水标准(SL 252—2017)
(5) 水利工程代码编制规范(SL 213—2012)
(6) 中国水库名称代码(SL 259—2000)
(7) 已成防洪工程经济效益分析计算及评价规范(SL 206—2014)
(8) 水利工程建设与管理数据库表结构及标识符(SL 700—2015)

2. 组织管理
(1) 水利行业岗位规范 水利工程管理岗位(SL 301.5—93)
(2) 水利工程管理单位编制定员试行标准(SLJ 705—81)
(3) 水利工程管理单位定岗标准(试点)(水办〔2004〕307号)

3. 调度运用
(1) 水库洪水调度考评规定(SL 224—98)
(2) 防汛储备物资验收标准(SL 297—2004)
(3) 防汛物资储备定额编制规程(SL 298—2004)
(4) 大中型水电站水库调度规范(GB 17621—1998)
(5) 水库调度规程编制导则(SL 706—2015)
(6) 水库大坝安全管理应急预案编制导则(SL/Z 720—2015)

4. 安全监测与安全评价
(1) 土石坝安全监测技术规范(SL 551—2012)
(2) 混凝土坝安全监测技术规范(SL 601—2013)

(3) 水工隧洞安全监测技术规范(SL 764—2018)

(4) 大坝安全监测仪器检验测试规程(SL 530—2012)

(5) 大坝安全监测仪器安装标准(SL 531—2012)

(6) 大坝安全监测仪器报废标准(SL 621—2013)

(7) 大坝安全监测系统鉴定技术规范(SL 766—2018)

(8) 水库大坝安全评价导则(SL 258—2017)

(9) 水利水电工程金属结构报废标准(SL 226—98)

(10) 水库降等与报废标准(SL 605—2013)

(11) 水工钢闸门和启闭机安全检测技术规程(SL 101—2014)

5. 维修养护

(1) 土石坝养护修理规程(SL 210—2015)

(2) 混凝土坝养护修理规程(SL 230—2015)

(3) 水工钢闸门和启闭机安全运行规程(SL 722—2015)

(4) 水利水电工程闸门及启闭机、升船机设备管理等级评定标准(SL 240—1999)

(5) 水工金属结构防腐蚀规范(SL 105—2007)

4.1 综合管理

4.1.1 《水库工程管理通则》(SLJ 702—81)

1. 基本情况

编制单位:水利部工程管理局。

批准部门:水利部。

发布日期:1980-11-22;实施日期:1981-03-01。

目的:为了对水库工程进行科学管理、正确运用,确保工程安全、完整,充分发挥工程和水资源的综合效益,逐步实现工程管理现代化,更好地促进工农业生产和国民经济的发展,特制定本通则。

适用范围:本通则适用于大、中型水库工程,小型水库工程,可参考本通则进行管理。本通则是水库工程管理工作的一般规定,大型和中型水库工程的管理工作,应遵照通则,结合工作的实际情况,制订相应的管理办法和有关要求。小型水库工程可参照通则的要求进行管理。

发展:《水库工程管理通则(试行)》经原水利电力部 1964 年 5 月 26 日批准颁布试行后,对加强水库工程管理工作起到了一定的作用。1980 年,在总结管理方面积累的正反两方面的经验后,对原通则进行了修订,再次发布《水库工程管理通则》(SLJ 702—81)。

2. 主要内容

主要内容包括:水库工程管理办法或规定的制定、管理单位的任务和职责、检查观测、养护修理、调度运用(基本要求、防洪运用、兴利运用、闸门启闭、工作制度)、科学实验和技术革

新、经营管理、安全保卫、奖励与惩罚等。由第1~9章依次规定，见表4.1-1。

表 4.1-1 《水库工程管理通则》(SLJ 702—81)目录

章节	章标题	节标题
第一章	总则	
第二章	管理单位的任务和职责	
第三章	检查观测	基本要求、检查、观测
第四章	养护修理	基本要求、养护修理
第五章	调度运用	基本要求、防洪运用、兴利运用、闸门启闭、工作制度
第六章	科学实验和技术革新	
第七章	经营管理	
第八章	安全保卫	
第九章	奖励与惩罚	

(1) 总则

① 目的。(1.0.1条)

② 适用范围。(1.0.2条)

③ 水库工程管理办法制定、审批、备案、修订。(1.0.3条)

水库管理单位制定、修订，主管部门审批，上级主管部门备案。

④ 水库工程管理办法应包括三方面。(1.0.4条)

一是按通则规定的内容，结合工程的情况制定；二是尚应包括的内容：工程概要、设计指标、管理体制、人员编制、分工职责和管理范围等内容；三是通则未规定或只有简单要求的但属管理业务的处理办法，如水库的水电站、船闸、筏道的管理，水库机电设备的运行和维修，水库水文和水源保护工作等，应参照各有关规定执行或另订具体办法。

⑤ 水库工程管理办法批准后须严格执行。(1.0.5条)

⑥ 对工程的全面检查和安全鉴定要求。(1.0.6条)

(2) 管理单位的任务和职责

① 管理单位16项主要工作内容。(2.0.1条)

② 管理单位应建立、健全岗位责任制，建立管理工作制度。(2.0.2条)

③ 水库工程应明确划定管理范围。(2.0.3条)

④ 要求水库管理单位全员了解工程结构、特征，熟悉管理业务和本工程的管理办法。(2.0.4条)

⑤ 水库管理单位应经常与设计、施工、设备制造、安装单位等联系，及时总结本工程在设计、施工、管理等方面的经验教训，积极补救缺陷，改进管理工作。(2.0.5条)

⑥ 水库管理单位应建立水质监测制度。(2.0.6条)

(3) 检查观测

检查观测主要内容见表4.1-2。

表 4.1-2　SLJ 702—81 第三章检查观测的主要内容

章节	主要内容
第一节　基本要求	① 水库工程检查观测的任务。(3.1.1 条) ② 水库工程检查工作分类:经常检查、定期检查、特别检查、安全鉴定。(3.1.2 条) ③ 首次蓄水监测要求。(3.1.3 条) ④ 水库工程观测的基本要求。(3.1.4 条) ⑤ 检查记录与报告要求。(3.1.5 条)
第二节　检查	① 检查实施重点时间和重点部位。(3.2.6 条) ② 土石坝检查项目。(3.2.7 条) ③ 混凝土建筑物和圬工建筑物的检查项目。(3.2.8 条) ④ 金属结构的检查项目。(3.2.9 条) ⑤ 闸门和启闭机的检查项目。(3.2.10 条) ⑥ 水流形态的检查。(3.2.11 条) ⑦ 附属工程、设施检查。(3.2.12 条)
第三节　观测	① 大型及重要中型水库的必测项目。(3.3.13 条) ② 大型及重要中型水库必要时增测项目。(3.3.14 条) ③ 观测项目可以调整(根据工程地质、结构、施工及自然地理条件不同)。(3.3.15 条) ④ 观测测次、测点、观测项目要求。(3.3.16 条) ⑤ 观测精度要求(3.3.17 条) ⑥ 改扩建工程,原有观测设备的利用及新旧观测成果的连续。(3.3.18 条)

（4）养护修理

养护修理主要内容见表 4.1-3。

表 4.1-3　SLJ 702—81 第四章养护修理的主要内容

章节	主要内容
第一节　基本要求	① 要求经常养护、定期检修,保持工程完整、设备完好。(4.1.1 条) ② 养护修理原则和养护分类(经常性的、岁修、大修和抢修)。(4.1.2 条) ③ 养护修理和扩建、改建的区别。(4.1.3 条)
第二节　养护修理	① 土坝(含堆石坝)的养护修理工作内容。(4.2.4 条) ② 混凝土坝和圬工坝的养护修理工作内容。(4.2.5 条) ③ 输水洞(含涵管)及溢洪道(含泄洪闸)的养护修理工作内容。(4.2.6 条) ④ 防冰冻压力破坏措施。(4.2.7 条) ⑤ 库岸、大坝两侧、溢洪道两侧、输水洞进口松动土石方或滑塌危险处理。(4.2.8 条)

（5）调度运用

调度运用主要内容见表 4.1-4。

表 4.1-4　SLJ 702—81 第五章调度运用的主要内容

章节	主要内容
第一节　基本要求	① 调度运用目的(保工程安全,选最优调度,除害兴利,综合利用)。(5.1.1 条) ② 调度运用原则(局部服从整体、兴利服从防洪)。(5.1.2 条) ③ 调度运用依据(根据批准的调度运用计划和运用指标)。(5.1.3 条) ④ 提高调度运用的计划性和预见性(气象情报和水文预报利用)。(5.1.4 条) ⑤ 编制年度运用计划或防洪调度运用计划和兴利调度运用计划。(5.1.5 条) ⑥ 大型水库要求编制调度运用计划、绘制调度图表,中型水库要求编制年度调度运用计划或运用指标。(5.1.6 条) ⑦ 为做好调度运用需要收集基本资料(自然地理和社会经济、水文气象、工程、经济效益等方面)。(5.1.7 条)
第二节　防洪运用	① 防洪调度任务(保工程安全,腾防洪库容,拦洪削峰,减免洪灾,为非汛期储水)。(5.2.8 条) ② 水库管理单位确定控制指标(允许最高水位、防洪运用标准、泄流方式、汛限水位)。(5.2.9 条) ③ 编制调度运用计划、方案比选、绘制洪水调度图、制定超标准洪水对策和措施。(5.2.10 条) ④ 多泥沙河流的水库泥沙调度要求。(5.2.11 条) ⑤ 梯级水库和水库群的调度要求。(5.2.12 条) ⑥ 特大暴雨洪水和重大险情时,想方设法及时通知下游转移,采取非常措施,确保大坝安全,事后应立即报告上级主管部门。(5.2.13 条)
第三节　兴利运用	① 兴利调度的任务(制定供水计划、加强用水管理)。(5.3.14 条) ② 确定兴利调度指标(汛末蓄水位、兴利下限水位)。(5.3.15 条) ③ 编制兴利供水计划、绘制调配曲线,作为兴利调度运用依据。(5.3.16 条) ④ 兴利供水原则(丰水年和丰水期、枯水年和枯水期)。(5.3.17 条) ⑤ 多年调节水库遇连续枯水年、特枯水年的兴利运用要求。(5.3.18 条)
第四节　闸门启闭	① 严格按照批准的调度运用计划和上级主管部门的指令进行。(5.4.19 条) ② 闸门启闭须按规定程序下达通知、由专职人员按操作规程进行。(5.4.20 条) ③ 启闭设备要求(电动和手摇两用、自动装置的巡检和手选、备用电源)。(5.4.21 条) ④ 闸门启闭前详细检查(启闭机械、闸门位置、仪表、电源、动力、上下游水位、流量及流态以及障碍物等)。(5.4.22 条) ⑤ 闸门启闭后记录(闸门启闭依据、时间、次序、开度、流态、上下游水位变化以及建筑物和启闭设备有无不正常情况等)。(5.4.23 条)
第五节　工作制度	① 调度运用计划制定、修改,须经上级主管部门批准后执行。(5.5.24 条) ② 改变运用方式和调整运用计划向上级主管部门请示报告制度(因工程异常或闸门启闭故障)。(5.5.25 条) ③ 水库管理单位要建立常年调度值班制度。(5.5.26 条) ④ 事先通知上下游有关单位制度(水库开始蓄水、泄水、排沙或改变泄流方式时)。(5.5.27 条) ⑤ 每年应对水库调度运用工作进行总结。(5.5.28 条) ⑥ 水库管理单位每年汛前做好防汛准备(建立防汛指挥机构、组织防汛抢险队伍、准备防汛物料和设备、建立可靠的报警系统,落实报汛和通信、交通、照明等各项措施)。(5.5.29 条)

(6) 其他

第6~9章依次为科学实验和技术革新、经营管理、安全保卫、奖励与惩罚等。

4.1.2 《水库工程管理设计规范》(SL 106—2017)

1. 基本情况

主持机构:水利部建设与管理司。

编制单位:水利部建管理与质量安全中心、辽宁省供水局。

批准部门:水利部。

发布日期:2017-02-28;施行日期:2017-05-28。

目的:为规范水库工程管理设计,提升水库工程管理水平,制定本标准。

适用范围:适用于新建大、中型水库工程管理设计。改建、扩建、加固的水库工程,应在充分利用原有管理设计的基础上,按照本标准的规定,完善管理设计。已建水库宜逐步达到本标准要求。

发展:替代了《水库工程管理设计规范》(SL 106—96)。

2. 主要内容

主要内容包括管理机构、工程管理与保护范围、工程管理设施、工程管理自动化、工程运用管理、施工期工程管理。

本次修订的主要内容有:增加了工程管理自动化;修订了管理机构;修订了工程管理范围与保护范围;修订了工程管理设施;修订了工程运用管理;修订了绿化和环境美化并列入工程管理设施;修订了综合经营和渔业并列入工程管理设施;修订了施工期工程管理。

(1) 工程管理范围与保护范围

① 要求根据水库工程管理需要,结合自然地理条件,在水库工程设计中,合理划定工程管理范围和保护范围。(3.0.1条)

② 工程管理范围、保护范围的含义。(3.0.2条)

工程管理范围应包括工程区管理范围和运行区管理范围。

保护范围应包括工程保护范围和水库保护范围。

③ 工程区管理范围包括:大坝、溢洪道、输水道等建(构)筑物周围的管理范围和水库土地征用线以内的库区。其界线见表4.1-5。

表 4.1-5　水库工程管理区管理范围用地指标

建筑物	界线范围 SL 106—2017	界线范围 SL 106—96
(1) 大型水库	上游:从坝脚线向上游150~200 m; 下游:从坝脚线向下游200~300 m; 左右岸:从坝端外延100~300 m。	上游从坝轴线向上不少于150 m(不含工程占地、库区征地重复部分)。 下游从坝脚线向下不少于200 m;上、下游均与坝头管理范围端线相衔接。 大坝两端:以第一道分水岭为界或距坝端不少于200 m。 平原区大型水库:下游从排水沟外沿向外不少于50 m;大坝两端从坝端外延不少于100 m。

续表

建筑物	界线范围 SL 106—2017	界线范围 SL 106—96
(2) 中型水库	上游：从坝脚线向上游 100～150 m； 下游：从坝脚线向下游 150 m～200 m； 左右岸：从坝端外延 100～250 m。	上游从坝轴线向上不少于 100 m（不含工程占地库区征地重复部分）。 下游从坝脚线向下不少于 150 m。 上、下游均与坝头管理范围端线相衔接。 平原区中型水库：下游从排水沟外沿向外不少于 20 m；大坝两端从坝端外延不少于 100 m。
(3) 溢洪道（与水库坝体分离的）	由工程两侧轮廓线或开挖边线向外 50～200 m，消力池以下 100～300 m。	由工程两侧轮廓线向外不少于 50～100 m，消力池以下不少于 100～200 m。大型取值趋向上限，中型取值趋向下限。
(4) 其他建筑物	从工程外轮廓线或开挖边线向外 30～50 m。	从工程外轮廓线向外不少于 20～50 m，规模大的取值趋向上限，规模小的取值趋向下限。

④ 运行区管理范围应包括办公室、会议室、资料档案室、仓库、防汛调度室、值班室、车库、食堂、值班宿舍及附属设施等建（构）筑物的周边范围，规划用地面积大型水库应为 125～195 m²/人，中型水库应为 135～235 m²/人。有条件设置渔场、林场、畜牧场的，应按其规划明确占地面积。

⑤ 工程管理范围内的土地征用、确权发证规定。（3.0.5 条）

⑥ 工程保护范围与水库保护范围的界线规定。（3.0.6 条）

工程保护范围在工程管理范围边界线外延。大型水库上、下游 300～500 m，两侧 200～300 m；中型水库上、下游 200～300 m，两侧 100～200 m。

水库保护范围应为坝址以上、库区两岸（包括干、支流）土地征用线以上至第一道分水岭脊线之间的陆地。

(3) 工程管理设施

水库工程管理设施设计应包括：水文站网、观测设施、通信设施、交通道路、突发事件应急设施、安全消防管理设施、备用电源及照明设施、供水计量及水质监测设施、生产及生活用水用电设施、办公生产用房及文化设施、各类车船及附属设施等。（4.0.1 条）

依次规定了各管理设施的总体设计要求。（4.0.2～4.0.15 条）

(4) 工程管理自动化

大型及防洪重点中型水库应布设工程管理自动化系统，建立安全监测自动化子系统、视频控制子系统。有防洪任务的水库应建立水文自动测报子系统、洪水预报及调度子系统。根据工程管理要求，可建立信息管理子系统、防汛视频会商子系统、闸门集中控制子系统、供水计量自动化子系统、水质在线监测子系统等。各子系统宜以地理信息系统为支持平台进行整合。（5.0.1 条）

依次规定了各自动化子系统的设计要求。（5.0.2～5.0.7 条）

(5) 工程运用管理

规定要制定水库调度运用规程要点、水文预报方案、工程运用及维修技术要求、工程监测技术要求、水质保护和监测技术要求、供水及供电章程和水电费征收办法。

① 规定了应制订水库调度运用规程要点。（6.0.1 条）

应依据水库工程的主要任务和工程建筑物的运用条件，制定水库调度运用原则，编制水

库调度运用技术要点。

② 规定了应制定主要建筑物和附属设施的运用和维修养护技术要点。(6.0.2条)
③ 规定了应制定工程安全运用技术要点和监测技术要求。(6.0.3条、6.0.4条)
④ 规定了应制定水源保护和水质监测要求。(6.0.5条)
⑤ 规定了应提出运行管理费用标准及来源。(6.0.6条)
⑥ 规定了应明确管理范围的管理要求和保护范围的限制要求。(6.0.7条)

4.1.3 《防洪标准》(GB 50201—2014)

1. 基本情况

主编部门:水利部。
批准部门:住房和城乡建设部。
发布日期:2014-06-23;施行日期:2015-05-01。
目的:为适应国民经济各部门、各地区的防洪要求和防洪建设需要,保护人民生命财产的防洪安全,制订本标准。
适用范围:适用于防洪保护区、工矿企业、交通运输设施、电力设施、环境保护设施、通信设施、文物古迹和旅游设施、水利水电工程等防护对象,防御暴雨洪水、融雪洪水、雨雪混合洪水和海岸、河口地区防御潮水的规划、设计、施工和运行管理工作。
发展:我国分别于1959年、1964年先后制定了《水利水电工程设计基本技术规范》《水利水电工程等级划分及设计标准(草案)》;1978年、1987年、1994年我国颁布了《水利水电工程等级划分及设计标准(试行)》(山区、丘陵区部分)(SDJ 12—78)、《水利水电工程等级划分及设计标准(试行)》(平原、滨海部分)(SDJ 217—87)、《防洪标准》(GB 50201—94);2000年,我国颁布了《水利水电工程等级划分及洪水标准》(SL 252—2000)。《防洪标准》(GB 50201—2014)是对《防洪标准》(GB 50201—94)的修订。

2. 主要内容

标准第11章规定了水利水电枢纽工程等别、水利水电工程建筑物级别、水库工程和水电站工程水工建筑物的防洪标准。水利水电枢纽工程的防洪标准应以防御的洪水重现期表示;对特别重要的防护对象,可采用可能最大洪水表示。

(1) 工程等别划分标准(11.1条)

水利水电工程,应根据其工程规模、效益和在经济社会中的重要性,按其综合利用任务和功能类别或不同工程类型确定等别。

GB 50201—94 划分了水利水电枢纽工程的工程等别,包括水库(规模和总库容)、防洪、治涝、灌溉、供水、水电站6个方面,见表4.1-6。

考虑使用中的可操作性,修订时,在 GB 50201—94 的基础上,综合考虑近年颁布的其他相关规范,按不同的开发任务和功能类别,分别提出"防洪、治涝工程"、"供水、灌溉、发电工程"及"水库、拦河闸、灌溉与排水的工程"等别。即由原标准的1个表拆分为3个表。

补充了一些规模和效益指标。如供水(调水)工程增加了引水流量和年引水量指标,灌溉与排水工程中增加了引水枢纽的引水流量、泵站装机流量和装机功率指标,新增了拦河水闸的工程等别(拦河闸过闸流量)等。

表 4.1-6 GB 50201—94 表 6.1.1 水利水电枢纽工程的等别

工程等别	水库		防洪		治涝	灌溉	供水	水电站
	规模	总库容 ($10^8 m^3$)	城镇及工矿企业的重要性	保护农田（万亩）	治涝面积（万亩）	灌溉面积（万亩）	城镇及工矿企业的重要性	装机容量 ($10^4 kW$)
Ⅰ	大(1)型	≥10	特别重要	≥500	≥200	≥150	特别重要	≥120
Ⅱ	大(2)型	10~1.0	重要	500~100	200~60	150~50	重要	120~30
Ⅲ	中型	1.0~0.10	中等	100~30	60~15	50~5	中等	30~5
Ⅳ	小(1)型	0.10~0.01	一般	30~5	15~3	5~0.5	一般	5~1
Ⅴ	小(2)型	0.01~0.001		≤5	≤3	≤0.5		≤1

1) 防洪、治涝工程的等别

防洪、治涝工程的等别，根据其保护对象的重要性和受益面积确定，见表 4.1-7。

表 4.1-7 防洪、治涝工程的等别

工程等别	防洪		治涝
	城镇及工矿企业的重要性	保护农田面积（万亩）	治涝面积（万亩）
Ⅰ	特别重要	≥500	≥200
Ⅱ	重要	<500,≥100	<200,≥60
Ⅲ	比较重要	<100,≥30	<60,≥15
Ⅳ	一般	<30,≥5	<15,≥3
Ⅴ	一般	<5	<3

2) 供水、灌溉、发电工程的等别

供水、灌溉、发电工程的等别，根据其供水规模、供水对象的重要性、灌溉面积和装机容量确定，见表 4.1-8。

表 4.1-8 供水、灌溉、发电工程的等别

工程等别	工程规模	供水			灌溉	发电
		供水对象的重要性	引水流量 (m^3/s)	年引水量 (亿 m^3)	灌溉面积（万亩）	装机容量（MW）
Ⅰ	特大型	特别重要	≥50	≥10	≥150	≥1 200
Ⅱ	大型	重要	<50,≥10	<10,≥3	<150,≥50	<1 200,≥300
Ⅲ	中型	比较重要	<10,≥3	<3,≥1	<50,≥5	<300,≥50
Ⅳ	小型	一般	<3,≥1	<1,≥0.3	<5,≥0.5	<50,≥10
Ⅴ			<1	<0.3	<0.5	<10

3) 水库枢纽工程上的通航工程的等别

水库枢纽工程上的通航工程的等别见表4.1-9。

表 4.1-9 通航工程的等别

工程等别	航道等级	设计通航船舶吨级(t)
Ⅰ	Ⅰ	3 000
Ⅱ	Ⅱ	2 000
	Ⅲ	1 000
Ⅲ	Ⅳ	500
Ⅳ	Ⅴ	300
Ⅴ	Ⅵ	100
	Ⅶ	50

4) 水库、拦河闸、灌溉与排水的工程等别

这里只列水库工程的等别,见表4.1-10。

表 4.1-10 水库工程的等别

工程等别	水库 规模	水库 总库容(亿 m³)
Ⅰ	大(1)型	≥10
Ⅱ	大(2)型	<10,≥1.0
Ⅲ	中型	<1.0,≥0.10
Ⅳ	小(1)型	<0.10,≥0.01
Ⅴ	小(2)型	<0.01,≥0.001

综合利用水利水电枢纽工程往往同时兼有防洪、灌溉、供水、发电等多种功能或任务,当按各项任务分等指标确定的工程等别不同时,应以其中的最高等别为准。

(2) 水工建筑物级别划分标准

根据所属工程的等别、作用和重要性,水工建筑物级别分为五级,见表4.1-11。

表 4.1-11 永久性水工建筑物的级别

工程等别	永久性水工建筑物级别 主要建筑物	永久性水工建筑物级别 次要建筑物
Ⅰ	1	3
Ⅱ	2	3
Ⅲ	3	4
Ⅳ	4	5
Ⅴ	5	5

水利水电工程建筑物级别与 GB 50201—94 中的区别：

1）取消了"临时性水工建筑物级别"的规定，临时工程的级别可按《水利水电枢纽工程等级划分及洪水标准》(SL 252)确定。

2）参照水利行标 SL 252 和电力行标 DL 5180，明确了水库大坝的提级指标、要求和规定。(11.2.3 条)

3）参照 SL 252 和 DL 5180，增加了地质条件复杂或采用实践经验较少的新型结构时，2～5 级永久性水工建筑物级别可提高 1 级，洪水标准不提高的规定。(11.2.4 条)

（3）防洪标准

水工建筑物的防洪标准，应根据其级别确定，见表 4.1-12。(11.3 条)

表 4.1-12　水库工程水工建筑物的防洪标准

水工建筑物级别	防洪标准［重现期（年）］				
	山区、丘陵区			平原区、滨海区	
	设计	校核		设计	校核
		混凝土坝、浆砌石坝	土坝、堆石坝		
1	1 000～500	5 000～2 000	可能最大洪水（PMF）或 10 000～5 000	300～100	2 000～1 000
2	500～100	2 000～1 000	5 000～2 000	100～50	1 000～300
3	100～50	1 000～500	2 000～1 000	50～20	300～100
4	50～30	500～200	1 000～300	20～10	100～50
5	30～20	200～100	300～200	10	50～20

根据损失严重程度、失事水头，可经过专门论证，并报主管部门批准，将防洪标准进行提高或降低。

① 提高防洪标准

土石坝失事后果严重时，1 级建筑物的校核防洪标准，应采用可能最大洪水（PMF）或 10 000 年一遇；2～4 级建筑物的校核防洪标准可提高一级。(11.3.3 条、11.3.4 条)

混凝土坝和浆砌石坝，洪水漫顶可能造成极其严重的损失时，1 级挡水和泄水建筑物的校核防洪标准，经过专门论证，并报主管部门批准，可采用可能最大洪水（PMF）或 10 000 年一遇。(11.3.5 条)

② 降低防洪标准

低水头或失事后损失不大的水库枢纽工程的 1～4 级挡水和泄水建筑物，经过专门论证，并报主管部门批准，其校核防洪标准可降低一级。(11.3.6 条)

③ 提出了"规划拟建的梯级水库应协调防洪标准，避免连锁溃坝"的规定。(11.3.7 条)

④ 水电站厂房的防洪标准

参照《水利水电工程等级划分及洪水标准》(SL 252)和《水电枢纽工程等级划分及设计安全标准》(DL 5180)，水电站厂房的设计防洪标准：1 级由 GB 50201—94 的大于 200 年一遇改为 200 年一遇；3、4、5 级由 GB 50201—94 的 100、50、30 年一遇改为 100～50、50～30、30～20 年一遇。(11.4.2 条)

4.1.4 《水利水电工程等级划分及洪水标准》(SL 252—2017)

1. 基本情况

编制单位:长江水利委员会长江勘测规划设计研究院。

批准部门:水利部。

发布日期:2017-01-09;实施日期:2017-04-09。

目的:为保证水利水电工程及其下游(或保护区)人民生命财产的安全和工程效益的正常发挥,根据我国社会经济和科学技术发展水平制定本标准。

适用范围:适用于防洪、治涝、灌溉、发电、供水与发电等各类水利水电工程。对已建水利水电工程进行修复、加固、改建、扩建,执行本标准有困难时,经充分论证并报主管部门批准,可适当调整。

发展:《水利水电工程等级划分及设计洪水标准》(SL 252—2000)合并了《水利水电枢纽工程等级划分及设计标准(山区、丘陵区部分)》(SDJ 12—78)、《水利水电枢纽工程等级划分及设计标准(平原、滨海部分)》(SDJ 217—87),并补充、修改。对水利水电工程分等指标和水工建筑物洪水标准作了局部调整,原 SDJ 12—78 中关于抗滑稳定安全系数的规定改在各专门规范规定。《水利水电工程等级划分及设计洪水标准》(SL 252—2017)综合考虑水利水电工程功能及等别划分指标,与《防洪标准》(GB 50201—2014)进行了协调,按照水库总库容、防洪、治涝、灌溉、供水、发电等六类指标进行分类,再根据组成工程的水工建筑物的相应指标进行分级,并制定相应洪水标准。

2. 主要内容

主要内容包括:水利水电工程等别的划分、水工建筑物级别的确定、水工建筑物洪水标准的确定。

同 SL 252—2012 相比,主要调整内容有:取消了原标准中的"建筑物超高"一章,将原标准中"水利水电工程分等指标"的防洪和供水指标体系进行了部分调整;对部分水工建筑物级别和洪水标准指标的规定进行了调整;增加了水电站厂房永久性建筑物按承担挡水任务和不承担挡水任务分别确定级别的相关规定(5.2.8条);增加了水库工程中最大高度超过 200 m 的大坝级别及设计标准的相关规定;增加了在梯级水库中起控制作用的水库洪水标准的相关规定(5.1.3条);增加了挡水坝采用土石坝和混凝土坝混合坝型时洪水标准的相关规定(5.2.3条)等。

4.1.5 《水利工程代码编制规范》(SL 213—2012)

1. 基本情况

主持机构:水利部建设与管理司、国家防汛抗旱总指挥部办公室。

起草单位:中国水利水电科学研究院、国家防汛抗旱指挥系统项目建设办公室。

批准部门:水利部。

发布日期:2012-01-19;实施日期:2012-04-19。

目的:规范水利工程信息的采集、存储、管理和应用。

适用范围:适用于水利工程信息的采集、存储、管理和应用。水利工程特指水库、水文测

站、堤防(段)、海堤、蓄滞(行)洪区、圩垸、机电排灌站、水闸、跨河工程、治河工程、穿堤建筑物、灌区、水力发电工程和水土保持工程14类水利工程。

发展:《水利工程基础信息代码编制规定》(SL 213—98),现修订为《水利工程代码编制规范》(SL 213—2012)。

2. 主要内容

规定了水利工程代码编制的原则和方法。

编码原则为系统性、唯一性、稳定性、完整性和可扩展性、实用性。

跟水库大坝相关的代码主要有水库代码、河流代码、水力发电工程代码,其编码方法如下:

(1) 水库代码

① 编码规则:用11位字母和数字的组合码分别表示水库的工程类别、所在的河流水系、编号及类别。

② 代码格式:ABTFFSSNNNY。

③ 说明:

A——1位字母,表示工程类别,取值为B。

BTFFSS——表示水库所在的河流水系,取值执行SL 249的规定。

NNN——3位数字或字母,表示该水系分区内某个水库的编号,N取值范围为0~9、A~Y。

Y——1位数字,表示水库类别,码值为1、2、3、4、5、9,分别代表大(1)型水库、大(2)型水库、中型水库、小(1)型水库、小(2)型水库、其他。

(2) 河流代码

① 编码规则:用8位字母和数字的组合码分别表示河流的工程类别、所在的河流或水系、编号及类别,见表4.1-13。

② 代码格式:ABTFFSSY。

③ 说明:

A——1位字母,表示工程类别,取值为A。

BT——2位字母,表示流域(水系)分区编码,见表4.1-13。

FFSS——4位数字或字母,表示任意一条河流的编号,F、S取值范围为0~9、A~Y。

Y——1位数字,表示河流类别,码值为0、1、2、3、4、6、9,分别代表独流入海河流、国际河流、内陆河流、运河、渠道、汇入上一级河流或流入下游河段、其他。

(3) 水力发电工程代码

① 编码规则:用10位字母和数字的组合码分别表示水力发电工程类别、所在的河流水系、编号及类别。

② 代码格式:ABTFFSSNNY。

③ 说明:

A——1位字母,表示工程类别,取值为T。

BTFFSS——表示水力发电工程所在的河流水系,取值执行SL 249的规定。

NN——2位数字或字母,表示该区域(流域、水系)内某个水力发电工程的编号,N取值范围为0~9、A~Y。

Y——1位数字,表示水力发电工程类别,码值为1、2、3、4、5、9,分别代表大(1)型水电站、大(2)型水电站、中型水电站、小(1)型水电站、小(2)型水电站、其他。

表 4.1-13　流域(水系)分区编码

流域片	流域(水系)分区编码	流域片	流域(水系)分区编码
松辽流域片	AA:黑龙江水系	淮河流域片	EA:淮河干流水系
	AB:松花江水系		EB:沂沭泗水系
	AC:乌苏里江水系		EC:里下河水系
	AD:绥芬河水系		DD:山东半岛及沿海诸河水系
	AE:图们江水系	长江流域片	FA:长江干流水系
	AF:额尔古纳河水系		FB:雅砻江水系
	BA:辽河干流水系		FC:岷江水系
	BB:大凌河及辽东沿海诸河水系		FD:嘉陵江水系
	BC:辽东半岛诸河水系		FE:乌江水系
	BD:鸭绿江水系		FF:洞庭湖水系
	KA:乌裕尔河内流区		FG:汉江水系
	KB:呼伦贝尔内流区		FH:鄱阳湖水系
	KC:白河内流区		FJ:太湖水系
	KD:扶余内流区		JB:澜沧江-湄公河水系
	KE:霍林河内流区		JC:怒江、伊洛瓦底江水系
	KF:内蒙古内流区		JD:雅鲁藏布江-布拉马普特拉河水系
海河流域片	CA:滦河水系		JE:狮泉河-印度河水系
	CB:潮河、北运、蓟运河水系		KM:西藏内流区水系
	CC:永定河水系	东南沿海流域片	GA:钱塘江水系
	CD:大清河水系		GB:瓯江水系
	CE:子牙河水系		GC:闽江水系
	CF:漳卫南运河水系		GD:浙东、闽东及台湾沿海诸河水系
	CG:徒骇、马颊河水系	珠江流域片	HA:西江水系
	CH:黑龙港及运东地区诸河水系		HB:北江水系
黄河流域片	DA:黄河干流水系		HC:东江水系
	DB:汾河水系		HD:珠江三角洲水系
	DC:渭河水系		HE:韩江水系
	JF:伊犁河、额敏河水系		HF:粤、桂、琼沿海诸河水系
	JG:额尔齐斯河水系		JA:沅江-红河流域
	KG:鄂尔多斯内流区		
	KH:河西走廊-阿拉善河内流区		
	KJ:柴达木内流区		
	KK:准噶尔内流区		
	KL:塔里木内流区		

4.1.6 《中国水库名称代码》(SL 259—2000)

1. 基本情况

主持机构:水利部建设与管理司。

编制单位:国家防汛抗旱总指挥部办公室。

批准部门:水利部。

发布日期:2001-01-20;实施日期:2001-03-01。

目的:为适应国家水利建设与管理现代化、防汛抗旱信息化建设的需要。

适用范围:适用于水库信息的编制、存储、检索等领域的管理和应用。规定了全国大型和中型水库的代码。

发展:《中国水库名称代码》(SL 259—2000)目前正在修订。

2. 主要内容

规定了水库的编码原则、代码格式、按流域的水库名称代码。

编码原则:科学性、唯一性、完整性和可扩展性。

编码原则同4.1.5节水库代码一致,不再赘述。

列出大中型水库的名称、代码和所在地。

4.1.7 《已成防洪工程经济效益分析计算及评价规范》(SL 206—2014)

1. 基本情况

主持机构:水利部水利管理司。

编制单位:中水淮河规划设计研究有限公司、河海大学。

批准部门:水利部。

发布日期:2014-05-09;实施日期:2014-08-09。

目的:为了适应已成防洪工程经济效益分析计算及评价的需要,统一分析计算及评价的原则和方法,正确反映已成防洪工程实际产生的经济效益和作用,制定本标准。"已成防洪工程"指已经投入运行的单项防洪工程(堤防、蓄滞洪区、水库工程、水闸工程、河道整治工程等)或一个流域(地区)由各类工程组成的防洪工程体系。

适用范围:适用于已成防洪工程某洪水年或一段时期实际产生的经济效益的分析计算及评价。

发展:替代了《已成防洪工程经济效益分析计算及评价规范》(SL 206—98)。

2. 主要内容

主要技术内容包括:总则、术语、经济效益分析计算、费用分析计算、经济评价、流域防洪工程体系经济效益分析计算、社会环境效益分析、效益分析与评价结论。

本次修订的主要内容有:增加了术语、效益分析与评价结论2个章节;将防洪效益的综合分析改为社会环境效益分析;增加了"附录C综合利用工程费用分摊方法"。

(1)经济效益分析计算(第3章)

规定了以下几项内容:

① 已成防洪工程防洪经济效益分析计算的内容、原则和方法；
② 当年（或一次）洪水的洪灾损失和防洪经济效益的计算原则和方法；
③ 洪灾损失基本资料调查分析的内容和方法；
④ 假定无防洪工程情况下洪水还原的计算方法。

（2）费用分析计算和经济评价（第4章、第5章）

规定了投入费用的分析计算和经济评价的方法。

（3）流域防洪工程体系经济效益分析计算（第6章）

规定了流域防洪工程体系经济效益分析计算方法及其中单个防洪工程经济效益的分配原则。

（4）社会环境效益分析（第7章）

对社会效益、环境效益，以及对促进地区经济发展的作用以及不利影响，进行综合分析。采用定量和定性相结合的方法。

（5）效益分析与评价结论（第8章）

已成防洪工程效益分析与评价结论应包括经济评价结论、社会环境效益分析结论和综合分析评价结论。

应对可能影响效益分析与评价结论的因素进行归纳总结，并提出建议。

4.1.8 《水利工程建设与管理数据库表结构及标识符》(SL 700—2015)

1. 基本情况

主持机构：水利部建设与管理司。

编制单位：南京水利科学研究院。

批准部门：水利部。

发布日期：2015-05-20；实施日期：2015-8-20。

目的：为了规范水利工程建设与管理数据库建设和业务的开展，规定了表结构、数据表示方法和标识。

适用范围：适用于水利工程建设与管理数据库建设和业务应用。

发展：SL 700—2015是水利工程数据库建设的首个表结构及标识符，是信息标准化、水利信息化和水利现代化建设的重要组成部分，依照本标准建立水利工程数据库，将大大减少人力资源重复投入和开发成本，提高水库、水闸、堤防等信息系统建设速度和质量，并促进各信息系统的数据交换。将促进水利工程信息化管理和安全管理的水平。

2. 主要内容

SL 700—2015共6章2个附录。

主要技术内容包括：表结构设计的技术要求，表结构与字段标识符命名的基本规则；字段的类型及长度；14类水利工程、河流、湖泊和河道断面的基本信息表；水库、堤防（段）和水闸三类工程的特性信息表。

14类水利工程为《水利工程代码编制规范》（SL 213—2012）规定的水利工程，包括：水库、水文测站、堤防（段）、海堤、蓄滞（行）洪区、圩垸、机电排灌站、水闸、跨河工程、治河工程、穿堤建筑物、灌区、水力发电工程和水土保持工程。

(1) 表结构设计

本标准包括反映水利工程建设与管理基本情况的共性信息和水库、堤防(段)、水闸三类工程的特性信息的表结构。

鉴于水利工程范围广、类型多，本标准以水库、堤防、水闸工程信息管理为重点需求，兼顾其他类别工程信息管理的一般需要。现阶段在涵盖所有类型水利工程基础信息基础上，重点编写水库、水闸和堤防的特性信息。

水库类表包括功能、水文特征、大坝、溢洪道、非常溢洪道、泄洪洞、输水洞、工程效益、下游影响、建设基本情况、建设过程、工程验收、管理体制、运行管理、水情监测项目、工情监测项目、注册登记、大坝安全鉴定、应急预案、降等报废、大坝险情、工程图表和水位-库容-面积关系等23个表。

堤防(段)类表包括设防标准、工程结构、工程效益、建设基本情况、建设过程、工程验收、管理体制、运行管理、监测项目、应急预案、决溢记录、决溢处理情况和工程图表等13个表。

水闸类表包括功能、水文特征、工程结构、机电设备、工程效益、建设基本情况、建设过程、工程验收、管理体制、运行管理、水情监测项目、工情监测项目、注册登记、安全鉴定、应急预案、降等报废、险情、工程图表和水位-过闸流量关系等19个表。

表结构应满足水利工程建设与管理数据存储和应用的需要。

表结构可扩充，其设计应符合本标准的要求。

表结构设计按 SL 478 规定执行。

(2) 标识符结构设计

包括表标识和字段标识。

字段类型和长度按 SL 478 的规定执行。

(3) 数据库表结构

数据库表结构是标识符的重点。其中，水库类表、堤防(段)类表、水闸类表设计较为详细。包括中文表名、表的主要信息描述、表标识、表编号、各字段的定义，以及各字段描述。

以水库类表为例简介。表4.1-14为水库类表的中文表名、表标识、主要信息描述。表4.1-15为大坝表的字段定义。表编号和字段描述见 SL 700—2015，此处不再赘述。

表 4.1-14 水库类表

序号	中文表名	表标识	主要信息描述
1	水库基本信息表	WRP_RSR_BSIN	水库代码、水库名称、管理单位、主管单位、所在地点行政区划代码、所在河流代码等水库基本信息
2	水库功能表	WRP_RSR_FN	水库的主要功能
3	水库水文特征表	WRP_RSR_HYCH	水库控制流域面积、多年平均降水量、多年平均径流量、正常蓄水位、校核洪水位、设计洪水位、总库容、兴利库容等水文特征信息
4	大坝表	WRP_RSR_DM	大坝名称、坝型、最大坝高、坝顶高程、坝顶长度、坝顶宽度等大坝信息
5	溢洪道表	WRP_RSR_SW	溢洪道布置位置、控制方式、堰顶高程、堰顶宽度、闸门型式、闸门尺寸等溢洪道信息

续表

序号	中文表名	表标识	主要信息描述
6	非常溢洪道表	WRP_RSR_EMSW	非常溢洪道结构型式、启用洪水标准、启用水位、最大泄量等非常溢洪道信息
7	泄洪洞表	WRP_RSR_SWTN	泄洪洞布置位置、结构型式、断面尺寸、进口底高程、闸门型式、最大泄量等泄洪洞信息
8	输水洞表	WRP_RSR_WTCNTN	输水洞布置位置、结构型式、断面尺寸、进口底高程、闸门型式、最大流量等输水洞信息
9	水库工程效益表	WRP_RSR_BN	水库防洪效益、灌溉效益、供水效益、发电效益、航运效益、环境效益等工程效益信息
10	下游影响表	WRP_RSR_DSIN	溃坝可能影响的面积、人口、城镇等信息
11	水库建设基本情况表	WRP_RSR_CNBSIN	水库建设设计、开工、投资、法人单位、施工单位、监理单位、质量监督单位等建设基本信息
12	水库建设过程表	WRP_RSR_CNPR	水库建设重大设计变更、累计下达资金数、资金到位、工程进度、安全生产情况等过程信息
13	水库工程验收表	WRP_RSR_ENAC	水库工程验收类型、验收单位、质量评定等验收信息
14	水库管理体制表	WRP_RSR_MNSYS	水库主管单位、管理单位、管理职工、归属流域机构、属地政府等管理体制
15	水库运行管理表	WRP_RSR_OPMN	水库淤积、历年最高洪水位、历年最大蓄水量、水情监测、工情监测、水质等运行管理信息
16	水库水情监测项目表	WRP_RSR_HYMNIT	水库水情监测项目
17	水库工情监测项目表	WRP_RSR_ENMNIT	水库工情监测项目
18	水库注册登记表	WRP_RSR_RG	水库注册登记机构、注册登记工程特性、注册登记文档等注册登记信息
19	大坝安全鉴定表	WRP_RSR_DMSFAPS	大坝安全类别、鉴定组织单位、安全评价单位、鉴定结论、鉴定报告书等大坝安全鉴定信息
20	水库应急预案表	WRP_RSR_EMPR	水库应急预案发布日期、编制单位、审批情况、应急预案文档等应急预案信息
21	水库降等报废表	WRP_RSR_AB	水库降等、报废主要原因、论证单位、审批情况、完工情况等降等报废信息
22	水库大坝险情表	WRP_RSR_DNST	水库大坝险情发现时间、名称、级别、部位、除险措施等险情信息
23	水库多媒体文件表	WRP_RSR_MLFL	水库多媒体文件名称、类型等信息
24	水位-库容-面积关系表	WRP_RSR_WLSTCPARRL	水库水位-库容-面积关系

表 4.1-15 大坝表字段定义

序号	字段名	标识符	字段类型及长度	有无空值	计量单位	主键序号
1	水库代码	RSCD	C(11)	N		1
2	坝编号	DMCD	C(2)	N		3
3	大坝名称	DMNM	C(40)	N		
4	坝基地质条件	DMBSGLCN	VC(600)			
5	坝型	DMTP	C(1)	N		
6	最大坝高	MAXDMHG	N(5,2)	N	m	
7	坝顶高程	DMCREL	N(6,2)	N	m	
8	防浪墙顶高程	WVWLTPEL	N(6,2)		m	
9	坝顶长度	DMCRLEN	N(7,2)		m	
10	坝顶宽度	DMCRWD	N(5,2)		m	
11	防渗体形式	ASELST	C(1)			
12	防渗体顶高程	ASELTPEL	N(6,2)		m	
13	坝基防渗措施	DMBSASMS	C(1)			
14	排水体型式	DRELST	C(1)			
15	数据更新日期	DTUPDT	Date	N		2

4.2 组织管理

4.2.1 《水利行业岗位规范 水利工程管理岗位》(SL 301.5—93)

1. 基本情况

编制单位：水利部人事劳动司、科技教育司。

批准部门：水利部。

发布日期：1993-05-14；实施日期：1993-12-01。

目的：为建立和实施水利行业岗位培训制度，对人事、劳动实行科学化、制度化管理；为水利行业岗位培训提供依据，水利行业新上岗人员实行"先培训后上岗"，特制定本规范。

适用范围：本规范为水利行业指导性岗位规范，适用于水利行业的行政、企业、事业单位的主要岗位；处级以上领导干部岗位和通用的关键工人岗位。

2. 主要内容

本规范中各岗位均有职责范围和任职条件的基本要求，任职条件中包括政治素质、文化程度、工作经历、专业知识、实际工作能力和其他要求 6 个方面。

本规范中,跟水库有关的岗位包括:
① 大型水库管理局(处)长
② 大型水库管理局(处)总工程师
③ 水工监测工初级岗位
④ 水工监测工中级岗位
⑤ 水工监测工高级岗位
⑥ 混凝土、土石维修工初级岗位
⑦ 混凝土、土石维修工中级岗位
⑧ 混凝土、土石维修工高级岗位

4.2.2 《水利工程管理单位编制定员试行标准》(SLJ 705—81)

1. 基本情况

编制单位:水利部。

批准部门:水利部。

发布日期:1981-04-20;实施日期:1981-06-01。

目的:为了切实加强水利工程管理。建立与健全岗位责任制,保持职工队伍的相对稳定,改善劳动组织。合理配备管理职工,建立工程管理的正常秩序,尽快扭转管理单位用人无定员、劳动无定额、岗位无责任的状况,使劳动管理有章可循,促进劳动生产率的提高,特制定本标准。

适用范围:本标准是水利工程基层管理单位制定定员、编制劳动计划的依据。

4.2.3 《水利工程管理单位定岗标准(试点)》(水办〔2004〕307号)

严格地说,这是个规范性文件,不是管理标准,但因跟4.2.1、4.2.2节所列标准关联性较大,所以放在此处介绍。

1. 基本情况

编制单位:水利部、财政部。

实施日期:2004年5月。

目的:为加强水利工程管理,保证工程安全,充分发挥工程效益,规范水利工程管理单位的岗位设置和岗位定员,特制订本标准。

适用范围:适用于将养护修理人员分离后的水库和大中型水闸、大中型灌区、大中型泵站及1~4级河道堤防工程管理单位中从事公益性工程管理、运行、观测等的岗位设置和岗位定员。涝区管理单位和无堤防工程的河道管理单位,其岗位设置和定员可参照本标准执行。

2. 主要内容

跟水库有关的主要有大中型工程管理单位岗位设置、岗位定员,小型工程管理单位岗位设置、岗位定员。

大中型水库工程管理单位的岗位划分为:单位负责、行政管理、技术管理、财务与资产管

理、水政监察、运行、观测和辅助类等8个类别。小型水库工程管理单位的岗位划分为单位负责、技术管理、财务与资产管理、运行维护和辅助类等5个类别。

水利工程管理单位可根据水行政主管部门的授权,设置水政监察岗位并履行水政监察职责。辅助类岗位未作具体规定,其岗位定员按其他各类岗位定员总和的一定比例确定。水利工程管理单位中党群机构的岗位设置和岗位定员按有关规定执行。

管理多个水利工程的管理单位,其单位负责、行政管理、技术管理、财务与资产管理、水政监察及辅助类岗位应统一设置,运行、观测类岗位按需要设置。

管理多个水库的管理单位,其单位负责、行政管理、技术管理、财务与资产管理及水政监察等5类岗位定员总数,按单个工程上述5类岗位定员总数最大值为基数,乘以调整系数确定,调整系数为1.0~1.3;运行、观测类岗位定员按各工程分别确定后累加。

管理多座小型水库工程的管理单位,其单位负责、技术管理、财务与资产管理等3类岗位定员总数,按单个工程上述3类岗位定员最大值为基数,乘以调整系数确定,调整系数为1.0~3.0;运行维护类岗位定员按各工程分别确定后累加。

水库工程定员级别按表4.2-1的规定确定。

大中型工程管理单位岗位设置、岗位定员见表4.2-2,小型工程管理单位岗位设置、岗位定员见表4.2-3。

表4.2-1 水库工程定员级别

定员级别	水库总库容(亿 m^3)
1	≥10
2	<10 且 ≥5
3	<5 且 ≥1
4	<1 且 ≥0.1
5	<0.1 且 ≥0.01
6	<0.01 且 ≥0.001

表4.2-2 大中型水库工程管理单位岗位类别及名称、定员

序号	岗位类别	岗位名称	定员数量 1	2	3	4
1	单位负责类	单位负责岗位	4~5	3~4	2~3	0.5~2
2		技术总负责岗位				
3		财务与资产总负责岗位				
4	行政管理类	行政事务负责与管理岗位	4~6	3~4	2~3	0.5~2
5		文秘与档案管理岗位				
6		人事劳动教育管理岗位	3~5	2~3	1~2	0.5~1
7		安全生产管理岗位				

续表

序号	岗位类别	岗位名称	定员级别 1	定员数量 2	3	4
8	技术管理类	工程技术管理负责岗位	14~25	8~14	4~8	2~4
9		水工技术管理岗位				
10		大坝安全监测管理岗位				
11		机电和金属结构技术管理岗位				
12		信息和自动化管理岗位				
13		计划与统计岗位				
14		水土资源管理岗位				
15		水库调度管理岗位	8~15	5~8	3~5	1.5~3
16		水文预报岗位				
17	财务与资产管理类	财务与资产管理负责岗位	5~7	4~5	2~4	1~2
18		财务与资产管理岗位				
19		会计岗位				
20		出纳岗位				
21	水政监察类	水政监察岗位	6~9	5~6	3~5	1~3
22	运行类	运行负责岗位	1~2	0.5~1	0.5~1	0.5
23		闸门及启闭机运行岗位	按闸门及启闭机运行岗位定员基数和孔口流量影响系数,及电气设备运行岗位定员基数和电气设备影响系数计算。			
24		电气设备运行岗位				
25		通信设备运行岗位	程控交换设备、人工交换设备、网络设备、微波设备定员分别为1、3、1、1。			
26		防汛物资保管岗位	2~4	1~2	1	0.5~1
27	观测类	大坝安全监测岗位	按自动化监测运行岗位定员基数、人工观测运行岗位定员基数,及其监测点数影响系数计算。			
28		水文观测与水质监测岗位	3	2	1	0.5
			上行为常规观测定员,水文遥测岗位定员按水文遥测岗位定员基数和遥测站点影响系数计算。			
29	辅助类		按辅助类岗位定员比例系数与1~28岗位定员之和计算。			

表 4.2-3　小型水库工程管理单位的岗位类别及名称

序号	岗位类别	岗位名称	定员级别	定员数量 5	定员数量 6
1	单位负责类	单位负责岗位		1~2	2~4
2	技术管理类	工程技术管理岗位		1~2	
3	财务与资产管理类	财务与资产管理岗位		1~2	
4	运行维护类	工程运行与维护岗位		1~6	
5	辅助类			按辅助类岗位定员比例系数与1~4岗位定员之和计算。	

4.3　调度运用

4.3.1　《水库洪水调度考评规定》(SL 224—98)

1. 基本情况

主持机构：水利部国际合作与科技司。

编制单位：国家防汛抗旱总指挥部办公室、水利部丹江口水利枢纽管理局。

批准部门：水利部。

发布日期：1999-01-01；实施日期：1999-01-01。

目的：加强水库洪水调度管理工作，促进水库科学合理地进行洪水调度，保证水库工程及上下游的防洪安全。

适用范围：适用于大型和重要中型水库，其他类型水库可参照使用。

2. 主要内容

主要内容包括：洪水调度考评依据、考评的基本内容、考评的指标和标准、考评评分办法、考评组织和管理。

(1) 考评依据(1.0.3条)

水库洪水调度考评以规划设计确定的水库运行指标、洪水调度方式与规则为依据，突出保证大坝安全及兼顾上下游防洪安全的因素。注重洪水调度的实际效果，采取分项评分后综合衡量的办法，提出考评结果，使其正确反映洪水调度决策的科学性、合理性和调度管理的先进性。水库投入运行后，因各种原因使原设计成果已不适用时，应对水库运行指标进行分析研究，制定新的洪水调度方案，并经上级主管部门和防汛指挥部批准后，作为水库洪水调度考评依据。在此项工作未完成前，暂以上级主管部门和防汛指挥部批准的当年洪水调度方案作为考评依据。

(2) 考评的基本内容、指标与评分办法

第2、3章介绍了考评的基本内容、指标、标准、评分办法。

考评的基本内容包括：基础工作、经常性工作、洪水预报、洪水调度 4 部分。将这 4 部分又分为 20 个项目。

考评内容、项目、指标见表 4.3-1。

表 4.3-1　考评内容、项目、指标

考评内容	考评项目	考评指标
基础工作	1. 技术人员配备 2. 水情站网布设 3. 通信设施 4. 洪水预报方案 5. 洪水调度规程、水库洪水调度方案 6. 技术资料汇编	1. 技术人员配备。 2. ①水库水位观测；②水库出库流量观测；③汛期雨量站能满足降雨径流预报的要求。 3. ①有线通信；②无线电台；③自动遥测报汛系统；④微波、载波或卫星通信系统。 4. 有适合本水库的预报方案。 5. ①水库调度规程；②洪水调度方案；③超标准洪水调度方案。 6. ①水库流域基本资料和规划设计资料汇编；②水库运用统计资料汇编；③水库各种规章制度和有关文件汇编。
经常性工作	1. 洪水调度计划编制 2. 日常工作 3. 值班和联系制度 4. 资料校核、审核和保管 5. 总结	1. 汛期洪水调度计划。 2. ①每年汛前对流域内水情测站编制报汛任务书，报送有关报汛站领导机关；②编制年、月、日洪水调度报表；③当发生大洪水后要对洪水预报方案进行检验或补充修订；④每年对通信、水文观测设施等进行检查维修；⑤对水库上下游影响洪水调度的因素进行调查。 3. ①工作岗位责任制度；②请示汇报制度；③防汛值班制度；④水文、气象预报制度；对内、对外联系制度。 4. ①各种技术资料，要经过不同人员校核，并签字；②重要技术资料应通过主管领导审核；③设有专人保管资料。 5. ①水库洪水调度年度总结报告；②水文气象预报总结；③重要事件的专题总结。
洪水预报	1. 洪水预报完成率 2. 洪峰流量预报误差 3. 洪水总量预报误差 4. 峰现时间预报误差 5. 洪水过程预报误差	1. 洪水预报完成率＝全年实际预报洪水场数/全年应预报的洪水场数。 2. 洪峰流量预报误差＝|预报洪峰流量－实际洪峰流量|/实际洪峰流量。 3. 洪水总量预报误差＝|预报洪水总量－实际洪水总量|/实际洪水总量。 4. 峰现时间预报误差＝|预报洪峰出现时间与实际洪峰出现时间之差|/编制洪水预报方案采用的时段。 5. 洪水过程预报误差。
洪水调度	1. 次洪水起涨水位 2. 次洪水最高洪水位 3. 次洪水最大下泄流量 4. 预泄调度	1. 次洪水起涨水位指数。 2. 次洪水最高洪水位指数。 3. 次洪水最大下泄流量指数＝实际最大下泄流量/按调洪规则计算最大下泄流量。 或＝下游防洪控制点实际流量/按调洪规则计算下游防洪控制点的流量。 4. 预泄调度指数＝预泄所腾出的库容/防洪库容(或调洪库容)。

各考评项目直观评价都分为"好、一般、差",该标准附录 B 对"好、中、差"给出了考评标准。

评分办法分单项评价、单项评分、综合评分、奖励分、综合评价。在附录 B 中对各单项评价结果给出了评分值。

（3）考评组织管理

水库上级主管部门和防汛抗旱指挥部办公室为水库洪水调度考评工作的组织和管理部门。（4.0.1 条）

考评结果经防汛指挥部门审批后正式公布。（4.0.3 条）

4.3.2 《防汛储备物资验收标准》(SL 297—2004)

防汛物资储备是保障防洪安全的基本条件。2004 年相关部门出台了《防汛储备物资验收标准》(SL 297—2004)和《防汛物资储备定额编制规程》(SL 298—2004)。

1. 基本情况

主持机构：国家防汛抗旱总指挥部办公室。

编制单位：国家防汛抗旱总指挥部办公室。

批准部门：水利部。

发布日期：2004-04-16；实施日期：2004-05-20。

目的：加强防汛储备物资管理,规范验收工作,保证防汛储备物资质量。

适用范围：本标准适用于各级防汛部门专项储备的防汛物资的验收。包括防汛抢险所需的抢险物料、救生器材、小型抢险机具三大类。本标准是对常用防汛储备物资制定的验收标准,抢险时临时征集调用的和不常用的物资以及大型机械设备不在本标准范围内。

发展：长期以来,防汛储备物资一直是参照国家有关行业标准或企业标准进行验收的,由于这些标准不能完全体现防汛储备物资的特殊性能和要求,在实际工作中不便操作,也难以保证防汛储备物资的质量,针对这种情况,国家防汛抗旱总指挥部办公室组织编写了《防汛储备物资验收标准》。

2. 主要内容

本标准共 5 章 21 节 217 条,主要技术内容包括总则、验收的组织、抢险物料的质量要求、救生器材的质量要求、小型抢险机具的质量要求。

（1）总则

总则规定了目的、适用范围、防汛储备物资的供应商或生产企业的资质要求、防汛储备物资检测机构的资质要求。

（2）验收的组织

防汛储备物资的验收应成立验收小组。验收小组由物资储备单位（或其授权单位）的管理人员负责,组织仓库负责人、仓储管理员等有关人员组成,必要时可邀请国家相关检测机构人员参加。（2.0.1 条）

验收时供货单位代表应到场验收。验收小组和供货单位代表应按本标准相关条款及供货合同逐项进行直观检验。（2.0.2 条）

需要抽样检测的处理。应由验收小组和供货单位代表共同现场取样,由委托储备单位

指定或双方认可的检测机构进行检测。(2.0.3条)

对检验、检测结论有异议的处理。应委托国家相关检测机构进行复检,其检测报告为最终结论。(2.0.4条)

验收合格及不合格的处理。验收合格后需填写《防汛储备物资验收报告单》,办理入库手续;验收不合格的物资不得入库。(2.0.5条和2.0.6条)

(3) 验收的技术要求

第3、4、5章分别规定了抢险物料、救生器材、小型抢险机具的质量要求。

抢险物料11类:防汛编织袋、防汛麻袋、防汛土工织物、防汛复合土工膜、防汛针刺复合土工织物、防汛石料、防汛卵砾石、防汛砂料、防汛铅丝、防汛桩木、防汛钢管。验收技术要求和验收方法简要列于表4.3-2中。

救生器材5类:防汛救生衣、防汛救生圈、防汛橡皮舟、玻璃钢防汛抢险舟、防汛船外机。不再赘述其验收技术要求和验收方法。

小型抢险机具5类:防汛汽油发电机组、防汛柴油发电机组、防汛电缆、便携式防汛工作灯、防汛投光灯。此处不再赘述其验收技术要求和验收方法。

表4.3-2 11类抢险物料的验收技术要求和验收方法

章节	技术要求和验收方法
3.1 防汛编织袋	(1) 规格(单袋质量、尺寸、密度)、材质、外观质量(跳丝、断丝、缝合、色泽)、物理力学性能指标(经纬向断裂强度、断裂拉伸率、等效孔径、摩擦系数、顶破强力、垂直渗透系数)、防老化性能指标(强力保持率)、包装和标志。 (2) 直观检测和抽检。
3.2 防汛麻袋	(1) 规格(组织、尺寸)、材质、物理力学性能指标(经纬密度、缝针密度、断裂强度、公定回潮时的质量)、包装与标志。 (2) 直观检测和抽检。
3.3 防汛土工织物	(1) 种类(塑料编织土工织物、长丝机织土工织物、非织造针刺土工织物)、规格(幅宽)、材质、外观质量(断丝、缺纱、蛛网、杂物、僵丝、边不良、破损、缺丝、色泽)、物理力学性能指标(经纬向断裂强度、断裂拉伸率、梯形撕裂强力、等效孔径、顶破强力、垂直渗透系数)、包装与标志。 (2) 直观检测和抽检。
3.4 防汛复合土工膜	(1) 规格(幅宽、膜厚)、基材和膜材的材质、外观质量(折皱、复合、稀档、边不良、杂物)、不同类型基材的防汛复合土工膜的物理力学性能指标(纵横向断裂强度、顶破强力、撕破强力、剥离强力、断裂伸长率、耐静水压、渗透系数等)、包装与标志。 (2) 直观检测和抽检。
3.5 防汛针刺复合土工织物	(1) 主要规格(经向断裂强度)、辅助规格(单位面积质量和幅宽)、外观质量(断丝、缺纱、蛛网、布面不良、折痕、皱折)、性能指标(经纬向断裂强度、顶破强力、纵向梯形撕破强力、垂直渗透系数等)、防老化性能指标、包装与标志。 (2) 直观检测和抽检。
3.6 防汛石料	(1) 种类(块石、毛料石、粗料石)、规格(单体重量、质量要求),单体重量15 kg为下限。 (2) 直观检测:500 m³为一批,每批在码方前随机抽取6 m³,码方要求:边齐、顶平、内部密实),码方后体积计算(按实测体积的0.95倍计量)。重量换算(要求每m³不低于1.7t)。

续表

章节	技术要求和验收方法
3.7 防汛卵砾石	(1) 种类(按粒径分粗、中、细,常用 10~20 mm、20~40 mm)、规格(材料要求耐水、抗风化、无黏性,容量应不小于 1 700 kg/m³,含泥量应不大于 5%,粒径要求 10~40 mm 所占比例不小于 80%)。 (2) 直观检测:1 000 m³ 为一批,每批随机抽取 10 m³,筛分、体积计算。 (3) 抽样检测:1 000 m³ 为一批,每批随机抽取 1 m³,以样本检测平均值判断。
3.8 防汛砂料	(1) 种类(0.5~2 mm 天然砂)、规格(材料要求抗水、抗风化、透水性大、无黏性,容量应不小于 1 500 kg/m³,含泥量应不大于 5%,粒径要求 0.5~2 mm 所占比例不小于 80%)。 (2) 直观检测:1 000 m³ 为一批,每批随机抽取 10 m³,筛分、体积计算。 (3) 抽样检测:1 000 m³ 为一批,每批随机抽取 1 m³,以样本检测平均值判断。
3.9 防汛铅丝	(1) 种类(低碳钢加工的冷拉镀锌钢丝或退火镀锌钢丝)、规格(8 号、10 号、12 号)、质量标准(断面面积、重量、长度、抗力强度、弯曲试验)、包装要求(每捆 50 kg,内用防潮纸,外用麻布包扎)。 (2) 直观检测:20 000 kg 为一批,每批随机抽取 2%~5%,不少于 5 捆。 (3) 抽样检测:20 000 kg 为一批,每批随机抽取 2%~5%,不少于 5 捆,以样本检测平均值判断。
3.10 防汛桩木	(1) 种类(短桩、长桩)、质量标准(梢径、根径、累计裂缝长度、疤节直径)。 (2) 长桩要求以杨木、榆木、松木、杉木为主,其他材质可作为短桩。
3.11 防汛钢管	(1) 种类(内径 40 mm、50 mm,普通管、加厚管)、质量标准(壁厚、理论质量)、材质要求、物理力学指标(抗拉强度、伸长率、弯曲度)、包装(正六边形捆扎 4 道、每捆 19 根)。 (2) 直观检测:50 000 kg 为一批,每批随机抽取 5%,不少于 2 捆。 (3) 抽样检测:50 000 kg 为一批,每批随机抽取 5%,不少于 2 捆,以样本检测平均值判断。 (4) 配套扣件的质量标准、包装要求、规格和个数(直角 110 个、对接 20 个、旋转 20 个)。

4.3.3 《防汛物资储备定额编制规程》(SL 298—2004)

1. 基本情况

主持机构:国家防汛抗旱总指挥部办公室。

编制单位:国家防汛抗旱总指挥部办公室。

批准部门:水利部。

发布日期:2004-04-16;实施日期:2004-05-20。

目的:为了保障抗洪抢险物资的应急需要,规范防汛物资储备管理,科学制定防汛物资储备定额。

适用范围:适用于各级防汛指挥机构防汛物资储备定额的编制,受洪水威胁的企事业单位的自保工程,其防汛物资储备定额可参照本标准编制。本着从防洪工程实际情况出发,既满足防汛抢险对储备物资的急需,又不至于因储备物资过多而造成浪费的原则,本规程只针

对常用防汛抢险物资储备定额的确定,防汛抢险中不常用的物资以及大型机械设备的定额不在本规程范围内。

2. 主要内容

主要技术内容包括堤防、水库大坝、涵闸(泵站)、蓄滞洪区四大类防洪工程所需防汛物资的定额。

(1) 总则

总则规定了目的、适用范围、防汛储备物资的供应商或生产企业的资质要求、防汛储备物资检测机构的资质要求。

(2) 水库大坝防汛物资储备定额

本标准主要适用于土坝,其他坝型可根据工程实际需要,确定防汛物资储备品种定额。

与水库大坝相配套的其他工程设施,可根据实际需要确定防汛物资储备品种定额。

① 水库防汛物资储备品种

抢险物料:袋类、土工布、砂石料、块石、铁丝、桩木等。

救生器材:救生衣(圈)、抢险救生舟等。

小型抢险机具:发电机组、便携式工作灯、投光灯、电缆等。

其他专用设备及配件视具体情况储备。

② 防汛物资单项品种数量定额

每座水库大坝应储备防汛物资单项品种数量,由防汛物资储备单项品种基数乘以水库工程现状综合调整系数而得。基数见表4.3-3。

表4.3-3 每座水库大坝防汛物资储备单项品种基数表

工程规模	抢险物业						救生器材		小型抢险机具			
	袋类(条)	土工布(m^2)	砂石料(m^3)	块石(m^3)	铅丝(kg)	桩木(m^3)	救生衣(件)	救生舟(艘)	发电机组(kW)	便携灯(只)	投光灯(只)	电缆(m)
大(1)型	20 000	8 000	2 200	2 000	4	4	200	2.5	40	40	2.5	650
大(2)型	15 000	6 000	1 800	1 500	3	3	150	2	30	30	2	500
中型	9 000	4 000	1 000	1 000	2	2	100	1.5	20	20	1.5	300
小(1)型	4 500	2 000	500	500	1	1	50	1	10	10	1	150
小(2)型	1 500	800	200	150	200	0.5	20	—	5	5	1	50

工程现状综合调整系数,由水库大坝安全程度、坝长、坝高等因素确定,三项调整系数相乘即为工程现状综合调整系数。调整系数见表4.3-4。

表4.3-4 水库大坝工程现状调整系数表

工程状况	大坝安全状况			坝长				坝高			
	一类	二类	三类	<100 m	100~1 000 m	1 000~2 000 m	>2 000 m	<15 m	30~15 m	50~30 m	>50 m
调整系数	1.0	1.5	2.5	0.7	0.7~1.0	1~1.1	>1.1	0.8	0.8~1.1	1.1~1.35	>1.35

水库有副坝时,副坝的物资储备基数,按上表中数值的1/2取值后单独计算。

4.3.4 《大中型水电站水库调度规范》(GB 17621—1998)

1. 基本情况
编制单位:国家电力调度通信中心。
批准部门:国家质量技术监督局。
发布日期:1998-12-17;实施日期:1999-04-01。
目的:为了科学、合理、经济地进行水库调度,保证枢纽工程安全,充分发挥综合利用效益,提高水库调度管理水平,实现水库调度标准化、制度化、科学化。
适用范围:适用于大中型水电站水库,其他水库应参照使用。
2. 主要内容
本标准规定了大中型水电站水库调度的原则、任务、方法、外部条件和科学管理要求。其主要内容有:总则,水库运用参数和基本资料,水文气象情报及预报,洪水调度,发电及其他兴利调度,库区及下游河道管理,水库调度管理。

(1) 总则
① 水库调度的基本原则。按设计确定的任务、参数、指标及有关运用原则,在保证枢纽工程安全的前提下,充分发挥水库的综合利用效益。(2.1条)
② 服从电网调度和汛期防汛调度。并入电网运行的水电站必须服从电网的统一调度。在汛期承担下游防洪任务的水库,其汛期防洪限制水位以上的防洪库容的运用,必须服从有管辖权的防汛指挥机构的指挥和监督。(2.2条)
③ 调度单位建立机构、健全制度、配备人员。水库调度管理单位及其上级主管部门应加强对水库调度工作的领导,建立专职机构,健全规章制度,配备专业技术人员,注重人员培训,不断提高人员素质和技术、管理水平。(2.3条)
④ 水库调度工作的主要内容。包括:编制水库调度方案、运用计划,及时掌握、处理、传递水文气象和水库运用等信息,进行水文气象预报,实施水库调度运用并分析总结。(2.6条)
⑤ 调度规程编制与审定。水库调度管理单位应根据本规范并结合具体情况,编制水库调度运用规程,按照隶属关系报上级主管部门审定。(2.8条)
⑥ 测报和调度技术要求。水库调度管理单位及其上级主管部门应充分采用先进技术、装备,加强科学研究,积极开展水情自动测报、水调自动化和优化调度等工作,不断提高水库调度水平。(2.7条)
⑦ 设计资料和设计参数、指标要求。水库设计资料要齐全(2.4条);水库的设计参数及指标未经批准不得任意改变(2.5条)。

(2) 水库运用参数和基本资料
① 水库调度运用的主要参数及指标,是进行水库调度的依据。应根据设计报告和有关协议文件在年度调度运用计划、方案中予以阐明。(3.1条)
最基本的参数为水库特征水位和特征库容,如水库正常蓄水位、设计洪水位、校核洪水位、汛期限制水位、死水位及上述水位相应的水库库容。
水库的效益还应包括以下参数及指标:

有发电效益的水库:水电站装机容量、发电量、保证出力及相应保证率、控制泄量等。

有防洪任务的水库:防洪高水位和防洪库容,下游防洪标准和安全泄量,汛期预留防洪库容的分期起讫时间等。

兼有灌溉、给水任务的水库:设计规定的灌溉、给水的水量、水位要求以及相应的保证率和配水过程。

有航运、漂木任务的水库:设计规定的各类过坝运量和过坝方式,满足下游河道水深要求的相应流量等。

② 基本资料(3.2条、3.3条)。基本资料是水库调度的基础,必须充分重视。应注重资料的积累,必要时予以补充和修正。基本资料主要包括:库容曲线,经审批的设计洪水,径流资料,泄流曲线,水轮发电机组特性曲线,下游水位-流量关系曲线,引水系统水头损失曲线,下游河道资料。

参数及指标复核:因水文条件、工程情况及综合利用任务等发生变化,水库不能按设计规定运用时,上级主管部门应组织运行管理、设计等有关单位,对水库运用参数及指标进行复核。正常情况下,每隔5～10年进行一次复核。如主要参数及指标需变更,应按原设计报批程序进行审批后方可执行。

(3) 水文气象情报及预报

在使用预报时,应根据预报用途充分计及预报误差并留有余地。

(4) 洪水调度

包括:水库洪水调度的任务、原则、职责分工,制定年度洪水调度计划、调度方式的判别方法、洪水预报调度、制定超过校核洪水的应急调度方案等。

(5) 发电及其他兴利调度

包括:水库兴利调度的任务、原则,编制兴利调度计划、绘制水库调度图,采用设计水库调度图与水文预报相结合进行调度等。

(6) 库区及下游河道管理

包括:不允许私自开发利用;界桩、水文、气象测报设施和库区测量标志等设施保护;水土保持;严禁向水库排放污物;管理禁区;下游河道不得设障阻洪。

(7) 水库调度管理

水库调度管理单位应编制水库调度规程;水库调度管理单位编制的洪水调度计划报批时间要求;建立水库调度月报制度、调度值班制度、调度运用技术档案制度,做好水库调度工作总结。

4.3.5 《水库调度规程编制导则》(SL 706—2015)

1. 基本情况

主持机构:水利部建设与管理司。
编制单位:水利部水工程安全与病害防治工程技术研究中心。
批准部门:水利部。
发布日期:2015-03-24;实施日期:2015-06-24。
目的:规范水库调度规程编制的任务、原则和内容,保证水库调度规程的编制质量。

适用范围:适用于已建大、中型水库调度规程的编制,具备调度条件的小型水库可参照执行。

2. 主要内容

本导则主要章节依次为:总则,术语,调度条件及依据,防洪与防凌调度,灌溉与供水调度,发电、航运、泥沙及生态用水调度,综合利用调度,水库调度管理。

(1) 总则

水库调度规程编制依据、编制原则、编制单位及责任单位、审查流程。

(2) 调度条件及依据

1) 水库安全运用条件。

包括:水工建筑物、水工金属结构设备的安全运用条件,工程安全监测与巡视检查要求。

2) 基本资料。

3) 水文气象情报与预报要求。

(3) 防洪与防凌调度

1) 防洪调度

包括:① 防洪调度任务、原则;② 防洪调度时段:包括前汛期、主汛期、后汛期的起止时间;③ 防洪限制水位;④ 防洪控制断面;⑤ 各类防洪调度方式及其相应的水位或流量判别条件;⑥ 泄水设施运用调度。

2) 防凌调度

包括:① 防凌调度任务、原则;② 防凌调度时段;③ 各类防凌调度方式。

(4) 灌溉与供水调度

包括:① 灌溉与供水调度任务、原则;② 取水水位和用水量;③ 各供水对象的用水权益,供水顺序、过程及供水量;④ 各供水对象变化的判别条件;⑤ 特殊干旱年的应急供水方案和相应的调度原则和方式。

(5) 发电、航运、泥沙及生态用水调度

1) 发电调度

包括:① 发电调度任务、原则;② 发电调度与其他调度的关系;③ 汛期与枯水期发电调度方式;④ 机组安全运行要求。

2) 航运调度

包括:① 航运调度任务、原则;② 通航水位、水位变幅与流速等要求;③ 航运调度方式;④ 洪水期限航或停航规定。

3) 泥沙调度

包括:① 泥沙调度任务、原则;② 泥沙调度时段;③ 泥沙调度及与其他调度的结合方式;④ 排沙水位及其控制条件(减少库区淤积时),或调水调沙库容及其判别条件(减少下游淤积时);⑤ 泥沙调度方式;⑥ 泥沙监测要求。

4) 生态用水调度

包括:① 生态用水调度任务、原则;② 生态用水调度的泄放流量要求;③ 生态用水调度方式及控制条件。

(6) 综合利用调度

包括:① 综合利用调度的目标、任务主次关系,及对水量、水位和用水时间的要求;② 各

任务相应的调度方式;③ 正常来水年份或丰水年份的调度原则及调度方式;④ 枯水年份的调度原则及调度方式;⑤ 梯级水库或水库群的蓄泄次序及相应调度方式。

(7) 水库调度管理

包括:① 水库调度计划、方案等的编制要求;② 水库调度工作制度;③ 水库调度信息沟通机制和磋商机制;④ 水库调度总结;⑤ 水库调度资料整理与归档;⑥ 应急调度方案及应急调度方式;⑦ 库区及大坝下游河道管理的原则、范围、责任部门、管理办法等。

(8) 附则

包括:①水库调度规程的实施时间或有效期限;②修订条件;③ 水库调度矛盾的协调及其裁决方式;④ 水库调度规程的解释权归属等。

4.3.6 《水库大坝安全管理应急预案编制导则》(SL/Z 720—2015)

1. 基本情况

主持机构:水利部建设与管理司。

编制单位:南京水利科学研究院、水利部大坝安全管理中心。

批准部门:水利部。

发布日期:2015-09-24;实施日期:2015-06-24。

目的:为规范和指导水库大坝安全管理应急预案编制工作,提高应对水库大坝突发事件能力。

适用范围:适用于大、中型水库应急预案编制,小型水库可参照执行。

2. 主要内容

水库的应急调度工作,宜编制水库大坝安全管理应急预案来规范应急监测、响应、保障工作。《水库大坝安全管理应急预案编制导则》(SL/Z 720—2015)为水利标准化指导性技术文件。

主要内容包括:预案版本号与发放对象、预案编制说明、突发事件及其后果分析、应急组织体系、运行机制、应急保障、预案的宣传培训及演练。

(1) 预案版本号与发放对象

通过版本号、发放对象控制,可确保在用预案为最新、受控版本。

(2) 编制说明

包括:①预案编制的目的和适用范围;②编制单位和主编人员;③依据的法律法规、技术标准、主要技术文件;④突发事件分级;⑤版本受控和修订原则。

(3) 突发事件及其后果分析

包括:①水库工程概况;②突发事件分析;③突发洪水事件及其后果分析;④突发水污染事件及其后果分析;⑤其他突发事件及其后果分析。

(4) 应急组织体系:

包括:①应急组织体系框架;②应急指挥机构;③专家组;④应急抢险与救援队伍。

(5) 运行机制

包括:①预测与预警;② 应急响应;③ 应急处置;④ 应急结束;⑤ 善后处理。

(6)应急保障

包括:①应急抢险与救援物资保障;② 交通、通信及电力保障;③ 经费保障;④ 其他保障。

4.4 安全监测与安全评价

4.4.1 《土石坝安全监测技术规范》(SL 551—2012)

1. 基本情况

主持机构:水利部建设与管理司。

编制单位:中国水利水电科学研究院。

批准部门:中华人民共和国水利部。

发布日期:2012-03-28,施行日期:2012-06-28。

目的:为加强土石坝安全监测技术工作,保障工程安全。

适用范围:本规范主要适用于水利水电工程等级划分及设计标准中的 1、2、3 级碾压式土石坝的安全监测。4、5 级碾压式土石坝以及其他类型土石坝的安全监测可参照执行。

发展:我国于 1980 年颁布《土坝观测资料整编办法》(SLJ 701—80),1994 年和 1996 年分别颁布了《土石坝安全监测技术规范》(SL 60—94)、《土石坝安全监测资料整编规程》(SL 169—96),2012 年对 SLJ 701—80、SL 60—94 和 SL 169—96 合并修订,颁布了《土石坝安全监测技术规范》(SL 551—2012)。

2. 主要内容

本标准共 9 章 40 节 178 条和 10 个附录,主要技术内容包括:巡视检查,变形监测、渗流监测、压力(应力)监测、环境量监测、监测自动化系统、监测资料整编与分析、地震反应监测、泄水建筑物水力学观测,以及监测组织与仪器设备管理和附录。

规定了土石坝安全监测范围包括土石坝的坝体、坝基、坝端和与坝的安全有直接关系的输泄水建筑物和设备,以及对土石坝安全有重大影响的近坝区岸坡。安全监测方法包括巡视检查和用仪器进行监测,仪器监测应和巡视检查相结合。

规定了土石坝巡视检查一般原则、项目和内容、检查方法和要求、记录和报告。巡视检查记录表见表 4.4-1。

规定了各等级土石坝安全监测项目选择和测量频次。分别规定了变形监测、渗流监测、压力(应力)监测和环境量监测的一般原则、监测布置、安装埋设、监测方法和要求、监测资料及成果。安全监测项目分类及选择表见表 4.4-2,安全监测项目测次表见表 4.4-3。

规定了监测自动化系统的一般原则、系统设备功能及性能要求、系统设计、安装与调试、运行与管理要求。

规定了监测资料整编分析的一般原则、工程基本资料及监测设施考证资料、监测资料整理和整编、资料分析内容方法和要求。

表 4.4-1 巡视检查记录表

工程名称：_____

日期：____年___月___日　　库水位：_____m　　天气：_____

巡视检查部位		损坏或异常情况	备注
坝体	坝顶 防浪墙 迎水坡/面板 背水坡 坝趾 排水系统 导渗降压设施		
坝基和坝区	坝基 基础廊道 两岸坝端 坝趾近区 坝端岸坡 上游铺盖		
输、泄水洞(管)	引水段 进水口 进水塔(竖井) 洞(管)身 出水口 消能工 闸门 动力及启闭机 工作桥		
溢洪道	进水段(引渠) 内外侧边坡 堰顶或闸室 溢流面 消能工 闸门 动力及启闭机 工作(交通)桥 下游河床及岸坡		
近坝岸坡	坡面 护面与支护结构 排水系统		
其他(包括备用电源等情况)			

注：被巡视检查的部位若无损坏和异常情况时应写"无"字。有损坏或出现异常情况的地方应获取影像资料，并在备注栏中标明影像资料文件名和存储位置。

检查人：_____　　负责人：_____

表 4.4-2 安全监测项目分类及选择表

序号	监测类别	监测项目	建筑物级别 1	建筑物级别 2	建筑物级别 3
一	巡视检查	坝体、坝基、坝区、输（泄）水洞（管）、溢洪道、近坝岸坡	★	★	★
二	变形	1. 坝体表面变形； 2. 坝体(基)内部变形； 3. 防渗体变形； 4. 界面及接(裂)缝变形； 5. 近坝岸坡变形； 6. 地下洞室围岩变形	★ ★ ★ ★ ★ ★	★ ★ ★ ★ ☆ ☆	★ ☆
三	渗流	1. 渗流量； 2. 坝基渗流压力； 3. 坝体渗流压力； 4. 绕坝渗流； 5. 近坝岸坡渗流； 6. 地下洞室围岩渗流	★ ★ ★ ★ ★ ★	★ ★ ★ ★ ☆ ☆	★ ☆ ☆ ☆
四	压力（应力）	1. 孔隙水压力； 2. 土压力； 3. 混凝土应力应变	★ ★ ★	☆ ☆ ☆	
五	环境量	1. 上、下游水位； 2. 降水量、气温、库水温； 3. 坝前泥沙淤积及下游冲刷； 4. 冰压力	★ ★ ☆ ☆	★ ★ ☆ 	★ ★
六	地震反应		☆	☆	
七	水力学		☆		

注1：有★者为必设项目。有☆者为一般项目，可根据需要选设。
2：坝高小于 20 m 的低坝，监测项目选择可降一个建筑物级别考虑。

表 4.4-3 安全监测项目测次表

监测项目	第一阶段（施工期）	第二阶段（初蓄期）	第三阶段（运行期）
日常巡视检查	8～4 次/月	30～8 次/月	3～1 次/月
1. 坝体表面变形； 2. 坝体(基)内部变形； 3. 防渗体变形； 4. 界面及接(裂)缝变形； 5. 近坝岸坡变形； 6. 地下洞室围岩变形	4～1 次/月 10～4 次/月 10～4 次/月 10～4 次/月 4～1 次/月 4～1 次/月	10～1 次/月 30～2 次/月 30～2 次/月 30～2 次/月 10～1 次/月 10～1 次/月	6～2 次/年 12～4 次/年 12～4 次/年 12～4 次/年 6～4 次/年 6～4 次/年

续表

监测项目	监测阶段和测次		
	第一阶段 (施工期)	第二阶段 (初蓄期)	第三阶段 (运行期)
7. 渗流量; 8. 坝基渗流压力; 9. 坝体渗流压力; 10. 绕坝渗流; 11. 近坝岸坡渗流; 12. 地下洞室围岩渗流	6～3次/月 6～3次/月 6～3次/月 4～1次/月 4～1次/月 4～1次/月	30～3次/月 30～3次/月 30～3次/月 30～3次/月 30～3次/月 30～3次/月	4～2次/月 4～2次/月 4～2次/月 4～2次/月 2～1次/月 2～1次/月
13. 孔隙水压力; 14. 土压力(应力); 15. 混凝土应力应变	6～3次/月 6～3次/月 6～3次/月	30～3次/月 30～3次/月 30～3次/月	4～2次/月 4～2次/月 4～2次/月
16. 上、下游水位; 17. 降水量、气温; 18. 库水温 19. 坝前泥沙淤积及下游冲刷; 20. 冰压力	2～1次/日 逐日量 按需要	4～1次/日 逐日量 10～1次/月 按需要 按需要	2～1次/日 逐日量 1次/月 按需要 按需要
21. 坝区平面监测网; 22. 坝区垂直监测网	取得初始值 取得初始值	1～2年1次 1～2年1次	3～5年1次 3～5年1次
23. 水力学	根据需要确定		

注1: 表中测次,均系正常情况下人工测读的最低要求。如遇特殊情况(如高水位、库水位骤变、特大暴雨、强地震以及边坡、地下洞室开挖等)和工程出现不安全征兆时应增加测次。
  2: 第一阶段(施工期):若坝体填筑进度快,变形和土压力测次可取上限。
  3: 第二阶段(初蓄期):在蓄水时,测次可取上限;完成蓄水后的相对稳定期可取下限。
  4: 第三阶段(运行期):渗流、变形等性态变化速率大时,测次应取上限;性态趋于稳定时可取下限。
  5: 相关监测项目应力求同一时间监测。

4.4.2 《混凝土坝安全监测技术规范》(SL 601—2013)

1. 基本情况

主持机构:水利部建设与管理司。
编制单位:水利部大坝安全管理中心。
批准部门:水利部。
发布日期:2013-03-15;施行日期:2013-06-15。
目的:为规范混凝土坝安全监测,掌握大坝运行性态,指导工程施工和运行,反馈设计,降低大坝风险,制定本标准。
适用范围:本规范适用于水利水电工程等级划分及设计标准中的1级、2级、3级、4级混凝土坝的安全监测,5级混凝土坝可参照执行。
发展:我国于1989年颁布了《混凝土大坝安全监测技术规范》(SDJ 336—89),2013年进

行修订,颁布了《混凝土坝安全监测技术规范》(SL 601—2013)

2. 主要内容

本标准共 11 章 36 节 219 条和 9 个附录,主要技术内容包括现场检查、环境量监测、变形监测、渗流监测、应力应变及温度监测、专项监测(地震反应监测和水力学监测)、监测自动化系统、监测资料整编与分析、监测系统运行管理和附录。

规定了混凝土坝安全监测范围应包括坝体、坝基、坝肩、对大坝安全有重大影响的近坝区岸坡以及与大坝安全有直接关系的其他建筑物和设备。安全监测方法包括现场检查和仪器监测。

规定了混凝土坝现场检查一般原则、检查内容、检查方法、检查记录和报告。混凝土坝现场安全检查内容表、混凝土坝现场检查表见表 4.4-4、表 4.4-5。

表 4.4-4 混凝土坝现场安全检查内容表

项目(部位)		日常检查	年度检查	定期检查	应急检查
坝体	坝顶	●	●	●	●
	上游面	●	●	●	●
	下游面	●	●	●	●
	廊道	●	●	●	●
	排水系统	●	●	●	●
坝基及坝肩	坝基		●	●	●
	两岸坝段	○	●	●	●
	坝趾附近	●	●	●	●
	廊道	○	●	●	●
	排水系统	●	●	●	●
输、泄水洞(管)	进水塔(竖井)	○	●	●	●
	洞(管)身		○	●	●
	出口	○	●	●	●
	下游渠道	○	●	●	●
	工作桥	○	●	●	●
溢洪道	进水段(引渠)	○	●	●	●
	控制段	○	●	●	●
	泄水段	○	●	●	●
	消能设施	○	●	●	●
	下游河床及岸坡	○	●	●	●
	工作桥	○	●	●	●

续表

项目(部位)		日常检查	年度检查	定期检查	应急检查
闸门及金属结构	闸门	○	●	●	●
	启闭设施	○	●	●	●
	其他金属结构	○	●	●	●
	电气设备	○	●	●	●
监测设施	监测仪器设备	○	●	●	●
	传输线缆	○	○	●	○
	通信设施	○	●	●	●
	防雷设施	○	●	●	●
	供电设施	○	●	●	●
	保护设施	○	●	●	●
近坝岸坡	库区水面	○	●	●	●
	近坝区岩体	○	●	●	●
	高边坡	○	●	●	●
	滑坡体	○	●	●	●
电站		○	●	●	●
管理与保障设施	预警设施		●	●	●
	备用电源	○	●	●	●
	照明与应急照明设施		●	●	●
	对外通信与应急通信设施		●	●	●
	对外交通与应急交通工具		●	●	●

注：有"●"者为必须检查内容，有"○"为可选检查内容。

表 4.4-5 混凝土坝现场检查表

日期：　　库水位：　　当日降雨量：　　下游水位：　　天气：

项目(部位)		检查情况	检查人员	备注
坝体	坝顶			
	上游面			
	下游面			
	廊道			
	排水系统			
坝基及坝肩	坝基			
	两岸坝段			
	坝趾附近			
	廊道			
	排水系统			

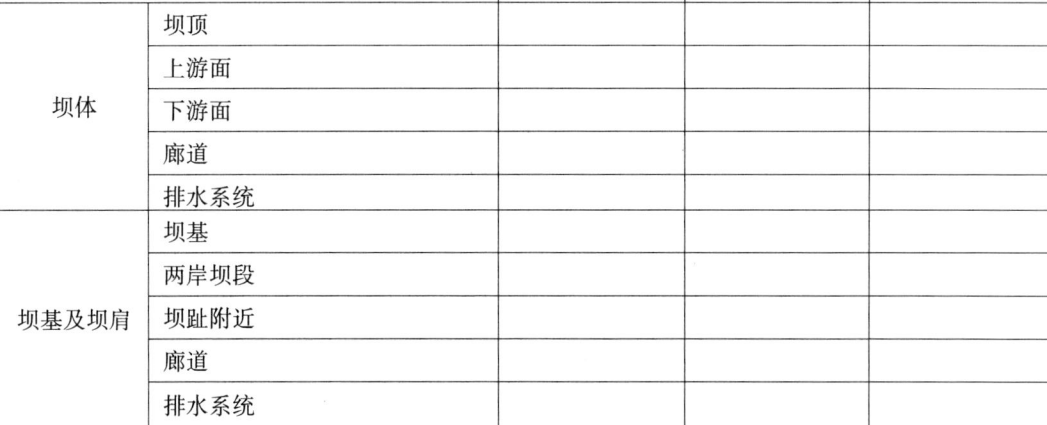

续表

项目(部位)		检查情况	检查人员	备注
输、泄水洞(管)	进水塔(竖井)			
	洞(管)身			
	出口			
	下游渠道			
	工作桥			
溢洪道	进水段(引渠)			
	控制段			
	泄水段			
	消能设施			
	下游河床及岸坡			
	工作桥			
闸门及金属结构	闸门			
	启闭设施			
	其他金属结构			
	电气设备			
监测设施	监测仪器设备			
	传输线缆			
	通信设施			
	防雷设施			
	供电设施			
	保护设施			
近坝岸坡	库面			
	岸坡			
	高边坡			
	滑坡体			
电站				
管理与保障设施	预警设施			
	备用电源			
	照明与应急照明设施			
	对外通信与应急通信设施			
	对外交通与应急交通工具			
其他				

规定了各等级混凝土安全监测项目选择和测量频次。分别规定了环境量监测、变形监测、渗流监测、应力应变及温度监测的一般原则、监测设计、监测设施及安装和观测。还规定了地震反应监测和水力学监测要求。混凝土坝安全监测项目分类、监测项目测次表见表4.4-6、表4.4-7。

规定了监测自动化系统一般原则、系统设计、安装与调试、监测要求。

规定了监测资料整编分析的一般原则、监测资料整编、监测资料分析内容方法和要求。

表 4.4-6　混凝土坝安全监测项目分类

监测类别	监测项目	大坝级别 1	2	3	4
现场检查	坝体、坝基、坝肩及近坝库岸	●	●	●	●
环境量	1) 上、下游水位	●	●	●	●
	2) 气温、降水量	●	●	●	●
	3) 坝前水温	●	●	○	○
	4) 气压	○	○	○	○
	5) 冰冻	○	○	○	
	6) 坝前淤积、下游冲淤	○	○		
变形	1) 坝体表面位移	●	●	●	●
	2) 坝体内部位移	●	●	●	○
	3) 倾斜	●	○	○	
	4) 接缝变化	●	●	○	○
	5) 裂缝变化	●	●	●	○
	6) 坝基位移	●	●	●	○
	7) 近坝岸坡变形	●	●	○	
	8) 地下洞室变形	●	●	○	○
渗流	1) 渗流量	●	●	●	●
	2) 扬压力	●	●	●	●
	3) 坝体渗透压力	○	○	○	○
	4) 绕坝渗流	●	●	○	○
	5) 近坝岸坡渗流	●	●	○	
	6) 地下洞室渗流	●	●	○	○
	7) 水质分析	●	●	○	○
应力、应变及温度	1) 应力	●	○		
	2) 应变	●	●	○	
	3) 混凝土温度	●	●	○	
	4) 坝基温度	●	●	○	

续表

监测类别	监测项目	大坝级别 1	大坝级别 2	大坝级别 3	大坝级别 4
地震反应监测	1）地震动加速度	○	○	○	
	2）动水压力	○			
水力学监测	1）水流流态、水面线	○	○		
	2）动水压力	○	○		
	3）流速、泄流量	○	○		
	4）空化空蚀、掺气、下游雾化	○	○		
	5）振动	○	○		
	6）消能及冲刷	○	○		

注1：有"●"者为必选项目，有"○"为可选择项目，可根据需要选设。
注2：坝高70 m以下的1级坝，应力应变为可选项。

表4.4-7　混凝土坝安全监测项目测次表

监测类别	监测项目	施工期	首次蓄水期	运行期
现场检查	日常巡视检查	2次/周～1次/周	1次/天～3次/周	3次/月～1次/月
环境量	1）上、下游水位	2次/天～1次/天	4次/天～2次/天	2次/天～1次/天
	2）气温、降水量	逐日量	逐日量	逐日量
	3）坝前水温	1次/周～1次/月	1次/天～1次/周	1次/周～2次/月
	4）气压	1次/周～1次/月	1次/周～1次/月	1次/周～1次/月
	5）冰冻	按需要	按需要	按需要
	6）坝前淤积、下游冲淤		按需要	按需要
变形	1）坝体表面位移	1次/周～1次/月	1次/天～1次/周	2次/月～1次/月
	2）坝体内部位移	2次/周～1次/周	1次/天～2次/周	1次/月～1次/月
	3）倾斜	2次/周～1次/周	1次/天～2次/周	1次/月～1次/月
	4）接缝变化	2次/周～1次/周	1次/天～2次/周	1次/月～1次/月
	5）裂缝变化	2次/周～1次/周	1次/天～2次/周	1次/月～1次/月
	6）坝基位移	2次/周～1次/周	1次/天～2次/周	1次/月～1次/月
	7）近坝岸坡变形	2次/周～1次/周	2次/周～1次/周	1次/月～4次/年
	8）地下洞室变形	2次/周～1次/周	2次/周～1次/周	1次/月～4次/年
渗流	1）渗流量	2次/周～1次/周	1次/天	1次/周～2次/月
	2）扬压力	2次/周～1次/周	1次/天	
	3）坝体渗透压力	2次/周～1次/周	1次/天	1次/周～1次/月

续表

监测类别	监测项目	施工期	首次蓄水期	运行期
渗流	4)绕坝渗流	1次/周~1次/月	1次/天~1次/周	1次/周~1次/月
	5)近坝岸坡渗流	2次/月~1次/月	1次/天~1次/周	1次/月~4次/年
	6)地下洞室渗流	2次/月~1次/月	1次/天~1次/周	1次/月~4次/年
	7)水质分析	1次/月~1次/季	2次/月~1次/月	2次/年~1次/年
应力、应变及温度	1)应力	1次/周~1次/月	1次/天~1次/周	2次/月~1次/季
	2)应变	1次/周~1次/月	1次/天~1次/周	2次/月~1次/季
	3)混凝土温度	1次/周~1次/月	1次/天~1次/周	2次/月~1次/季
	4)坝基温度	1次/周~1次/月	1次/天~1次/周	2次/月~1次/季
地震反应监测	1)地震动加速度	按需要	按需要	按需要
	2)动水压力		按需要	按需要
水力学监测	1)水流流态、水面线		按需要	按需要
	2)动水压力		按需要	按需要
	3)流速、泄流量		按需要	按需要
	4)空化空蚀、掺气、下游雾化		按需要	按需要
	5)振动		按需要	按需要
	6)消能及冲刷		按需要	按需要

注1:表中测次,均系正常情况下人工测读的最低要求。特殊时期(如发生大洪水、地震等),应增加测次。监测自动化可根据需要,适当加密测次。

2:在施工期,坝体浇筑进度快的,变形和应力监测的次数应取上限。在首次蓄水期,库水位上升快的,测次应取上限。在初蓄期,开始测次应取上限。在运行期,当变形、渗流等性态变化速度大时,测次应取上限,性态趋于稳定时可取下限;当多年运行性态稳定时,可减少测次,减少监测项目或停测,但应报主管部门批准;当库水位超过前期运行水位时,仍按首次蓄水执行。

4.4.3 《水工隧洞安全监测技术规范》(SL 764—2018)

1. 基本情况

主持机构:水利部运行管理司。

编制单位:水利部大坝安全管理中心、南京水利科学研究院等。

批准部门:水利部。

发布日期:2018-12-05;施行日期:2019-03-05。

目的:为规范水工隧洞安全监测,掌握水工隧洞运行性态,指导工程施工和运行,反馈设计,降低安全风险,制定本标准。

适用范围:本规范适用于水利水电工程1级、2级、3级水工隧洞的安全监测;4级、5级水工隧洞可参照执行。安全监测对象应包括泄洪(排沙)洞、输水洞、引水隧洞、尾水隧洞、导

流洞、压力钢管、调压室、尾闸室、封堵体等。其他如地下厂房、主变室、交通洞、母线洞、通风洞等非通水水利水电工程隧洞的安全监测可参照本标准执行。

2. 主要内容

本标准共 12 章 6 个附录,主要技术内容包括监测项目及测点布置、巡视检查、环境量监测、变形监测、渗流监测、应力应变及温度监测、专项监测(地震反应监测和水力学监测)、监测自动化系统、监测资料整编与分析、监测系统运行管理。

4.4.4 《大坝安全监测仪器检验测试规程》(SL 530—2012)

1. 基本情况

主持机构:水利部建设与管理司。

编制单位:水利部大坝安全管理中心、南京水利科学研究院。

批准部门:水利部。

发布日期:2012-05-16;实施日期:2012-08-16。

目的:为了统一和规范大坝安全监测仪器安装埋设前的性能检验测试方法,制定本标准。

适用范围:适用于现场安装埋设前的大坝安全监测仪器(传感器)的实验室第三方检验测试。用于大坝安全监测的仪器应满足本标准的要求,其他水利工程的安全监测仪器安装埋设前的检验测试可参照本标准。

2. 主要内容

本标准对大坝安全监测仪器(传感器)埋设前的检验测试项目、检验测试方法等做了规定。

本标准共 8 章,主要技术内容包括:检验测试通用条款,变形监测仪器检验测试,渗流监测仪器检验测试,力、应力、应变及温度监测仪器检验测试,环境量监测仪器检验测试及检验测试规则。

4.4.5 《大坝安全监测仪器安装标准》(SL 531—2012)

1. 基本情况

主持机构:水利部建设与管理司。

编制单位:南京水利科学研究院、水利部大坝安全管理中心。

批准部门:水利部。

发布日期:2012-06-08;实施日期:2012-09-08。

目的:为了规范大坝安全监测仪器的安装与管理,提高大坝安全监测(控)和管理水平,制定本标准。

适用范围:适用于各级水库大坝安全监测仪器安装与管理。200 m 以上或特别重要大坝的安全监测仪器安装应进行专门研究。

2. 主要内容

本标准共 8 章,主要技术内容包括:总则,术语和定义,变形监测仪器安装,渗流监测仪

器安装,力、应力应变、压力及温度监测仪器安装,环境量监测仪器安装,电缆连接及保护,监测仪器安装管理。

4.4.6 《大坝安全监测仪器报废标准》(SL 621—2013)

1. 基本情况

主持机构:水利部建设与管理司。
编制单位:水利部大坝安全管理中心、南京水利科学研究院。
批准部门:水利部。
发布日期:2013-05-29;实施日期:2013-11-29。
目的:为规范水库大坝安全监测仪器报废工作,特编制本标准。
适用范围:适用于水库大坝安全监测仪器报废,其他水利工程安全监测仪器报废可参照执行。

2. 主要内容

本标准衔接《大坝安全监测仪器检验测试规程》(SL 530—2012)和《大坝安全监测仪器安装标准》(SL 531—2012)。

本标准共 6 章,主要包括:范围;规范性引用文件;术语与定义;一般规定;仪器报废条件;仪器报废处理。

(1) 一般规定

大坝安全监测仪器应定期进行检查、维护和鉴定;可更换监测仪器应定期进行人工比测、校正和校准。

大坝安全监测仪器的鉴定应采用现场检测和历史资料检查、分析等方式进行。

读数仪、数据自动采集设备及其他用于现场检测的仪器设备应按规定进行检定/校准,并在有效期限内使用。

从事大坝安全监测仪器鉴定的单位应具有相应资质。

大坝安全监测仪器报废前应进行鉴定和审批。

(2) 仪器报废条件

包括:①通用报废条件;②不可更换监测仪器报废条件;③可更换监测仪器报废条件;④读数仪和数据自动采集设备报废条件。

(3) 仪器报废处理

经鉴定,符合报废条件的大坝安全监测仪器,可拆除的应拆除销毁,不可拆除的应封存并标识管理。

大坝安全监测仪器报废后,监测项目、监测点等不满足 SL 551—2012 或 SL 601 要求的,应进行更新改造。

大坝安全监测仪器的检验测试应满足 SL 530—2012 规定,安装应满足 SL 531—2012 规定。

4.4.7 《大坝安全监测系统鉴定技术规范》(SL 766—2018)

1. 基本情况

主持机构:水利部运行管理司。

编制单位:南京水利科学研究院、水利部大坝安全管理中心等。

批准部门:水利部。

发布日期:2018-12-05;实施日期:2018-03-05。

目的:为保障大坝安全监测系统持续可靠运行,规范大坝安全监测系统评价,制定本标准。

适用范围:本标准适用于1级、2级、3级土石坝及1级、2级、3级、4级混凝土坝大坝安全监测系统,其他级别大坝可参照执行。

2. 主要内容

本导则共12章10个附录,主要技术内容有:监测设施可靠性评价;变形监测设施现场检查与测试评价;渗流监测设施现场检查与测试评价;应力应变及温度监测设施现场检查与测试评价;环境量监测设施现场检查与测试评价;强震监测设施现场检查与测试评价;监测设施完备性评价;监测设施运行维护评价;监测自动化系统评价。

大坝安全监测系统应定期进行鉴定,系统竣工验收后或投入使用后3年内应进行首次鉴定,之后应根据监测系统运行情况每间隔3~5年或必要时进行鉴定,宜结合大坝安全鉴定开展监测系统鉴定。(1.0.4条)

承担大坝安全监测系统鉴定的单位应具备相应资质或业绩;从事鉴定的人员应具有相应资格或从业经验。(1.0.5条)

大坝安全监测系统鉴定结论分为正常、基本正常和不正常三个等级。正常的监则系统应继续运行;基本正常的监测系统可继续运行,宜及时修复完善;不正常的监测系统应及时更新改造。(1.0.6条)

4.4.8 《水库大坝安全评价导则》(SL 258—2017)

1. 基本情况

主持机构:水利部建设与管理司。

编制单位:南京水利科学研究院、水利部大坝安全管理中心、河海大学。

批准部门:水利部。

发布日期:2017-01-09;实施日期:2017-04-09。

目的:为做好水库大坝安全鉴定工作,规范其技术工作的内容、方法及标准(准则),制定本标准。

适用范围:本标准适用于坝高15 m及以上或库容100万 m^3 及以上的已建水库大坝安全评价,坝高小于15 m的小(2)型已建水库大坝可参照执行。大坝包括永久性挡水建筑物以及影响大坝安全的泄水、输水、过船等建筑物与其金属结构、近坝岸坡。

发展:《水库大坝安全评价导则》(SL 258—2000)是《水库大坝安全鉴定办法》(水管〔1995〕86号)的配套技术标准。《水库大坝安全评价导则》(SL 258—2017)替代了SL 258—2000。

2. 主要内容

本导则共12章250条和2个附录,主要技术内容有:现场安全检查及安全检测;安全监测资料分析;工程质量评价;运行管理评价;防洪能力复核;渗流安全评价;结构安全评价;抗震安全评价；金属结构安全评价；大坝安全综合评价。在各专题复核与评价的基础上，完成大坝安全综合评价。

本次修订的主要内容有：

(1) 拓展了导则的适用范围：SL 258—2000 适用于已建大、中型及特别重要小型水库的 1、2、3 级大坝（以下简称大坝），一般小型水库 4 级以下的坝可参照本导则执行。大坝包括永久性挡水建筑物以及与大坝安全有关的泄水、输水和过船建筑物及金属结构等。现 SL 258—2017 扩展到小(1)型和坝高 15 m 以上的小(2)型。

(2) 对首次大坝安全鉴定与后续大坝安全鉴定提出了不同要求：首次大坝安全鉴定应按本导则要求对大坝安全进行全面评价，后续大坝安全鉴定应重点针对运行中暴露的质量缺陷和安全问题进行专项论证。对有安全监测资料的水库大坝，应从监测资料分析入手，了解大坝安全性状。(1.0.5 条)

一般来说，首次开展大坝安全鉴定的大型和防洪重点中型水库，应编写现场安全检查、安全检测、工程地质勘察、监测资料分析以及工程质量、运行管理、防洪安全、渗流安全、结构安全、抗震安全、金属结构安全等专项分析论证等报告，再综合各专项报告编写大坝安全综合评价报告，后续大坝安全鉴定及小型水库可适当简化。

(3) 对缺少基础资料的小型水库大坝安全评价工作做了简化规定：对险情明确、基础资料不足的一般小(1)型及小(2)型水库大坝，可由水库主管部门组织专家组在现场安全检查工作基础上，由专家组对大坝安全类别进行认定。(1.0.6 条)

(4) 对原各章的基础资料要求进行了归并，增加了 3 章（基础资料，现场安全检查及安全检测，安全监测资料分析），对章节顺序及工程质量评价、运行管理评价、金属结构安全评价、大坝安全综合评价等章节内容进行了调整，对其他章节内容进行了完善。

12.0.2 规定了大坝安全分类的原则和标准如下：

(1) 一类坝：大坝现状防洪能力满足 GB 50201 和 SL 252 要求，无明显工程质量缺陷，各项复核计算结果均满足规范要求，安全监测等管理设施完善，维修养护到位，管理规范，能按设计标准正常运行的大坝。

(2) 二类坝：大坝防洪能力不满足 GB 50201 和 SL 252 要求，但满足水利部颁布的水利枢纽工程除险加固近期非常运用洪水标准；大坝整体结构安全、渗流安全、抗震安全满足规范要求，运行性态基本正常，但存在工程质量缺陷，或安全监测等管理设施不完善，维修养护不到位，管理不规范的，在一定控制运用条件下才能安全运行的大坝。

(3) 三类坝：大坝现状防洪能力不满足水利部颁布的水利枢纽工程除险加固近期非常运用洪水标准，或者工程存在严重质量缺陷与安全隐患，不能按设计正常运行的大坝

各专项评价结果均达到 A 级，且工程质量合格、运行管理规范的，可评为一类坝；有一项以上（含一项）是 B 级的，可评为二类坝；有一项以上（含一项）是 C 级的，应评为三类坝。虽然各专项评价结果均达到 A 级，但存在工程质量缺陷及运行管理不规范的，可评定为二类坝；而对有一至二项为 B 级的二类坝，如工程质量合格、运行管理规范，可升为一类坝，但应限期对存在的问题进行整改，将 B 级升为 A 级。(12.0.3 条)

对评定为二、三类的大坝，应提出控制运用和加强管理的要求。对三类坝，还应提出除险加固建议，或根据 SL 605 提出降等或报废的建议。(12.0.4 条)

4.4.9 《水利水电工程金属结构报废标准》(SL 226—98)

1. 基本情况

主持机构：水利部水利管理司。
编制单位：水利部水工金属结构安全监测中心。
批准部门：水利部。
发布日期：1998-12-23；实施日期：1998-12-23。
目的：为了使水利水电工程金属结构报废有统一可遵循的准则，使报废更新工作规范化，保证金属结构安全运行，避免造成经济损失，特制定本标准。
适用范围：适用于大、中型水利水电工程的金属结构。小型工程可参照执行。水工金属结构（简称设备），包括闸门（含拦污栅）、启闭机、阀门、升船机、压力钢管等。

2. 主要内容

本标准共8章，主要技术内容包括水工金属结构的总体报废条件、各类水工金属结构的具体报废条件，以及申请报废和判废报告。章节安排见表4.4-8。

表4.4-8 SL 226—98主要内容

章	章标题	主要内容
1	总则	规定了目的、适用范围、引用标准
2	基本规定	总体上规定了水工金属结构报废条件
3	闸门及埋件报废	规定了腐蚀条件、强度条件、刚度条件等
4	启闭机报废	包括卷扬式、液压式、螺杆式启闭机等的报废条件等
5	阀门报废	
6	升船机报废	包括升船机机架、机械零部件以及整机报废条件等
7	压力钢管报废	
8	申请报废和判废报告	申请报废和判废报告的内容

（1）基本规定

规定了7类报废条件，见表4.4-9。

表4.4-9 水工金属结构报废基本条件

报废类别	报废条件
① 安全不满足要求（2.0.1条）	水工金属结构符合下列情况之一，且经过改造仍不能满足要求的，应报废。a) 在规定的各种工况下不能安全运行；b) 对操作、维修人员的人身安全有威胁。
② 技术性能不满足要求（2.0.2条）	水工金属结构技术性能符合下列情况之一，经改造仍不能有效改善的，应报废。a) 技术落后，耗能高，效率低，运行操作人员劳动强度大，且不便实现技术改造；b) 由于设计、制造、安装等原因造成设备本身有严重缺陷。

续表

报废类别	报废条件
③ 工程运行条件改变无法改造(2.0.3条)	因工程运行条件改变,不再适用且无法改造的设备,应报废。
④ 超过折旧年限不能安全运行(2.0.4条)	超过规定折旧年限,经检测不能满足安全运行条件的设备,应报废。
⑤ 因事故破坏而不能修复(2.0.5条)	遭遇意外事故破坏而不能修复的设备,应报废。
⑥ 修理、改造经济不合理(2.0.6条)	若设备经大修、技术改造,其性能可满足运行要求,但不如更新经济,应报废。
⑦ 其他国家政策规定报废(2.0.7条)	其他国家政策规定报废的设备,应按相应政策执行。

(2) 闸门及埋件报废

① 闸门报废条件

闸门报废要从腐蚀条件、强度条件、刚度条件几种条件进行确定。

报废条件:整扇闸门具备因腐蚀条件,或强度条件,或刚度条件或三种条件同时具备,需要更换的构件数达到30%以上时,该闸门应报废。(3.4条)

3.1、3.2、3.3依次详细规定了腐蚀条件、强度条件、刚度条件。

腐蚀条件:闸门的构件当蚀余厚度小于6 mm时,或闸门的面板、主梁及边梁、弧形闸门支臂等主要构件发生锈损,或腐蚀后不满足强度条件和刚度条件时,必须更换该构件。(3.1条)

强度条件:闸门材料的容许应力应按使用年限进行修正;判别闸门承重构件在设计条件、实际最大荷载及校核荷载条件下,计算的应力值或结构实际检测应力值是否小于容许强度。(3.2条)

刚度条件:闸门主梁、次梁的最大挠度与跨度之比的取值按 SL 74—95 的规定执行;主梁、次梁经实测及复核在设计条件下其刚度不满足本标准时,或弧形闸门支臂经稳定性检测及复核不满足设计要求时,必须更换。(3.3条)

② 埋件报废条件

闸门轨道严重磨损,或接头错位超过 2 mm 且不能修复;闸门埋件出现锈损;闸门埋件的腐蚀、空蚀、泥沙磨损等面积超过 30%以上;闸门报废更新时,闸门埋件与之不相适应。(3.5条)

(3) 启闭机报废

针对不同类型启闭机,规定报废条件。

① 卷扬式启闭机的报废条件

整机报废条件。符合下列条件之一时,应整机报废:a)经复核计算和实际检测,闸门的启闭力大于启闭机额定启闭能力或检测的实际启闭能力;b)门式启闭机机架及卷筒、传动齿轮报废;c)台车式及固定式启闭机卷筒及传动齿轮报废。(4.1.10条)

启闭机部件的报废条件。部件包括:机架;吊板、吊钩及吊头;卷筒;制动器零件及制动

轮;传动齿轮;滑轮、在钢轨上工作的车轮、齿轮联轴器;夹轨器;吊梁及吊杆;钢丝绳。(4.1.1~4.1.9条)

② 液压式启闭机的报废条件

油缸及其零件报废条件。符合下列情况之一,且修复无效时必须报废:a)缸体或活塞杆产生裂纹;b)活塞杆变形,在活塞杆竖直状态下其垂直度公差大于1 000:0.5,且全长超过杆长的4 000:1;c)因油缸原因,闸门提起,48h内沉降量大于200 mm。(4.2.1条)

液压元件报废条件:出现50%以上的磨损、老化、泄漏严重,动作失灵,运行时噪声超过85 dB。(4.2.2条)

③ 螺杆式启闭机的报废条件

整机报废条件。符合下列条件之一时,应整机报废:a)机座(箱体)报废;b)螺杆螺母报废;c)经检测、复核,闸门启闭力大于启闭机额定启闭能力或检测的实际启闭能力。(4.3.4条)

4.3.1、4.3.2、4.3.3依次规定了螺杆螺母、铸造机座和箱体、蜗轮蜗杆和伞齿轮的报废条件。

螺杆螺母的报废条件。符合下列情况之一时,必须报废:裂纹;螺纹牙折断;螺纹牙磨损、变形达到螺距的5%;受压螺杆其外径母线直线度公差大于1 000:0.6,且全长超过杆长的4 000:1。(4.3.1条)

铸造机座和箱体的报废条件:裂纹。(4.3.2条)

蜗轮蜗杆和伞齿轮报废条件:断齿、裂纹、齿面点蚀损坏达啮合面的30%,且深度达原齿厚10%;齿面磨损达规定程度。(4.3.3条)

(4) 阀门报废

分为阀门的启闭操作系统报废、阀体活动部分及阀壳报废。阀门报废条件见表4.4-10。

表4.4-10 阀门报废条件

5.1 启闭操作系统报废	5.2 阀体活动部分及阀壳报废
① 采用螺杆螺母操作的阀门:其螺杆螺母报废按本标准4.3.1的规定执行。(5.1.1条)	① 阀体活动部分及外壳蚀余厚度小于6 mm,必须报废。(5.2.1条)
② 采用液压操作的阀门:其操作系统报废按本标准4.2的规定执行。(5.1.2条)	② 当阀门长期运行后,主要构件腐蚀与空蚀严重,实测应力及计算应力均达到设计容许应力的95%,必须报废。(5.2.2条)
③ 阀门的传动连接杆应力超过容许值,不能安全运行者,必须报废。(5.1.3条)	③ 阀门在运行中振动剧烈且关闭困难,必须报废。(5.2.3条)
④ 经检测阀门启闭力安全系数小于或等于1.05,又无改造可能,必须报废。(5.1.4条)	

(5) 升船机报废

升船机整机报废的条件:垂直升船机的机架及机械零部件均达到报废条件,或斜面升船牵引机械达报废条件。(6.3条)

6.1、6.2分别详细规定了机架和机械零部件的报废条件。

升船机的机架结构报废按本标准的4.1.1(卷扬式启闭机的机架)规定执行。(6.1.1条)

与水接触构件的报废,如承船厢、浮堤等,按本标准3.1~3.3(闸门及埋件的腐蚀条件、

强度条件、刚度条件)的规定执行。(6.1.2条)

提升机构、行走机构零部件的报废,按本标准4.1～4.3(启闭机)的规定执行。(6.2.1条)

传动系统的心轴磨损量达公称尺寸的3‰～5‰,必须报废。(6.2.2条)

(6) 压力钢管报废

压力钢管报废要根据壁厚条件、强度条件、稳定和缺陷条件进行确定。

(7) 申请报废与判废报告

① 申请报废

申请报废的前提:必须进行安全检测、复核计算、技术经济论证。(8.1.1条)

可申请报废的条件:在正常运行条件下,达到或超过使用折旧年限的水工金属结构;符合本标准相应报废条件的水工金属结构。(8.1.2条、8.1.3条)

申请报废的水工金属结构应具备以下资料:工程及报废对象概况;设计图、竣工图及设计制造安装资料;大修改造及运行管理资料;设备事故及处理资料;安全检测和复核计算资料;申请报废报告。(8.1.4条)

② 判废报告

判废报告包括以下主要内容:工程情况介绍;判废对象的运行情况及存在的主要问题;安全检测成果;复核计算成果;鉴定依据及安全评估;结论性意见。(8.2.1条)

4.4.10 《水库降等与报废标准》(SL 605—2013)

1. 基本情况

主持机构:水利部建设与管理司。

编制单位:水利部大坝安全管理中心。

批准部门:水利部。

发布日期:2013-10-28;实施日期:2014-01-28。

目的:为加强水库安全管理,规范和指导水库降等与报废工作。

适用范围:适用于总库容10万 m^3 及以上的各类已建水库。与一般水利行业标准不同,本标准适用于所有规模的各类已建水库。从水库安全管理实践与需求看,库容1 000万 m^3 以下的小型水库是降等与报废的主体。

发展:为规范水库降等与报废工作,2003年5月,水利部发布了《水库降等与报废管理办法(试行)》(水利部第18号令),本标准是其配套技术标准。

2. 主要内容

本标准共4章,主要技术内容包括总则、水库降等适用条件、水库报废适用条件、善后处理。

(1) 总则

总则规定了目的、适用范围、水库降等和报废的含义、水库降等与报废的前提条件和论证、善后处理总体要求。

(2) 水库降等适用条件

从库容与功能指标、工程安全条件、其他情况等方面规定水库降等适用条件。

库容指标降等适用条件:水库因库容指标达不到原设计工程规模而应予降等的具体

条件。主要有6类情况：①实际总库容不足10万 m³，但注册登记为水库且按水库进行管理的。②工程未完建，实际总库容未达设计工程规模，但仍按原设计工程规模进行注册登记和管理的。③建成后总库容达不到原设计工程规模。因规划、设计等原因，水库建成后总库容达不到原设计工程规模，但仍按原设计工程规模进行注册登记和管理的。④水库淤积严重，现有总库容已达不到原设计工程规模的。⑤建成后上游工程建设导致达不到原设计工程规模。因其他工程建设分割集水面积，致使来水量减少，总库容达不到原设计工程规模的。⑥因防洪或抗震等安全需要导致达不到原设计工程规模。因防洪或抗震等安全需要，通过拓挖溢洪道等措施降低水库运行水位，现状总库容达不到原设计工程规模的。（2.1.1条）

功能指标降等适用条件：水库因防洪、灌溉、供水、发电等功能指标达不到原设计工程等别划分标准，又无新增功能，而应予降等的条件。包括：①功能指标达不到原设计工程规模。因规划、设计、施工等原因，水库实际防洪、灌溉、供水、发电等功能指标达不到原设计工程规模，但仍按原设计工程规模进行注册登记和管理的。②功能需求降低或被其他工程部分替代。因经济社会发展和产业结构调整，原设计的防洪、灌溉、供水、发电等功能需求降低或被其他工程部分替代，现状实际功能指标达不到水库原设计工程规模的。（2.1.2条）

水库因工程安全原因而应予降等的前提条件，包括：①水库工程存在险情或安全隐患，而除险加固经济上不合理、技术上不可行，无法按设计条件安全运行；②水库工程存在险情或安全隐患，因缺乏资金难以限期进行除险加固，必须限制蓄水才能确保工程安全，限制蓄水后的工程规模按 GB 50201 和 SL 252 达不到原设计工程等别标准时。（2.2.1条）

水库因工程安全条件而应予降等的具体情况，为下列情况之一：①工程存在质量问题，运行中出现险情的；②因洪水、地震等原因，工程局部破坏或出现险情的；③经复核鉴定，大坝属三类坝，降等后可满足相关规范要求的。（2.2.2条）

水库因经济社会与环境影响而适于报废的具体条件，主要有：征地、移民问题；考古发现；动植物物种保护；生态环境及水文地质条件恶化防治、水事纠纷等，需要限制蓄水且限制蓄水后达不到原设计工程规模的。（2.3.1条）

水库因运行管理不到位而适于降等的具体条件，包括：①管理严重缺失、工程老化失修，不能安全运行的；②无防汛交通道路与通信等设施，出现险情后，难以组织人力、物力进行抢险的。（2.3.2条）

因其他特殊原因经论证后需要降等的水库，应予报废。（2.3.3条）

（3）水库报废适用条件

从库容与功能指标、工程安全条件、其他情况等方面规定水库报废适用条件。

库容指标报废适用条件。因库容丧失而应予报废的具体条件，主要有：有效库容淤满或几乎淤满；渗漏严重，无法蓄水且无防洪功能；无水可蓄；从未蓄水。（3.1.1条）

功能指标报废适用条件。原设计功能完全被替代；原设计功能被替代且无新增功能要求。（3.1.2条）

水库因工程安全原因而应予报废的前提条件。水库工程存在严重险情或安全隐患，而除险加固经济上不合理、技术上不可行，或缺乏资金难以限期进行除险加固，降等仍不能保证工程安全。（3.2.1条）

水库因工程安全条件而应予报废的具体情况。下列情况之一，同时无恢复利用价值，且

降等仍不能保证工程安全：① 工程存在质量问题，运行中出现严重险情；② 因洪水、地震等原因，工程遭到严重破坏；③ 经复核鉴定，大坝属三类坝。(3.2.2条)

水库因经济社会与环境影响而适于报废的具体条件。主要有：征地、移民问题；考古发现；动植物物种保护；生态环境及水文地质条件恶化防治、水事纠纷等，必须通过空库或拆除大坝解决前述问题的。(3.3.1条)

水库因运行管理不到位而适于报废的具体条件。符合下列情况之一，且溃坝后果严重、利用价值低的：① 管理严重缺失、工程老化失修严重的；② 无防汛交通道路与通信等设施，出现险情后，无法组织人力、物力进行抢险的。(3.3.2条)

因其他特殊原因经论证后需要报废的水库，应予报废。(3.3.3条)

(4) 善后处理

① 水库降等善后处理

应采取必要的工程措施和非工程措施进行水库降等善后处理，对管理机构、人员、设施作相应调整。(4.1.1条)

应按 GB 50201 和 SL 258 确定降等后的水库工程规模、工程等别、建筑物级别及设计洪水标准，重新拟定水库特征参数。(4.1.2条)

水库降等善后处理的工程措施。要求如下：应复核水库降等后的防洪安全和水工建筑物安全；根据降等后的工程等别、建筑物级别、洪水标准及水库特征参数复核；不满足要求时，应采取工程措施消除安全隐患。(4.1.3条)

水库降等善后处理的非工程措施。包括：重新确定水库的相关责任主体和落实安全责任制；重新拟订水库调度原则和编制调度规程报批后执行；调整水库管理机构和管理人员编制，拟订运行管理和维修养护制度；保留和妥善维护已有安全监测设施和开展监测；资产及债权、债务处置及员工安置；工程技术档案保管。(4.1.4条)

水库降等应采取适当的水土保持和环境保护措施。(4.1.5条)

水库降等后对原水库功能补偿要求：如影响当地居民生产生活，应采取适当措施对原水库功能进行补偿。(4.1.6条)

② 水库报废善后处理

应采取必要的工程措施和非工程措施进行水库报废善后处理。包括：消除遗留工程安全隐患；撤销管理机构，对人员进行安置；对水库部分功能进行补偿，并采取相应的水土保持、环境保护和生态修复措施。(4.2.1条)

水库报废善后处理的工程措施。分以下几种处理措施：大坝完全拆除和分阶段拆除、大坝部分拆除、大坝改造为淤地坝、拆坝废弃物处理。善后工程措施完工后，应组织验收。(4.2.2条)

水库报废善后处理的非工程措施。包括：撤销水库管理机构和安置管理人员；落实大坝留有残余结构管理措施；改造成淤地坝的大坝转入水土保持工程管理；原水库资产、债权、债务处置；淤积和生态环境监测；水库注册登记注销；工程技术档案保管。(4.2.3条)

库区沉积的泥沙分析评估和处置：可根据具体情况，综合运用自然冲蚀、水力疏浚、机械挖除和原地固置等处理方法。(4.2.4条)

分析大坝拆除对上下游河道的影响，并采取必要的整治和防护措施。(4.2.5条)

水保、环保、生态修复措施：防止因水库报废而造成水土流失和生态环境恶化，应采取适

当的水土保持、环境保护和生态修复措施。(4.2.6条)

水库报废后对原水库功能补偿要求：如水库报废严重影响下游防洪安全和当地居民生产生活，应采取适当措施对原水库功能进行补偿。(4.2.7条)

4.4.11 《水工钢闸门和启闭机安全检测技术规程》(SL 101—2014)

1. 基本情况

主持机构：水利部建设与管理司。

编制单位：河海大学、水利部水工金属结构安全监测中心。

批准部门：水利部。

发布日期：2014-04-22；实施日期：2014-07-22。

目的：为统一水利水电工程在役的水利水电工程钢闸门（含拦污栅）和启闭机安全检测内容和技术要求，保证检测质量。

适用范围：适用于水利水电大、中型工程在役钢闸门和启闭机。小型工程的钢闸门和启闭机参照执行。

发展：替代《水工钢闸门和启闭机安全检测技术规程》(SL 101—94)，原标准废止。

2. 主要内容

本标准共14章19节131条，主要技术内容有：① 安全检测机构、人员、设备的基本规定；② 现场检测的内容、项目及技术要求；③ 复核计算的内容、项目及要求；④ 安全评价的要求。

本次修订的主要内容有：① 补充完善了闸门外观检测的内容；② 按启闭机型式确定启闭机现状检测的内容；③ 补充完善了腐蚀检测的内容，增加了腐蚀程度评定的内容；④ 补充完善了闸门振动检测的内容；⑤ 增加了启闭机运行状况检测的内容；⑥ 增加了复核计算的内容；⑦ 增加了安全评价的内容；⑧ 删除了水质与底质检测的内容。

本规程主要章节依次为：总则，基本规定，巡视检查，外观与现状检测，腐蚀检测，材料检测，无损检测，应力检测，振动检测，启闭力检测，启闭机运行状况检测与考核试验，复核计算，安全评价，安全检测报告。

(1) 基本规定

1) 检测机构、检测人员资格

闸门和启闭机安全检测机构：应具有国家级或省级质量技术监督机构颁发的计量认证证书，证书授权的检测产品或类别、检测项目或参数、检测范围应满足安全检测要求。应具有水利部或省级水行政主管部门颁发的闸门和启闭机（金属结构）检测资质证书。(2.1.1条、2.1.2条)

安全检测机构的检测人员应全面了解闸门和启闭机设计、制造、安装和运行情况，熟悉相关业务知识，熟练掌握检测方法。检测人员应具有水利部或省级水行政主管部门颁发的检测资质证书。(2.2.1条)

无损检测人员应持有国家水利水电行业或无损检测学会无损检测人员资格鉴定工作委员会颁发的与其工作相对应的资格证书。无损检测结果评定应由取得2级及2级以上资格证书的无损检测人员担任。(2.2.2条)

2) 仪器设备的精度要求。安全检测使用的仪器设备的精度应满足要求并经地(市)级及以上计量检定机构检定合格。(2.2.3条)

3) 安全检测内容及项目

闸门和启闭机安全检测应包括下列内容：①现场检测；②复核计算；③安全评价。(2.3.1条)

其中现场检测应包括下列项目：(2.3.2条)

①巡视检查；② 外观与现状检测；③ 腐蚀检测；④ 材料检测；⑤ 无损检测；⑥应力检测；⑦ 振动检测；⑧ 启闭力检测；⑨ 启闭机运行状况检测与考核试验。

现场检测项目分为必检项和抽检项(2.3.3条)。2.3.2条所列①、②项为必检项，③～⑨项为抽检项。

4) 抽样比例。(2.3.4条)

5) 安全检测周期。(2.4条)

可根据闸门和启闭机的运行时间及运行状况确定，宜分为首次检测、定期检测和特殊情况检测。

首次检测：闸门和启闭机投入运行后5年内应进行首次检测。

定期检测：应每隔6～10年进行定期检测。

特殊检测：在运行期间①曾经超设计工况运行、出现误操作引发的重大事故、遭遇不可抗拒的自然灾害等特殊情况；② 发现并确认闸门和启闭机主要结构件或主要零部件存在影响安全的危害性缺陷和重大隐患；③ 闸门和启闭机运行状况出现明显异常，影响工程安全运行。

6) 运行管理单位应向安全检测机构提供闸门和启闭机的技术资料。(2.5条)

包括：① 制造竣工图纸和安装竣工图纸；② 主要构件和零部件材料出厂质量证明书或复验报告；③ 制造与安装的最终检验记录、试验记录及有关资料；④ 无损检测报告；⑤ 防腐蚀检测报告；⑥ 重大缺陷处理记录及有关会议纪要；⑦ 设计修改通知单及相关设计资料；⑧ 运行管理及检查报告(记录)；⑨ 制造安装质量第三方检测报告。

（2）各种检测项目的内容和要求

依次由第3～11章规定了水工钢闸门和启闭机的9项检测项目：巡视检查、外观与现状检测、腐蚀检测、材料检测、无损检测、应力检测、振动检测、启闭力检测、启闭机运行状况检测与考核试验。

各种检测项目的检测内容见表4.4-11。

表4.4-11　检测项目表

序号	检测项目	检测内容
1	巡视检查	1) 闸门泄水时的水流流态； 2) 闸门关闭时的漏水状况； 3) 门槽及附近区域混凝土的空蚀、冲刷、淘空等； 4) 闸墩、胸墙、牛腿等部位的裂缝、剥蚀、老化等； 5) 通气孔坍塌、堵塞或排气不畅等； 6) 启闭机室的裂缝、漏水、漏雨等； 7) 寒冷地区闸门防冻设施的运行状况。 8) 闸门和启闭机的运行状况。

续表

序号	检测项目	检测内容
2	外观与现状检测	1. 外观检测 1）闸门门体外观检测； 2）闸门支承及行走装置外观检测； 3）闸门吊杆、吊耳外观检测； 4）闸门止水装置外观检测； 5）闸门埋件外观检测； 6）闸门平压设备外观检测； 7）闸门锁定装置外观检测。 2. 固定卷扬式启闭机现状检测 1）机架检测； 2）制动器检测； 3）减速器检测； 4）卷筒及开式齿轮副检测； 5）传动轴及联轴器检测； 6）滑轮组检测； 7）钢丝绳检测。 3. 移动式启闭机现状检测 1）门架(桥架)检测； 2）制动器检测； 3）减速器检测； 4）卷筒及开式齿轮副检测； 5）传动轴及联轴器检测； 6）滑轮组检测； 7）钢丝绳检测； 8）车轮检测； 9）轨道检测。 4. 液压启闭机现状检测 1）机架检测； 2）液压缸检测； 3）活塞杆检测； 4）液压系统检测； 5）液压缸泄漏检测。 5. 螺杆启闭机现状检测 1）机箱和机座检测； 2）螺杆和螺母、蜗杆和蜗轮检测； 3）手动机构检测。 6. 电气设备和保护装置现状检测 1）现地控制设备或集中监控设备完整性检测； 2）接地系统可靠性检测； 3）电缆线路等敷设状况和老化状况检测； 4）启闭机荷载限制装置、行程控制装置、开度指示装置及仪表显示装置等设备完整性检测； 5）移动式启闭机缓冲器、夹轨器、锚定装置、风速仪、避雷器等完整性检测。
3	腐蚀检测	1. 腐蚀量检测 2. 腐蚀程度评定 3. 腐蚀检测结果 1）腐蚀部位及其分布状况，包括蚀坑的深度、大小和密度等； 2）严重腐蚀区域的分布范围和面积，占构件(杆件)面积的百分比； 3）构件(杆件)的整体腐蚀程度评定； 4）结构整体及构件(杆件)的腐蚀量及蚀余厚度。

续表

序号	检测项目	检测内容
4	材料检测	1. 材料质量证明书和制造安装竣工文件等资料能证明材料型号与性能符合设计图纸要求时,不再检测; 2. 材料型号不清,应鉴别材料型号和性能; 3. 闸门和启闭机运行,发生事故遭破坏,对破坏构件、零件取样进行力学性能试验、化学成分分析及金相分析。
5	无损检测	1. 焊缝表面有疑似裂纹缺陷时,可选用磁粉检测或渗透检测; 2. 焊缝内部缺陷可选用超声波检测或射线检测; 3. 对于无损检测发现的裂纹或其他超标缺陷,应分析其产生原因,判断发展趋势,对缺陷的严重程度进行评估。
6	应力检测	1. 静应力检测:检测闸门的主梁、次梁、支臂、边梁、面板及启闭机的门架结构、桥架结构、支承梁柱等主要受力构件; 2. 动应力检测:高水头下经常动水操作或经常局部开启的工作闸门,检测重点应为承受较大动力荷载的受力构件; 3. 检测工况宜符合或接近设计工况。
7	振动检测	1. 振动响应检测,包括位移、速度、加速度、动应力等; 2. 动力特性检测,包括自振频率、阻尼比、振型等。
8	启闭力检测	1. 启闭力检测应包括启门力检测、闭门力检测和持住力检测; 2. 启闭力检测工况宜符合或接近设计工况; 3. 根据启闭机的型式和现场条件,启闭力检测可采用直接检测法或间接检测法; 1) 直接检测法宜采用测力计或拉压传感器直接测量启闭力; 2) 间接检测法宜采用动态应力检测系统,通过测量吊杆(吊耳)、传动轴的应力换算得到启闭力。对于液压启闭机,宜通过测量液压缸的油压间接得到启闭力。
9	启闭机运行状况检测与考核试验	1. 启闭机运行状况检测 1) 启闭机的运行噪音; 2) 制动器的制动性能; 3) 滑轮组的转动灵活性; 4) 双吊点启闭机的同步偏差; 5) 移动式启闭机的行走状况; 6) 荷载限制装置、行程控制装置、开度指示装置的精度及运行可靠性; 7) 移动式启闭机缓冲器、风速仪、夹轨器、锚定装置的运行可靠性; 8) 电动机的电流、电压、温升、转速; 9) 现地控制设备或集中监控设备的运行可靠性。 2. 启闭机考核试验 固定卷扬式启闭机、液压启闭机、螺杆启闭机等其他类型启闭机一般不进行启闭机考核试验。移动式启闭机应进行启闭机考核试验。 1) 静载试验;2) 动载试验;3) 行走试验。

(3) 复核计算与安全评价

复核计算应包括检测工况、设计(校核)工况下闸门和启闭机结构强度、刚度、稳定性复核计算;必要时应进行设计工况下启闭机主要零部件复核计算。

闸门和启闭机安全等级可分为安全、基本安全和不安全三个等级。见表4.4-12。

表 4.4-12　安全等级

序号	安全级别	条件
1	安全	应符合下列全部条件： 1）巡视检查各项内容均符合要求； 2）闸门外观检测、启闭机现状检测的各项内容均符合要求； 3）腐蚀程度为 A 级（轻微腐蚀）或 B 级（一般腐蚀）； 4）一类、二类焊缝符合规范要求，无超标缺陷； 5）设计工况的最大实测应力值和最大计算应力值均小于容许应力值； 6）闸门运行平稳，启闭无卡阻，无明显振动现象； 7）设计工况的最大启闭力小于启闭机的额定容量。
2	基本安全	不符合"安全"等级条件中的任一条件但符合下列全部条件的闸门和启闭机评定为"基本安全"： 1）巡视检查的各项内容基本符合要求； 2）闸门外观检测、启闭机现状检测的各项内容基本符合要求； 3）腐蚀程度为 C 级（较重腐蚀）； 4）一类、二类焊缝存在超标缺陷，但无裂纹等严重危害性超标缺陷； 5）设计工况的最大实测应力值或最大计算应力值超过容许应力值，但不超过容许应力值的 105%； 6）闸门运行中有明显振动，但尚不影响闸门安全运行； 7）设计工况的最大启闭力超过启闭机额定容量，但不超过启闭机额定容量的 105%。
3	不安全	不符合"安全"和"基本安全"等级条件。

（4）安全检测报告

检测机构应向委托单位提供闸门和启闭机安全检测报告。检测报告封面应盖有检测机构的计量认证标志。

闸门和启闭机安全检测报告应包括下列内容：① 工程概况及闸门和启闭机运行、维修、保养情况；② 闸门和启闭机现场检测成果；③ 闸门和启闭机复核计算成果；④ 闸门和启闭机安全评价；⑤ 结论与建议。

4.5　维修养护

关于水库的养护修理和观测工作，1965 年原水利电力部水利管理司试行了系列养护修理技术规范和系列观测技术规范：《土坝护坡养护修理》（SDJ/SG 711—65）、《土坝坝面排水设施养护修理》（SDJ/SG 712—65）、《土坝防渗导渗工程养护修理》（SDJ/SG 713—65）、《水工隧洞及涵管混凝土养护修理》（SDJ/SG 714—65）、《土坝裂缝处理》（SDJ/SG 715—65），初步规范了水库大坝的养护修理和安全观测工作。有两个重要的工作手册值得一提，即《水工建筑物观测工作手册》和《水工建筑物养护修理工作手册》。1964 年，组织编写了《水工建筑物观测技术手册》，这是我国第一部系统地介绍水工建筑物监测技术的手册。1978 年，又对《水工建筑物观测技术手册》进行了修订，更名为《水工建筑物观测工作手册》。1975 年由原

水利电力部水利司委托原广东省水电局编制了《水工建筑物养护修理工作手册（初稿）》，后于1978年修订，1979年出版。该手册着重介绍了水工建筑物养护修理的要求和方法，包括土工建筑物、混凝土与砌石建筑物、闸门启闭机及压力钢管三部分，完善了1965年的试行技术规范。

4.5.1 《土石坝养护修理规程》(SL 210—2015)

1. 基本情况

主持机构：水利部建设与管理司。

编制单位：水工程安全与灾害防治工程技术研究中心、长江科学院。

批准部门：水利部。

发布日期：2015-02-09；实施日期：2015-05-09。

目的：规范我国土石坝养护修理工作的程序、方法和要求，保障工程安全、完整和正常运行。

适用范围：适用于水利水电工程中1、2、3、4级土石坝及其枢纽所包含的其他水工建筑物、地下洞室、边坡和设施的养护修理，5级土石坝可参照执行。

发展：《土石坝养护修理规程》(SL 210—98)发布实施以来，有效地指导了我国土石坝的养护修理工作。《土石坝养护修理规程》(SL 210—2015)替代了 SL 210—98。

2. 主要内容

同 SL 210—98 相比，本次主要修订内容有：① 增加了总则、术语、检查等3章；② 增加了除土石坝外的输水、泄水、引水、过坝、发电建筑物，附属建筑物和设施，以及与枢纽安全有关的边坡的检查、养护及修理相关内容；③ 增加了养护、修理的新材料、新技术与新方法。

本标准共6章，各章依次为：总则，术语，检查，养护，修理，白蚁及其他动物危害的防治。

（1）总则

总则规定了目的、适用范围、土石坝养护修理的内容、养护修理的原则、修理工作程序、修理实施与质量控制等。

土石坝养护修理的内容包括：检查、养护、修理、白蚁及其他动物危害防治4部分。

土石坝养护修理原则为：坚持"经常养护，随时维修，养重于修，修重于抢"，达到恢复或局部改善原有工程结构状况的目的。

修理工作程序包括：工程损坏调查、修理方案制定与报批、实施、验收。

（2）检查

包括检查的一般规定，检查分类、时间和频次，检查项目和内容，检查方法和要求，检查记录、报告及存档。

（3）土石坝的养护

主要包括坝顶、坝坡、混凝土面板、坝区、边坡、监测设施、其他养护。土石坝的养护项目见表4.5-1。

表 4.5-1　土石坝的养护项目表

序号	养护项目	养护要求	养护对象
1	坝顶	1）坝顶养护应达到坝顶平整，无积水，无杂草，无弃物； 2）防浪墙、坝肩、踏步完整，轮廓鲜明； 3）坝端无裂缝，无坑凹，无堆积物； 4）坝顶排水系统完好无淤堵。	1）坝顶； 2）防浪墙、坝肩、踏步； 3）坝端； 4）坝顶排水系统。
2	坝坡	1）坡面平整，无雨淋沟缺，无荆棘杂草滋生现象； 2）护坡砌块应完好，砌缝紧密，填料密实，无松动、塌陷、脱落、风化、冻毁或架空现象； 3）坝坡排水系统应完好无淤堵。	1）干砌块石护坡； 2）混凝土或浆砌块石护坡； 3）堆石护坡或碎石护坡； 4）草皮护坡； 5）严寒地区护坡； 6）坝坡排水系统。
3	混凝土面板	1）水泥混凝土面板参照 SL 230； 2）沥青混凝土面板； 3）止水带及时修复与更换。	1）水泥混凝土面板； 2）沥青混凝土面板； 3）止水带。
4	坝区	1）设置在坝基和坝区内的排水、观测设施应完整、美观、无损坏； 2）绿化区灌水、施肥养护； 3）坝区范围内白蚁活动治理； 4）避免水位骤降引起坝体滑坡、铺盖损坏； 5）坝区内的排水、导渗设施排水通畅、无损坏。	1）设置在坝基和坝区内的排水、观测设施； 2）绿化区； 3）坝区范围内白蚁活动； 4）铺盖； 5）排水沟（管）、减井压、滤水坝趾或导渗设施周边山坡的截水沟。
5	边坡	1）混凝土喷护边坡、边坡排水沟、截水沟表面滋生的杂草与杂物应及时清除； 2）边坡稳定。	1）混凝土喷护边坡； 2）边坡挡土墙； 3）边坡锚固系统。
6	监测设施	1）水管式沉降仪、钢盘位移计应经常维护； 2）安全监测设施维护按 SL 230 执行； 3）安全监测设施报废按 SL 621 执行。	各类监测设施。
7	其他	1）漂浮物清理； 2）坝前及下游泥沙清理； 3）坝肩、输泄水道的岸坡检查与清理； 4）大坝两端的山坡和地面截水设施正常工作； 5）输水洞、涵、管等的完好，防接触冲刷； 6）附属设施的维护。	1）漂浮物； 2）坝前及下游泥沙； 3）坝肩、输泄水道的岸坡； 4）附属设施。

（4）土石坝的修理

土石坝的修理包括岁修、大修和抢修。

① 岁修、大修和抢修的划定界限

岁修。根据大坝运行中所发生的和巡视检查所发现的工程损坏和问题，每年进行必要的修理和局部改善。

大修。工程发生较大损坏、修复工作量大、技术性较复杂的工程问题，或经过临时抢修

未做永久性处理的工程险情,工程量大的整修工程。

抢修。当突然发生危及大坝安全的各种险情时,必须立即进行抢修。

② 修理项目管理

包括报批程序、施工管理、竣工验收。土石坝的修理项目管理情况见表 4.5-2。

表 4.5-2 土石坝的修理项目管理情况

序号	项目	岁修	大修
1	报批程序	岁修计划→审批→施工;管理单位申报岁修计划,主管部门审批,管理单位根据批准的计划组织好施工。	可行性研究报告→立项→设计→施工;管理单位提出可行性研究报告,主管部门审批立项,管理单位组织设计、施工。设计单位资质要达到等级要求。
2	施工管理	由具有相应技术力量的施工队伍承担;或水库管理单位具有相应技术力量时也可自行承担(需建立质保体系)。	施工队伍要具备施工资质。实行"三制":招标制、投标制和监理制。
3	竣工验收	/	要求竣工验收。

③ 土石坝的修理项目

主要包括坝坡修理、坝体(裂缝、渗漏、滑坡)修理、坝基与坝肩修理、泄输水建筑物修理、边坡修理、闸门与启闭设备修理、排水导渗设施修理以及面板堆石坝混凝土面板修理、枢纽其他水工建筑物修理等。土石坝的修理项目见表 4.5-3。

每种修理措施的技术要点见规程,此处不再赘述。

表 4.5-3 土石坝的修理项目及修理措施表

序号	修理项目	修理措施
1	坝坡	1) 砌石护坡的修理(填补翻筑、增设阻滑齿墙、细石混凝土灌缝和浆砌或混凝土框格结构等方法),修补材料、坡面处理、铺砌石料、浆砌框格或阻滑齿墙、细石混凝土灌缝的详细规定; 2) 混凝土护坡的修理(局部填补、翻修加厚、增设阻滑齿墙和更换预制块、现浇混凝土等方法); 3) 草皮护坡的修理(添补、更换)。
2	混凝土面板坝	根据面板裂缝和损坏情况采用: 1) 表面涂抹法:当面板出现局部裂缝或破损时,可采用水泥砂浆、环氧砂浆、H52 系列特种涂料等防渗堵漏材料进行表面涂抹; 2) 表面粘补或凿槽嵌补法:当面板出现的裂缝较宽或伸缩缝止水遭破坏时; 3) 挤压破坏修理; 4) 面板堆空修理。
3	坝体裂缝	1) 翻松夯实法、灌土封口法、开挖回填法; 2) 充填式黏土灌浆; 3) 或两者结合。
4	坝体滑坡	按"上部削坡减载,下部压重固脚"的原则。采用开挖回填、加培缓坡、压重固脚、混凝土防渗墙、导渗排水等多种方法进行综合处理。

续表

序号	修理项目	修理措施
5	大坝渗漏（坝体、坝基、绕渗）	遵照"上截下排"。 1) 上游截渗常用的方法有抛投细粒土料、加固上游粘土防渗铺盖、抽槽回填、铺设土工膜、套井回填、混凝土防渗墙、劈裂灌浆、高压喷射灌浆、帷幕灌浆、充填灌浆、级配料灌浆等方法； 2) 下游导渗排水可采用导渗沟、反滤层导渗等方法。
6	排水导渗设施	1) 排水沟（管）的修理（清除淤堵、修复）； 2) 坝下游减压井、导渗体和滤水体等的修理（舒通）。
7	坝下埋涵（管）	1) 裂缝封堵； 2) 内衬和套管加固； 3) 断裂部位地基加固与涵（管）修理； 4) 增补截水环； 5) 磨蚀、空蚀、剥蚀、碳化自助理。
8	边坡修理	1) 排水沟（管）； 2) 坝下游减压井、导渗体和滤水坝。

(5) 白蚁及其他动物危害的防治

① 防治范围和原则

防治范围：包括坝区管理范围及四周环境。

动物危害防治工作方针和原则：应坚持以防为主、防治结合、因地制宜、综合治理的方针；坚持常年查找、及时灭杀、隐患处理相结合的原则。

② 危害检查

危害检查分类、范围、检查内容、检查方法见表4.5-4。

表4.5-4 白蚁及其他动物危害检查

项目	内容
检查分类	日常检查、定期普查和专项检查。
检查范围	1) 白蚁危害检查范围包括蚁患区和蚁源区； 2) 其他动物危害检查包括坝体及两岸坝肩。
检查内容	1) 应检查大坝是否有湿坡、散浸、漏水、跌窝等现象，辨析是否因白蚁危害引起。 2) 应检查大坝及周边地区白蚁活动时留下的痕迹，辨别蚁种。 3) 应检查大坝迎水面漂浮物中是否有白蚁蛀蚀物。 4) 应检查大坝表面泥被、泥线的分布密度、分群孔数量和真菌指示物等。 5) 应检查蚁源区范围内树木和植被上泥被泥线分布情况。 6) 应检查坝体及两岸坝肩是否存在动物洞穴入口。
检查方法	迹查法、锹铲法、引诱法、仪探法、嗅探法。

③ 白蚁危害预防和治理

预防工程措施：修筑防蚁层和隔蚁墙等物理屏障，设置毒土防蚁带和注药防蚁带等药土屏障。

预防非工程措施：种植驱避白蚁植物，分飞期减少坝区灯光，在土石坝表面喷洒药物等。

治理办法：破巢除蚁、烟熏毒杀、药物诱杀、药物灌浆、毒土灭杀法。

④ 其他动物危害的防治

防治方法：人工捕杀、诱饵毒杀、开挖追捕、锥探灌浆。对驱走或捕杀害坝动物后留在坝体内的洞穴，应及时采取开挖回填或灌浆填塞等方法进行处理。

4.5.2 《混凝土坝养护修理规程》(SL 230—2015)

1. 基本情况

主持机构：水利部建设与管理司。

编制单位：水工程安全与灾害防治工程技术研究中心、长江科学院。

批准部门：水利部。

发布日期：2015-02-09；实施日期：2015-05-09。

目的：规范混凝土坝枢纽养护修理工作的程序、方法和要求，保证枢纽的安全、完整和正常运行。

适用范围：适用于水利水电工程中 1、2、3、4 级混凝土坝及其枢纽所包含其他水工建筑物、地下洞室、边坡和设施的养护修理，5 级混凝土坝可参照执行。

发展：《混凝土坝养护修理规程》(SL 230—98)发布实施以来，使混凝土坝养护修理工作进入规范化、制度化、科学化阶段，有效地指导了我国混凝土坝的养护修理工作。《混凝土坝养护修理规程》(SL 230—2015)替代了 SL 230—98。

2. 主要内容

同 SL 230—98 相比，本次主要修订内容有：① 增加了术语章节，并将补强加固单独成章；② 增加了除混凝土大坝外的输水、泄水、引水、过坝、发电建筑物，附属建筑物和设施，以及与枢纽安全有关的边坡的检查、养护及修理相关内容；③ 增加了养护、修理的新材料、新技术与新方法。

本标准共 9 章，各章依次为：总则，术语，检查，养护，裂缝修补，补强加固，渗漏处理，剥蚀、磨损、空蚀及碳化修理，水下修补与清淤(碴)。

(1) 总则

总则规定了目的、适用范围、混凝土坝养护修理的内涵、养护修理的原则，修理工作程序，修理工程报批及施工管理。

混凝土坝养护包括建筑物的日常保养和防护；修理包括裂缝修补、渗漏处理、剥蚀的修补及处理和水下修补。

养护修理原则：首先应做好工程的养护工作，防止损坏的发生和发展；在发生损坏后，必须及时修理，防止扩大；在修理时应做到安全可靠、技术先进、注重环保、经济合理。

修理工作程序：包括工程损坏的调查、修理方案设计、施工及其质量控制、验收等四个工作程序。

(2) 检查

包括检查的一般规定、检查的项目、内容及方法与要求。

结合工程具体情况，确定检查项目和内容，按 SL 601 执行。检查人员对工程应进行逐

项检查和记录,对异常和损坏部位应详细说明,并进行摄影或录像,以备专项调查和养护修理时查阅。

检查分日常检查、年度检查、特别检查。检查内容见表4.5-5。

表 4.5-5　检查内容

项目	内容
日常检查	1) 混凝土表面缺陷。包括蜂窝、麻面、孔洞、缺棱掉角、挤压破坏等。 2) 混凝土与墙体裂缝。包括裂缝的类型、部位、尺寸、走向和规模等。 3) 混凝土剥蚀。包括剥蚀的部位、深度、范围和规模等。 4) 渗漏。包括坝体、坝基渗漏,绕坝渗流,围岩及边坡渗漏,闸门渗漏,堵头渗漏等,以及渗漏的类型、部位、渗漏量、规模、水质和溶蚀现象等。 5) 钢筋锈蚀。包括钢筋混凝土结构的露筋现象和锈蚀程度。 6) 围岩及边坡表面裂缝、坍塌、鼓起、松动,滑坡等。 7) 建筑物的倾斜或不均匀沉降。 8) 边坡支挡与支护结构的完好性。 9) 所有排水与导渗设施的完好性、堵塞状况及排水状况。 10) 接触缝与变形缝的开合状况,变形缝止水设施的完好性与渗漏情况。 11) 金属结构病害。包括锈蚀、裂纹、鼓包、脱焊与扭曲变形,止水设施完好性等。 12) 启闭设备病害。包括起吊装置的完好性、表面润滑等。 13) 安全监测设施的完好性及工作状况。 14) 外界干扰。包括影响枢纽正常与安全运行的杂物,动植物危害等。
年度检查	1) 过流部位混凝土的裂缝、磨损与空蚀状况。 2) 混凝土碳化深度与规模。 3) 混凝土冻融剥蚀情况。 4) 位于水下的缺陷。 5) 水库淤积。包括淤积高程、淤积厚度、淤积物的种类、水下地形以及支流河口是否有拦门坎等。 6) 闸门启闭状况。
特别检查	1) 大坝、地下洞室、边坡等部位变化异常的裂缝。 2) 大坝、两岸坝肩、地下洞室、边坡等部位变化异常的渗漏。 3) 大坝、地下洞室、边坡、金属结构等部位变化异常的变形。 4) 非常严重的混凝土碳化。

检查方法:可通过目视、耳听、手摸、鼻嗅、脚踩等直观方法,或辅以锤、钎、钢卷尺、放大镜、石蕊试纸等简单工具器材。

检查记录:记录、整编、报告、建档。

（3）养护

养护包括混凝土表面养护和防护、变形缝止水设施养护、排水设施养护、闸门及启闭设备养护、地下洞室养护、安全监测设施维护,以及其他养护(漂浮物清理、泥沙淤积清理、管理信息系统维护、管理设施维护等)。

（4）修理

修理包括裂缝修补、加固补强、渗漏处理,剥蚀、磨损、空蚀及碳化修理,水下修补与清淤(碴)。表4.5-6为混凝土坝修理项目及修理措施简介。

表 4.5-6　混凝土坝修理项目表

序号	修理项目	修理步骤和措施
1	裂缝修补	1）裂缝调查； 2）裂缝成因分析与修补的判断； 3）裂缝修补技术（喷涂法、粘贴法、灌浆法、充填法、结构补强法等）。
2	补强加固	灌浆法、预应力法、粘贴玻璃钢法、增加断面法等。
3	渗漏处理	1）渗漏调查； 2）渗漏成因分析和处理的判断； 3）基本原则是"上截下排"，以截为主，以排为辅。 4）集中渗漏处理（直接堵漏法、导管堵漏法、木楔堵塞法、灌浆堵漏法； 5）裂缝渗漏处理（直接堵塞法、导渗止漏法）； 6）散渗处理（表面涂抹粘贴法、喷射混凝土（砂浆）法、防渗面板法、灌浆法等）； 7）变形渗漏缝处理（嵌填法、粘贴法、锚固法、灌浆法及补灌沥青等）； 8）基础及绕坝渗漏处理（灌浆法、补设排水孔）。
4	剥蚀、磨损、空蚀及碳化修理	1）剥蚀、磨损、空蚀及碳化（基本调查、补充调查、原因分析）； 2）冻融剥蚀及碳化修理； 3）钢筋锈蚀引起的混凝土剥蚀修理技术； 4）磨损和空蚀修理技术。
5	水下修补与清淤（碴）	1）调查； 2）水下修补方法（潜水法或沉柜、侧壁沉箱、钢围堰法等）； 3）水下修补技术包括水下清理、水下电焊与切割、水下爆破、水下钻孔、水下锚固、水下嵌缝、水下铺贴、水下灌浆、水下混凝土浇筑等； 4）水下混凝土施工（导管法、泵压法、倾注法、袋装叠置法，优先采用导管法）； 5）水下清淤（吸管法和机械挖除法等）。

4.5.3　《水工钢闸门和启闭机安全运行规程》(SL 722—2015)

1. 基本情况

主持机构：水利部综合事业局。

编制单位：水利部水工金属结构质量检验测试中心。

批准部门：水利部。

发布日期：2015-08-17；实施日期：2015-11-17。

目的：为加强水利水电工程的安全运行，规范水利水电工程钢闸门和启闭机安全运行管理工作，制定本标准。

适用范围：适用于大、中型水利水电工程的平面（定轮、滑动）闸门、弧形闸门、拦污栅、固定卷扬式启闭机、液压启闭机、螺杆式启闭机等设备的安全运行管理和维修养护，小型水利水电工程参照执行。

2. 主要内容

本标准共 7 章，主要技术内容包括：安全运行管理涉及的管理制度；设备操作规程的编写以及操作人员和操作过程的要求；设备维修养护的规定和要求；设备维修养护记录和报告

要求;设备运行期间进行设备等级评定、安全检测的要求;应急管理中对应急预案、培训、演练的要求。

(1) 运行管理制度

包括:运行操作制度、安全管理制度、设备保养和检修管理制度等。

(2) 设备操作

包括:一般规定、操作人员、操作前准备、运行操作。

(3) 维修养护

包括:一般规定、基本要求、闸门及拦污栅维修养护、启闭机维修养护(包括固定卷扬式、液压式、螺杆式)、电气及自动控制设备维修养护。

(4) 记录和报告

包括:一般规定、操作记录、维修养护记录、维修养护报告。

(5) 设备等级评定、安全检测

设备投入正常运用后,应按照 SL 240 的规定,每隔 4 年进行一次设备等级评定。

设备投入正常运用 10~15 年后,应按照 SL 101 的要求进行一次定期安全检测,以后每隔 5 年进行一次定期安全检测。

当遇Ⅶ度及以上地震、超设计标准洪水、误操作事故、破坏事故等情况时,应对设备进行安全检测。

应委托具有资质的专业检测机构进行检测,并出具检测报告。

(6) 应急管理

包括:应急预案、预案管理、调查报告。

4.5.4 《水利水电工程闸门及启闭机、升船机设备管理等级评定标准》(SL 240—1999)

1. 基本情况

主持机构:水利部建设与管理司。

编制单位:水利部建设与管理司、水利部水工金属结构安全监测中心。

批准部门:水利部。

发布日期:1999-11-18;实施日期:1999-12-01。

目的:加强水利水电工程的闸门及启闭机、升船机设备的运行、管理,提高设备完好率和安全运行水平,延长设备使用寿命,防止灾害性事故的发生,充分发挥工程效益。

适用范围:适用于大、中型水利水电工程的闸门及启闭机、升船机设备管理等级评定,小型工程参照执行。

2. 主要内容

规程主要内容包括评级的总体原则、设备完好率及评级百分比,评级单元及其标准。

(1) 基本规定

评级工作按单元、单项设备、单位工程三项逐级评定。定义了单元、单项设备、单位工程。(2.0.1 条)

单元、单项设备、单位工程的评定分类。(2.0.2、2.0.3、2.0.4 条)水利水电工程闸门及

启闭机、升船机设备评级中,单元、单项设备、单位工程的定义及评定分类见表4.5-7。

表4.5-7 单元、单项设备、单位工程的定义及评定分类

对象	定义	分类
单元	指独立项目,如操作规程、值班记录、闸门及机械设备可分解的部件(如闸门的门叶、启闭机的电机等)。	一类单元:主要项目80%以上(含80%)符合标准规定,其余项目基本符合规定; 二类单元:主要项目70%以上(含70%)符合标准规定,其余项目基本符合规定; 三类单元:达不到二类单元者为三类单元。
单项设备	指由部件组成并且有一定功能的结构或机械,如闸门、启闭机等。	一类设备:单项设备中的评级单元全部为一类单元者评为一类设备; 二类设备:单项设备中的评级单元全部为一、二类单元者评为二类设备; 三类设备:达不到二类设备者评为三类设备。
单位工程	指以单元建筑物划分的金属结构及机械设备,如溢洪道的闸门和启闭机、泄水道的闸门和启闭机等。	一类单位工程:单位工程中的单项设备70%以上(含70%)含评为一类单项设备,其余为二类单项设备者,评为一类单位工程; 二类单位工程:单位工程中的单项设备70%以上(含70%)含评为一、二类单项设备者,评为二类单位工程; 三类单位工程:达不到二类单位工程者,评为三类单位工程。但该类工程仍能运行。

设备完好率的定义。(2.0.5条)

规定评级时间间隔不超过4年。(2.0.6条)

不能参加设备管理评级的情况。(2.0.7条)

被评为三类工程者,须限期整改,在4年内达一、二类单位工程。必要时进行安全检测。(2.0.8条)

(2)闸门、启闭机、升船机评级单元标准

依次由第3~5章介绍闸门、启闭机、升船机的评级单元标准。闸门、启闭机、升船机作为单位工程,分别划分了13、17、21个评级单元。

闸门、启闭机的评级单元、评定项目见表4.5-8。

表4.5-8 闸门、启闭机、升船机的评级单元其评级单元分项

单位工程	评级单元	评定项目
闸门	1. 检修规程及检修记录	1. 检修规程及其内容;2. 检修记录及其内容。
	2. 润滑要求	1. 润滑部位加油及灵活程度;2. 润滑油脂选用合理,油质合格;3. 润滑设备及零件齐全、完好;4. 油路系统畅通无阻。
	3. 防腐蚀要求	1. 外观涂层;2. 锈蚀坑;3. 防腐蚀措施;4. 门体附件防腐蚀状况。
	4. 设备运行状况	1. 闸门启闭平稳、准确、灵活;2. 无异常振动及响声。

续表

单位工程	评级单元	评定项目
	5. 门体状况	1. 门叶整体结构无明显变形；2. 梁系结构无明显局部变形；3. 弧门支臂无明显变形；4. 一、二类焊缝无裂纹；5. 吊耳板大修后有探伤记录；6. 紧固件无松动或缺件现象；7. 多节闸门节间连接牢靠；8. 钢筋混凝土闸门（钢丝网水泥面板闸门）。
	6. 行走支承装置	1. 平面闸门的行走轮、台车、链轮；2. 平面闸门滑道；3. 弧形闸门支铰。
	7. 止水装置	1. 止水密封性及漏水量；2. 止水零件齐全，橡皮老化程度。
	8. 充水装置	1. 充水阀止水严密，启闭平稳；2. 旁通阀止水严密，运行无噪声。
	9. 锁定装置	1. 工作可靠、操作方便；2. 移动式锁定；3. 每扇闸门两侧锁定受力均匀。
	10. 闸门槽及埋设件	1. 门槽及底板处杂物清除工作；2. 主轨弧门轨板等啃轨及气蚀现象；3. 导向轨道工作表面清洁平整；4. 门槽一、二期混凝土接缝处无渗水现象；5. 输水洞、深孔闸门井的通气孔；6. 闸门防冰设备（冰冻区）。
	11. 安全防护	1. 弧门支臂及支铰处走道、爬梯；2. 扶梯、栏杆、闸门门槽盖板。
	12. 工作场所	1. 整齐、清洁、油污痕迹；2. 闸门门库；3. 闸门及其附件。
	13. 环境保护	1. 废油、废弃物；2. 绿化、美化。
启闭机	1. 操作规程及值班记录	1. 操作规程及其内容；2. 值班记录及其内容。
	2. 检修规程及检修记录	1. 检修规程及其内容；2. 检修记录及其内容。
	3. 设备运行状况	1. 启闭机必须达到规定的额定能力；2. 启闭机的完好状态；3. 按指令操作。
	4. 操作系统	1. 有可靠的供电电源和备用电源；2. 设备中的电气线路布线及绝缘情况；3. 各种电器开关及继电器元件；4. 电气设备中的保护装置。
	5. 指示系统及信号装置	1. 高速指示器风速仪；2. 各种表计；3. 各种信号指示。
	6. 润滑要求	1. 润滑部位按规定注入或更换润滑剂；2. 润滑的油质油量；3. 密封性良好不漏油；4. 润滑设备及其零件齐全完好；5. 油路系统畅通无阻。
	7. 电机	1. 能达到名牌功率能随时投入运行；2. 电机的定子和转子绕组的绝缘电阻；3. 电机的温升和轴承的温度；4. 电机的电刷滑环；5. 电机外壳接地应牢固可靠。
	8. 制动器	1. 制动器应工作可靠动作灵活；2. 制动轮表面无裂纹无划痕；3. 制动器的闸瓦及制动带；4. 制动器闸瓦的退程间隙；5. 制动器上的主弹簧及轴销螺钉；6. 电磁铁在通电时无杂音。

续表

单位工程	评级单元	评定项目
	9. 传动系统	1. 轴和轴承；2. 联轴节；3. 减速器及开式齿轮。
	10. 启闭机构（卷扬式、油压式、螺杆式启闭机）	1. 卷扬式启闭机的卷筒装置；2. 油压启闭机的作用缸；3. 螺杆式启闭机的螺杆；4. 油泵的出油量及压力；5. 油的油质、油量及油路；6. 缸体及活塞杆密封；7. 液压管路及液压阀附件等。
	11. 吊具	1. 吊环悬挂吊板心轴等；2. 滑轮组零件及滑轮；3. 吊具按规定起重量使用；4. 抓梁和压载装置。
	12. 机架	1. 机架结构变形裂缝；2. 钢架结构件的连接高强螺栓的紧固。
	13. 移动式启闭机的行走机构	1. 电机；2. 制动器；3. 传动系统；4. 车轮；5. 轨道；6. 夹轨器的支铰钳口锁闭；7. 启闭机的限位装置缓冲器。
	14. 防腐蚀要求	1. 机械的金属结构表面防腐蚀处理；2. 涂层均匀整机涂料颜色协调美观。
	15. 安全防护	1. 严禁堆放易燃易爆品设有消防器具；2. 启闭机上的行人梯及平台；3. 电气；4. 启闭室或启闭工作平台与外界隔离。
	16. 工作场所	1. 整齐清洁油污废弃物；2. 照明等。
	17. 环境保护	1. 绿化美化卫生设施；2. 弃油及污物。

升船机的21个评级单元依次为：操作规程及值班记录、检修规程及检修记录、运行状况、引航道设施、润滑要求、防腐蚀要求、操作系统、电机、制动器、传动系统、指标系统及信号装置、提升牵引设备、摩擦驱动装置、液压平衡装置、吊具、承船厢、桥机的机架及承重排架、行走机构、安全防护、工作场所、环境保护。评定项目可参照闸门及启闭机的评定项目拟定。

4.5.5 《水工金属结构防腐蚀规范》(SL 105—2007)

1. 基本情况
编制单位：水利部水工金属结构质量检验测试中心、南京水利科学研究院。
批准部门：水利部。
发布日期：2007-11-26；实施日期：2008-02-26。
目的：保证水利水电工程金属结构的防腐蚀质量，延长其使用寿命。包括闸门、拦污栅、启闭机、压力钢管、清污机及过坝通航金属结构等水工金属结构。
适用范围：水工金属结构设计、制造、安装及运行管理各阶段的防腐蚀技术、工艺和检验等要求均应符合本标准的规定。
《水工金属结构防腐蚀规范》(SL 105—2007)替代了 SL 105—95。

2. 主要内容
本标准共7章21节101条和8个附录，主要技术内容有：(1)涂装前钢材表面预处理的技术要求；(2)涂料保护和金属热喷涂保护的材料、工艺要求及质量检验规定；(3)牺牲阳极阴极保护的设计、施工技术要求和质量检验规定；(4)防腐施工质量验收。

本次修订的主要内容有：(1)增加了等效防腐的概念，对个人和施工单位资质、检测仪器计量检定提出要求；(2)增加了术语和定义；(3)修改了清洁度等级的一般要求及磨料种类和粒度范围的要求；(4)增加了面漆颜色选择的条款、引水工程用环保涂料的配套体系、涂装作业安全的要求、拉开法定量测试涂膜附着力的内容、埋件防护技术要求，明确了涂膜厚度质量评定采用局部厚度的概念；(5)修改了热喷涂金属在大气、淡水和海水环境中的材料选择要求，增加了金属涂层防护年限和厚度关系、拉开法定量测试金属涂层结合强度的内容，明确了金属热喷涂复合保护系统外观、厚度、结合强度的评定要求；(6)增加了牺牲阳极阴极保护的内容。

4.6 其他有关标准

4.6.1 工程设计标准

我国陆续发布了一系列跟大坝有关的设计规范，这些设计标准在大坝运行与安全管理过程中，也发挥了重要作用。相关的主要有：《水工建筑物抗震设计规范（试行）》(SDJ 10—78)、《水工钢筋混凝土结构设计规范（试行）》(SDJ 20—78)、《混凝土重力坝设计规范（试行）》(SDJ 21—78)、《碾压式土石坝设计规范》(SDJ 218—84)、《混凝土拱坝设计规范（试行）》(SD 145—85)、《土石坝沥青混凝土面板和心墙设计准则》(SLJ 01—88)、《水工隧洞设计规范（试行）》(SL 134—84)、《溢洪道设计规范》(SDJ 341—89)、《浆砌石坝设计规范》(SL 25—91)、《小型水利水电工程碾压式土石坝设计导则》(SL 189—96)、《水工混凝土结构设计规范》(SL/T 191—96)、《水工建筑物抗冰冻设计规范》(SL 211—98)、《水利水电工程钢闸门设计规范》(SDJ 13—78)、《水利水电工程启闭机设计规范》(SL 41—93)。

这些设计规范目前已陆续得到修订，见表 4.6-1。

表 4.6-1　工程设计标准及所替代标准的历次版本

序号	标准	所替代标准的历次版本
1	GB 51247—2018《水工建筑物抗震设计标准》	SL 203—97，SDJ 10—78
2	SL 44—2006《水利水电工程设计洪水计算规范》	SL 44—93
3	SL 274—2001《碾压式土石坝设计规范》	SDJ 218—84 及其补充规定
4	SLJ 01—88《土石坝沥青混凝土面板和心墙设计准则》	SLJ 01—88
5	SL 319—2018《混凝土重力坝设计规范》	SL 319—2005，SDJ 期 21—78 及其补充规定
6	SL 282—2018《混凝土拱坝设计规范》	SL 282—2003，SDJ 145—85
7	SL 25—2006《砌石坝设计规范》	SL 25—91
8	SL 228—2013《混凝土面板堆石坝设计规范》	SL 228—98
9	SL 314—2018《碾压混凝土坝设计规范》	SL 314—2004，DL/T 5005—92

续表

序号	标准	所替代标准的历次版本
10	SL 253—2018《溢洪道设计规范》	SL 253—2000,SDJ 341—89
11	SL 279—2016《水工隧洞设计规范》	SL 279—2002,SDJ 134—84
12	SL 74—2013《水利水电工程钢闸门设计规范》	SL 74—95,SDJ 13—78
13	SL 41—2018《水利水电工程启闭机设计规范》	SL 41—2011、SL 491—2010、SL 507—2010、SL 508—2010,SL 41—93
14	SL 189—2013《小型水利水电工程碾压式土石坝设计规范》	SL 189—96
15	SL/T 191—2017《水工混凝土结构设计规范》	SL 191—2008,SL/T 191—96,SDJ 20—78
16	SL 211—98《水工建筑物抗冰冻设计规范》	

4.6.2 水电站管理标准(电力标准)

2007年8月22日原建设部发布了《中华人民共和国工程建设标准体系(电力工程部分)》,用于指导电力行业工程建设标准的制订修订和管理。

电力工程建设标准体系中,标准分三个层次,第一层基础标准,第二层通用标准,第三层专用标准。标准分几大类:火电工程、水电工程、输变电工程、核电工程、其他能源发电工程。水电工程标准又分水电工程勘测、设计、施工、调试等几小类。

除了在电力工程建设标准体系中有电站大坝安全技术标准外,还有一些电站大坝运行管理标准未列在电力工程建设标准体系中,这里收集整理了电站大坝安全管理技术标准,见表4.6-2。

表4.6-2 电站大坝安全技术标准

体系编码	标准	标准编号	分类
1.2.3.3	水电枢纽工程等级划分及设计安全标准	DL/T 5180—2003	综合技术
1.3.3.31	水电工程水利计算规范	DL/T 5105—1999	规划
1.3.3.72	水利水电工程水文计算规范(试行)	SDJ 214—1983	规划
1.3.3.78	水利水电工程设计洪水计算规范	SL 44—2006(替代 SL 44—2003)	规划
1.2.3.4	水利水电工程结构可靠度设计统一标准	GB 50199—2013	综合设计
1.3.3.9	水工建筑物抗震设计规范	DL 5073—2000	综合设计
1.3.3.10	水工建筑物荷载设计规范	DL 5077—1997	综合设计
1.3.3.15	水工混凝土结构设计规范	DL/T 5057—2009(替代 DL/T 5057—1996)	综合设计
1.3.3.23	水工建筑物抗冻设计规范	DL/T 5082—1998	综合设计

续表

体系编码	标准	标准编号	分类
1.3.3.27	水电水利工程泥沙设计规范	DL/T 5089—1999	综合设计
1.3.3.11	混凝土重力坝设计规范	DL 5108—1999	水工建筑物设计
1.3.3.13	混凝土面板堆石坝设计规范	DL/T 5016—1999	水工建筑物设计
1.3.3.46	溢洪道设计规范	DL/T 5166—2002	水工建筑物设计
1.3.3.58	水工隧洞设计规范	DL/T 5195—2004	水工建筑物设计
1.3.3.67	混凝土拱坝设计规范	DL/T 5346—2006	水工建筑物设计
1.3.3.68	土石坝沥青混凝土面板和心墙设计规范	DL/T 5411—2009	水工建筑物设计
1.3.3.73	碾压式土石坝设计规范	DL/T 5395—2007	水工建筑物设计
1.3.4.20	水电站基本建设工程验收规程	DL/T 5123—2000	验收
1.3.4.57	小型水电站建设工程验收规程	SL 168—2012（替代 SL 168—96）	验收
1.3.4.17	水电水利基本建设工程单元工程质量等级评定标准 第1部分：土建工程	DL/T 5113.1—2005	质量
1.3.4.18	水电水利基本建设工程质量等级评定标准（八）水工碾压混凝土工程	DL/T 5113.8—2000	质量
1.3.4.52	水利水电基本建设工程单元工程质量等级评定标准金属结构及启闭机械安装工程（试行）	SDJ 249.2—88	质量
1.3.4.60	水利水电基本建设工程单元工程质量等级评定标准（七）碾压式土石坝和浆砌石坝工程	SL 38—92	质量
1.3.3.51	混凝土坝安全监测技术规范	DL/T 5178—2003	运行管理
1.3.3.62	混凝土坝安全监测资料整编规程	DL/T 5209—2005	运行管理
	大中型水电站水库调度规范	GB 17621—1998	运行管理
	水工钢闸门和启闭机安全检测技术规程	DL/T 835—2003	运行管理
1.3.3.14	水利水电工程钢闸门设计规范	DL 5013—95	金属结构
1.3.3.47	水电水利工程启闭机设计规范	DL/T 5167—2002	金属结构
1.3.4.2	水利水电工程钢闸门制造安装及验收规范	DL/T 5018—2004	金属结构
1.3.4.3	水利水电工程启闭机制造安装及验收规范	DL/T 5019—94	金属结构
1.3.4.90	水电水利工程金属结构设备防腐蚀技术规程	DL/T 5358—2006	金属结构
1.3.3.63	大坝安全监测自动化技术规范	DL/T 5211—2005	仪器
1.3.3.107	水情自动测报系统技术条件	DL/T 1085—2008	仪器

续表

体系编码	标准	标准编号	分类
1.3.3.3	水电工程水情自动测报系统技术规范	NB/T 35003—2013(替代 DL/T 5051—1996)	仪器
	水情自动测报系统运行维护规程	DL/T 1014—2016	仪器
	混凝土坝监测仪器系列型谱	DL/T 948—2005	仪器
	土石坝监测仪器系列型谱	DL/T 947—2005	仪器
	差动电阻式锚索测力计	DL/T 1064—2007	仪器
	差动电阻式锚杆应力计	DL/T 1065—2007	仪器
	差动电阻式位移计	DL/T 1063—2007	仪器
	电容式测缝计	DL/T 1018—2006	仪器
	电容式垂线坐标仪	DL/T 1019—2006	仪器
	电容式静力水准仪	DL/T 1020—2006	仪器
	电容式量水堰水位计	DL/T 1021—2006	仪器
	电容式位移计	DL/T 1017—2006	仪器
	电容式引张线仪	DL/T 1016—2006	仪器
	钢弦式测缝计	DL/T 1043—2007	仪器
	钢弦式孔隙水压力计	DL/T 1045—2007	仪器
	钢弦式应变计	DL/T 1044—2007	仪器
	光电式(CCD)垂线坐标仪	DL/T 1061—2007	仪器
	光电式(CCD)静力水准仪	DL/T 1086—2008	仪器
	光电式(CCD)引张线仪	DL/T 1062—2007	仪器
	水管式沉降仪	DL/T 1047—2007	仪器
	引张线式水平位移计	DL/T 1046—2007	仪器

注:体系编码格式:1.2.3.*表示水电工程勘测、设计通用标准,1.2.4.*表示水电工程施工、调试通用标准;1.3.3.*表示水电工程勘测、设计专用标准,1.3.4.*表示水电工程勘测、设计专用标准。

第 5 章
大坝安全管理探索

5.1 国外的大坝安全行政与法规管理

由于水库大坝具有潜在的严重危险,人们对大坝安全表示出极大关注,不少国家都把大坝安全管理纳入政府重要议程和国家立法管理的范畴。

根据世界银行对 22 个国家的水坝安全法律框架所做的调查分析,有 11 部法律明确规定建立一个专门的大坝安全监管机构负责大坝安全,有 14 部法律专门为大坝安全而制订。无论是联邦制国家,还是单一制国家,都对大坝安全职责有明确的规定。

在美国、加拿大、英国、瑞士及许多以市场经济为导向的国家,大坝安全方面的法规及政策主要遵循职责和义务两个原则。大坝业主对大坝安全负有责任,并要保证执行有关法律法规及政策。政府机构有权力根据具体情况将所有或部分的大坝安全方面的职能委派给地区或地方的其他组织或单位,这些组织或单位可作为其派出机构或代表。立法者授予执行机构足够大的权力使得当业主或操作者不满足要求时实行干预。授予的权力包括进入权、强制业主采取紧急行动权,甚至允许有权力对大坝业主的费用采取措施。

根据这些原则,大坝业主应对大坝的安全负全部责任,并对依法建立的监管机构负责。监管机构为了保证大坝业主执行大坝安全的要求,可以采取行动。另外,大坝业主应接受民事法庭有关损失的起诉。如果大坝引起的损失相当严重,对大坝业主来说,对公众损失的赔偿是一个相当大的财政威胁。虽然业主通常对可能造成的损失投了保险,保险公司将要求大坝业主证明根据安全原则对大坝进行了适当的管理和监测,否则取消保险,并且还要求进行潜在危害性评估。这是大坝业主重视加强大坝安全的一个强大动力。

大坝安全法规框架要实现如下基本三个目标:阐明业主必须对大坝安全负责,监管机构负责监督业主的行为表现;明确大坝业主在大坝运行维护方面的职责,说明业主应如何检查大坝安全进行状况;说明监管机构如何才能够更好地发挥其监督功能,其中包括自行开展安全检查及对不符合规定要求的业主应该行使怎样的权力进行处置等。

5.1.1 加拿大

在加拿大,联邦政府只负责管理与边境有关的水资源问题,境内水资源管理是各省及地

区自己的职责,各省有自己管理水坝的方式。水库大坝在各省的分布见图5.1-1,除三个省(艾伯塔省于1978年、不列颠哥伦比亚省于2000年、魁北克省于2002年)制订了专门的水坝安全条例外,其他省没有制订专门的水坝安全条例,而是在综合的水法或水资源法中对水坝安全做出规定。

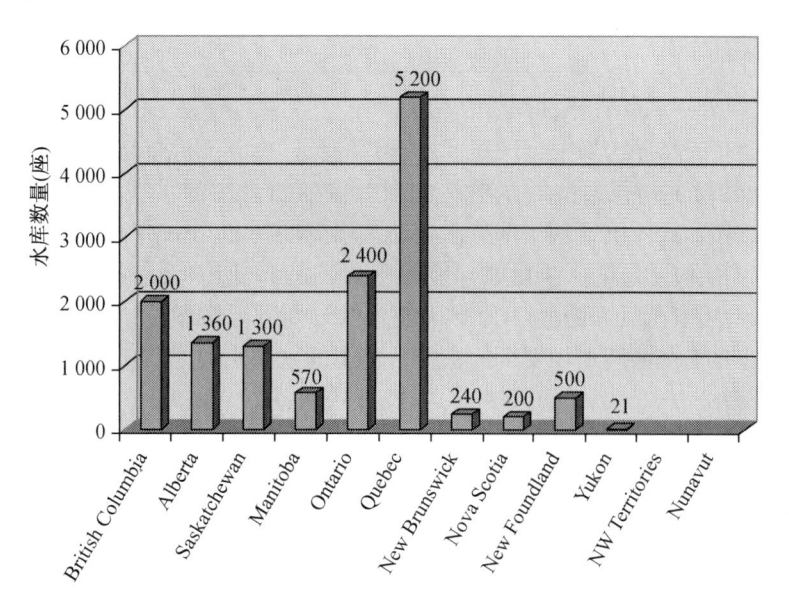

图 5.1-1　加拿大各省水库数量分布图

加拿大大坝协会(CDA)成立于1989年,其宗旨是在水坝领域引导最先进的技术和经验,并强调对社会环境的重视;为需要制订水坝安全条例和政策的省提供支持,帮助水坝业主和管理工作人员采用先进的水坝安全技术。该协会于1999年首次出台、并于2007年修订出版了对行业具有指导作用的《大坝安全导则》,该导则被视为各省水坝安全管理最好的实践依据。

根据有关省的规定及加拿大水坝安全导则的建议,加拿大水坝安全管理机制主要体现在:

(1) 政府的专业监管机构,即相当于行政管理机构。在法律框架中确定了负责水坝安全的管理机构,并明确了其监管的权利和职责。如 BC 省的水权监管员及其办公室,Québec 省的环境部部长及其办公室,Ontario 省的自然资源部等。

(2) 监管机构职责权力明确,运行经费落实。监管机构配备了足够的人力、经费等资源,以履行监督业主执行情况的职责。监管机构的职责主要包括:制订水坝安全的有关规范、标准;发放水坝施工和运行许可证,负责水坝注册登记;监督业主进行安全检查,在认为必要时,监管机构可自行检查;水坝安全法律框架的执法权力,即当水坝业主不履行职责时可采取必要的措施,如在 Québec 省,部长可通过罚款措施来贯彻法律框架的执行;在 Québec 省,允许监管机构向水坝业主收取水运行许可证费和年费;在 BC 省,省政府有正常的预算拨款程序向管理机构提供经费支持。

(3) 法律法规中明确了水坝业主对水坝安全负有主要责任,并可就失事造成的任何破坏追究其责任,这一措施激励了水坝业主高度重视安全问题的责任心。业主会主动配合水

坝监管机构,寻求经济有效的水坝安全管理办法。

(4)加拿大大坝安全协会的专业技术支持。协会不仅在水坝安全技术及实践上指导了水坝业主的工作,而且帮助有关省制订了水坝安全条例和标准。

5.1.2 美国

在美国,大坝分为联邦管辖和州管辖两类。

联邦政府拥有的水库大坝根据用途和所有权的不同由其相应的管理机构管理。如美国垦务局(USBR)管理了一些大型的水电站大坝及以灌溉为主的水坝(如 Grand Couleed 水坝)、美国陆军工程师兵团也管理了部分水电站大坝(如 Chief Joseph 水坝)等。非联邦政府所有的、具有水力发电功能的大坝由联邦能源管理委员会(FERC)管理;其他大坝由各州负责,并依据美国大坝安全管理协会(ASDSO)制定的导则进行管理。

美国联邦和州都有涉及水坝安全的法律。基本的联邦法律是 1972 年通过的"国家水坝安全计划法"(NDSPA),其于 1996 年并入"水资源开发法"(WRDA)。根据该法成立了国家水坝安全审查委员会,还成立了一个跨部门的水坝安全委员会,由联邦紧急事务管理署(FEMA)担任委员会主席,其职责是通过在联邦和各州的水坝安全机构之间、联邦各机构之间,就联邦水坝安全导则进行协调和信息交流,促进联邦和各州建立和维护有效的安全计划、政策和各项法规。

"国家水坝安全计划法"授权陆军工程师兵团维护全美的水坝注册登记库。另外,该法要求联邦紧急事务管理署建立、保存和管理一个经过协调的全国性水坝安全计划。

联邦能源管理委员会(FERC)在联邦政府中管辖的水坝数量最多,它管辖了 2 600 座水电大坝。在水坝建设之前 FERC 不仅要审查和批准有关规划、设计方案及技术规范;建成后对其进行定期和不定期的检查,以确保大坝得到适当的维护;对坝高超过 10 m 或总库容大于 25 万 m^3 的大坝,第 5 年必须经由 FERC 批准和独立咨询工程师对其进行安全评估,以根据情况对业主提出大坝安全方面的建议。FERC 要求业主准备应急预案,并就如何制订预案和演习预案对业主进行培训。

每个州都有自己的水坝安全法律。州管理机构通常负责管理水或自然资源,具有管理水坝包括水坝安全的职权。兴建任何水坝,必须得到该机构的许可。管理机构有权执行水坝安全规章,自行开展检查。

"9·11"恐怖袭击事件发生后,美国总统于 2002 年 12 月签署了"大坝安全与保安法案"(Dam Safety and Security Act of 2002),正式立法防范大坝人为破坏,确保水坝和公众安全。同样,大部分州也相继颁布了各自的大坝安全与保安法律法规。

5.1.3 法国

法国是一个具有单一制传统的国家,政府分中央、大区、省和市镇四级。根据 1966 年颁布的法律中有关水坝的条文,法国成立了一个常设机构——水坝技术委员会,负责监督境内所有坝高大于 20 米的水坝项目。

与大坝安全关系最为密切的规定是由工业和科技发展部、农业部和公共工程部于 1983

年颁发的《关于涉及安全水坝的检查和监测的通知》，根据通知规定，服务管理局（SERCON）管理大坝安全，负责对影响公共安全的水坝进行注册登记和数据维护，每座水库的资料包括工程现状、监测和检查报告等。

业主或运行单位负责维护水坝并对发生的任何事故负责，即业主负责大坝安全。业主每年要向服务管理局提交一份水坝监督监测报告，服务管理局人员每年至少一次亲自对水库进行检查，每10年对水坝进行一次更加全面的检查。

5.1.4 瑞士

瑞士是一个位于欧洲中部的联邦制国家，联邦政府非常重视水资源的综合开发利用，从19世纪初开始兴建大坝用以发电；第二次大坝建设高潮出现于20世纪30年代；1950—1970年是大坝建设的繁荣时代，建成了一批坝高大于200 m的水库大坝；20世纪70年代以后新建大坝很少，目前已经开发了近85%的水电资源。

瑞士联邦政府高度重视大坝安全，相关法规均由联邦政府制定。早在1916年，联邦政府就颁布了开发利用水资源的法律；1957年，联邦政府根据1877年出台的联邦法律对水体监管的要求（Federal Act on the Policing of Bodies of Water）颁布了《瑞士联邦大坝安全法令》，确立了大坝安全理念及大坝安全目标，规定了政府（大坝安全监管机构）、业主、工程师、专业社团等涉及大坝安全相关各方的职责，明确了谁负责保障大坝安全、谁负责监管大坝安全、谁负责持续改进大坝安全理念。为了指导《瑞士联邦大坝安全法令》的贯彻实施，联邦政府大坝安全监管机构还发布了大坝安全准则、结构安全评估、防洪安全评估、抗震标准评估、大坝监测与维护、应急预案等一系列指南。

1998年的立法规定重要和规模较大的水库大坝仍然由瑞士联邦能源署监管，而将大量的小型坝赋予新成立的州政府大坝安全管理机构监管（图5.1-2），这些州大坝安全管理机构同时受联邦政府大坝安全管理机构（能源署）监督。1998年颁布的《水库安全条例》基于以下三条基本原则：

（1）大坝安全是业主的首要职责；

（2）联邦政府有责任制订大坝安全目标；

（3）联邦政府通过专门独立的监管机构—瑞士联邦能源署来监督业主。

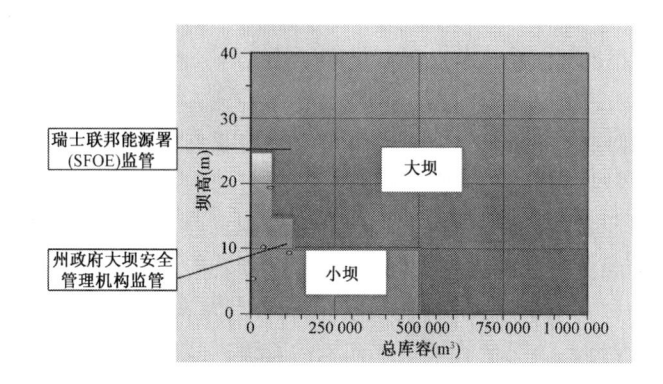

图5.1-2　瑞士水库大坝安全监管权限划分标准

5.1.5　中外大坝安全管理的行政与法规管理比较

中国是统一的、单一制的国家,各地方经济社会发展不平衡,各行业部门又具有不同的专业特性。与这一国情相适应,在最高国家权力机关集中行使立法权的前提下,为使我们的法律既能通行全国,又能适应各地方、各部门的不同情况和需要,《立法法》根据宪法明确了我国的统一而又分层次的立法体制,即法律、行政法规以及地方性法规、自治条例和单行条例、规章形式的基本立法体制:

(1) 国家法律:全国人民代表大会和全国人民代表大会常务委员会行使国家立法权。

(2) 行政法规:国务院根据宪法和法律,制定行政法规。

(3) 地方法规:省、自治区、直辖市的人大及其常委会根据本行政区域的具体情况和实际需要,在不同宪法、法律、行政法规相抵触的前提下,可以制定地方性法规。

(4) 部门规章:国务院各部、各委员会、中国人民银行、审计署和具有行政管理职能的直属机构,可以根据法律和国务院的行政法规、决定、命令,在本部门的权限范围内,制定规章。省、自治区、直辖市和较大的市的人民政府,可以根据法律、行政法规和本省、自治区、直辖市的地方性法规,制定规章。

不同立法层次保证法制统一的原则是:

(1) 服从原则:低位立法服从于高位法的要求,我国明确的不同层次法律的效力,宪法具有最高的法律效力,一切法律、法规都不得同宪法相抵触;法律的效力高于行政法规,行政法规不得同法律相抵触;法律、行政法规的效力高于地方性法规和规章,地方性法规和规章不得同法律、行政法规相抵触;地方性法规的效力高于地方政府规章,地方政府规章不得同地方性法规相抵触。

(2) 实行监督:实行立法监督制度,行政法规要向全国人大常委会备案,地方性法规要向全国人大常委会和国务院备案,规章要向国务院备案;全国人大常委会有权撤销同宪法、法律相抵触的行政法规和地方性法规,国务院有权改变或者撤销不适当的规章。

加拿大、美国、法国、瑞士等国家的水库大坝安全管理体制与机制与中国有很大不同,主要体现在如下三方面:

(1) 首先是所有制不同,中国水库大坝以国有、集体经济组织所有为主;而其他以私有为主。

(2) 其次是功能不同,中国水库大坝以防洪、灌溉等公益性功能为主;而其他国家是商业运作、以发电效益为主。

(3) 第三是管理体制不同,中国大多数水库大坝的业主为政府,政府承担了运行和监管的双重职责,实际上很难监管到位;而在其他国家,政府与大坝业主剥离,大坝运行及保障大坝安全是业主的首要职责,政府只承担大坝安全监管职责,可以监管到位。

中国目前正处于经济社会高速发展时期,水库大坝功能与运行环境不断变化,社会和公众对大坝安全的关注和要求不断提高,在推动中国水库大坝安全管理由计划经济体制向市场经济体制转变,由传统工程安全管理模式向风险管理模式转变的进程中,国外大坝安全管理的很多理念、经验和技术都值得我们学习和借鉴。

5.2 法规与标准的实践经验与挑战

5.2.1 法规与标准实施成绩

(1) 法规体系基本完善

经多年建设,以《水法》《防洪法》等法律为基础,《水库大坝安全管理条例》为核心,有关部门规章配套,地方法规和政府规章补充和细化,基本完整的水库大坝安全管理法规制度体系已经形成,并初步达到了"已成体系、较为完善、符合国情、科学实用"的目标,为推进水库大坝安全管理规范化、法制化和现代化提供了相对全面的法规制度保障。以《条例》为核心的水库大坝安全管理法规制度体系主要有以下四个特点:

一是体系基本完整。水库大坝安全管理法规制度体系包含了国家法律、行政法规或法规性文件、部门规章或规范性文件、地方法规或政府规章,法规制度体系基本完整,结构较为合理。

二是内容较为全面。水库大坝安全管理法规制度体系内容涵盖水库大坝建设、运行、改造、报废等全过程,水库大坝的组织管理、安全责任、运行管理、工程管理、安全监督、应急管理等方面的相关规定明确具体,各项工作基本可以做到有法可依、有章可循。

三是成效十分明显。基于现有水库大坝安全管理法规制度体系的调节约束,我国水库大坝安全与管理形势发生了根本性变化,在针对水库大坝安全管理的立法立规、制度建设、标准建设、加强监管等方面产生了重要的引领带动作用,保障了水库大坝安全,促进了综合效益发挥,取得了显著的社会经济效益。

四是体系仍在不断完善。在我国经济社会发展、法律环境变化、安全要求提升、管理体制改革、科学技术进步等多方面因素作用下,水库大坝安全管理法规制度体系的一些局限性或不足逐步显现,有些地方已经难以适应当前社会经济发展和大坝安全管理的要求,以《条例》修订为代表,积极的规章制修订为补充,水库大坝安全管理法规制度体系也在不断完善。

(2) 标准体系不断健全

我国水库大坝技术标准是水利技术标准体系的重要组成部分,按照《水利行业标准管理办法》《水利部计量工作管理办法》等部门规章有关规定,以《水利技术标准体系表》为依托,为实现与水库大坝有关的水资源合理开发、高效利用、优化配置、有效保护和综合治理,满足防洪安全、饮水保障、粮食供给、经济发展的用水安全、城市水利、生态环境对水利工作的要求,提供了必要的技术保障。

我国大坝安全技术标准的建设经历了三个大的发展阶段。第一阶段是新中国成立初期至 1977 年,其特点是套用苏联大坝安全技术标准为主,少量制定了技术规范、手册、规章;第二阶段是十一届三中全会以后,其特点是大坝建设与运行也逐步向法制化、标准化发展,建立了一系列规划、勘测、设计、施工、管理、仪器、试验等标准;第三阶段则是《中华人民共和国标准化法》实施后,其特点逐步建立了行业技术标准体系,并且随着科学研究、工程技术的发展,仍在不断地完善标准及体系。

截至目前,据不完全统计,现行有效的与水库大坝有关的技术标准共有 100 余项,基本

上覆盖了水库大坝的勘测、规划、设计、施工、运行管理等生命全周期环节。其中，与大坝管理直接有关的标准共31项，基本满足了水库大坝规划建设和运行管理的需要。

水库大坝技术标准是工程技术研究成果和实践经验的集中总结，随着科学技术日臻进步，工程技术不断发展、变革和创新，大坝安全技术标准也逐步改进和完善，并从单一、独立向体系化发展，并将继续为水利行业技术监督提供技术支撑，为保障水库大坝安全发挥重要作用。

5.2.2 法规与标准实践中存在的问题

(1) 法规体系需要进一步完善

尽管如上所述，面对水利发展的新要求，针对水库管理的现状，水库管理的法规体系还是需要进一步的完善。水库工程作为国民经济基础设施，同时关系公共安全，在社会经济可持续发展中地位非常重要，受到从中央到地方各级政府、水行政主管部门的高度重视和全社会广泛关注。近年来，随着我国社会经济快速发展，对水库管理和水库管理法规体系建设提出了越来越高的要求。为加强水库管理法制化建设，促进依法行政，为水库管理技术进步提供保障和支撑，有必要建立起更加完善的水库管理法规体系。基于以下原因，现有法规体系还需进一步完善并加快建设：

一是现有水库管理法规体系一定程度上是建立在计划经济背景和传统管理模式基础上的，有些内容已不能适应社会主义市场经济要求，按照可持续发展战略的总体要求，适应新时期人与自然和谐相处的治水新思路，需要进一步完善水库管理法规体系。

二是随着我国社会主义市场经济体制的逐步完善，政府职能发生转变，水库建设与管理体制也出现了新的形式，管理体制向多元化方向发展，为适应新的形势和管理模式，必须进一步完善法规体系。

三是很多运行中的水库由于原建设标准低、工程质量差、维修投入不足、老化失修严重而成为病险水库，因工程使用和老化等因素还会不断有新的病险水库出现，病险水库除险加固工作将是一项长期和艰巨的任务。同时，迫切需要采取非工程措施共同保障水库大坝的安全，完善水库管理法规体系显得非常重要。

总之，随着我国经济社会的快速发展，水库管理情况和要求不断变化和提高，为提高我国水库管理水平，进一步完善法规体系既十分重要也非常必要。在完善水库管理法规体系的建设中应当重视以下内容：

一是在法律层面上加强水库建设管理。水库作为基础性的自然资源和战略性的经济资源的水资源的开发利用工程之一，并涉及重大公共安全领域，加强建设监管非常重要。水库的建设监管是对流域水资源规划、水工程质量安全等相关水行政监管，是决定大坝安全及运行保障的根本和基础。现行《水法》对水库工程建设的规定相对不足，不及《公路法》《铁路法》《电力法》等有相应的公路建设、铁路建设和电力建设章节，内容也不及其具体明确。在现有《水法》条文下或将来修订时改进，进一步加强对水库工程建设的管理，强化水行政主管部门对水库建设的监督管理。

二是在法规层面上加强安全监督管理。通过《水库大坝安全管理条例》的修订，进一步完善水库建设与管理的现代制度体系，包括安全责任制、规划审批、三项制度、注册登记、检查监测、维修养护、除险加固、风险管理等制度。要通过《条例》的修订加强水库监管手段建设。

三是在规章层面上完善现代管理制度。在现有规章基础上,按照法律法规进步要求,清理改进已有规章,增加操作性和有效性,增补制定新的规章,完善水库管理规章体系。需要重点修订的如注册登记制度、调度运行制度、维修养护制度,需要补充的如风险管理制度、年度报告制度等。具体比如,建设方面的《水利工程建设管理办法》《水利工程建设项目项目法人管理办法》《非政府投资水利工程建设项目管理办法》等,管理方面的《水库工程运行管理办法》《水库大坝安全监测工程管理办法》《病险水库除险管理办法》等。

四是对一些既需要但又不很迫切的规章,进行探索研究,甚至开展一定的试验试点以积累经验,待条件成熟时再制定规章也是重要的,如《水库大坝安全检查管理办法》《水库大坝风险评价管理办法》《水库管理人员资格管理办法》等。

五是当前和今后一段可预测时期内,立法资源将更趋稀缺,协调难度不断增大,按照轻重缓急统筹规划法规制修订工作显得十分重要,有计划的逐步实施。近期的工作重点首先是《水库大坝安全管理条例》的修订,其次应当把《水利工程建设管理办法》与《水库工程运行管理办法》两个骨干规章的修订制定放在重要位置,其他相关规章的制定也应该根据紧迫性和成熟度适时修订制定。

(2) 标准体系需要进一步完善

我国的水库大坝建设与管理标准体系经过了多年建设,为水库大坝安全管理提供了有力支撑。近十年来,对不适用的大坝安全管理标准及时开展了修订,但作为社会经济快速发展的今天,技术更新和社会经济发展对大坝安全要求的不断提高,督促水库大坝安全管理技术标准体系需要不断完善,与社会经济发展需求相适应。

目前与水库大坝有关的技术标准较多,存在标准内容分散、割裂情况,运行管理人员掌握起来比较困难,对这些规范进行梳理,找出规范之间关系和区别,采取分类整合措施,避免不必要的重复设置,提高与水库大坝有关的规范体系的系统性。

为推动水库技术进步,推进水库大坝全生命周期各环节标准体系健全完善,一些影响行业发展的重点标准需要投入力量公关研究,比如《水库降等报废评估技术》《大坝安全监测系统可靠性评价标准》等,提高与水库大坝有关的标准体系的完整性。

着眼于社会经济发展需要和水库大坝管理未来发展趋势,参考借鉴国外有关工作基础,系统提出水库大坝风险管理技术标准体系,提高与水库大坝有关的标准体系前瞻性研究。

总之,法律法规、规章和规范性文件、技术标准是规范大坝安全监测工作的有机整体,随着科技的进步和新情况的不断出现,大坝安全监测的法律法规、规章和规范性文件、技术标准必须与时俱进。同时上述三个层次之间应相互协调,以法规为"根"、以规章和规范性文件为"干"。以技术标准为"叶",才能使这个体系更好地协同工作。

5.3 大坝安全管理法规与标准展望

5.3.1 提升法规制度执行效能

现代水利要求下的水库大坝安全管理发展方向是水库管理的法制化、规范化和现代化,

法制化主要体现在水库管理的制度化,在法律法规建设基础上,结合水库管理的发展,规章制度应当健全;规范化主要体现在标准化,目的是水库管理技术性工作应当有标准、有规矩、可衡量;现代化是总体要求,主要体现在以信息化带动现代化,要求加强信息化建设与应用。提升水库大坝安全管理法规制度执行效能,必须做到有法可依、违法必究、执法必严,具体工作在注重立法、加强监督和强化执法。

(1) 注重立法。水库大坝安全管理法规规章建设的首先是加强立法工作,发挥立法对水库大坝安全管理的引领和推动作用。一是加强水库管理的立法工作。要注重总结实践、提炼经验,也要重视引领、增强前瞻,通过水库管理立法的引领、带动、推进作用,促进水库大坝安全管理的规范化、法制化、现代化建设。当前,水库大坝安全管理立法工作的重点是做好《水库大坝安全管理条例》修订,通过《条例》的修订,进一步落实水库大坝安全管理各方责任,完善管理制度,强化安全监督,全面规范水库大坝安全管理。二是完善水库大坝安全管理制度体系。加强水库大坝建设、运行、维护、改造、报废的全过程管理,强化已有重要制度的可操作性,总结国内实践和国际经验,增补必要的新型管理制度,加强安全监督。三是促进地方性法规规章建设。积极发挥地方立法和工程立法在水库大坝安全管理中的细化、补充和操作性作用,贯彻落实国家有关水库管理的法律法规和规章制度,结合本地实际,建立健全地方性法规规章,完善水库管理的规章制度,加强针对工程的立法,加强针对小型水库大坝安全管理的规章建设。

(2) 加强监督。有了好的水库管理法规制度,还应当有好的贯彻执行,认真严格地执行,并对执行情况加强监督。其主要方面:一是运行管理者如水库管理单位的认真、严格、主动执行,如水库大坝的注册登记、检查监测、安全鉴定等制度的落实,按照规章制度要求开展水库管理工作;二是监督管理者的检查监督,水库主管部门应当对水库管理单位制度执行情况加强指导、检查,确保有关制度制定到位、发挥作用;三是制度和监督水平的提高,在执行与监督的过程中双方都应注重学习,不断提高执行和监管能力、水平、效果。

(3) 强化执法。一是要加强水库大坝安全法规制度的宣传,要让水库管理单位、水库主管部门、有关的社会公众知晓法规制度内容,掌握法规制度的要求,切实将法规制度规范应用在水库大坝安全管理工作中。二是要加强执法检查,对水库管理单位包括水库主管部门,对水库管理有关人员和社会公众执行法规制度、遵守法规规定的情况加强检查,对指出和纠正违反规定的行为,有效维护法规制度的严肃性和执行效果。三是要切实追究法律责任,对违反水库大坝安全管理法规制度规定,对水库大坝安全和管理造成不良影响和危害的行为和活动及时加以制止,造成损害的及时采取补救措施,直至追究相关法律责任。

5.3.2 修订《水库大坝安全管理条例》

水库大坝是水资源优化配置、水能资源开发利用的重要工程措施,是江河防洪工程体系的重要组成部分,是国民经济的重要基础设施。

《水库大坝安全管理条例》1991年发布以来,对加强水库大坝安全管理,推进水库大坝安全管理规章与标准体系建设,保障水库大坝安全,发挥了关键作用。但随着市场经济体制的建立和经济发展,原《条例》难以适应变化和发展的要求,有必要在深入总结水库大坝安全管理实践和借鉴国际经验的基础上,对《条例》进行修订完善。

（1）党和政府对安全生产工作提出了更高要求。经济社会发展对水库大坝安全的要求越来越高，水库大坝安全管理任务越来越重。党的十八大以来，习近平总书记、李克强总理对安全生产工作作出了一系列重要指示，按照管行业必须管安全、管业务必须管安全、管生产必须管安全的总要求，水库大坝建设和运行的安全责任需要进一步落实，水库大坝安全责任制体系需要进一步健全。

（2）社会主义市场经济体制的建立对水库大坝安全管理体制机制提出了新要求。《条例》是在计划经济体制背景下制定的，水库大坝安全管理体制、机制已不能满足市场经济条件下安全管理要求。随着大规模水利水电建设和市场经济体制改革的不断深化，各种经济组织和个体经济参与水库大坝开发利用，水库大坝责任主体出现了多元化现象，实践中存在安全职责不落实、安全监管有死角的问题，新的变化也要求进一步落实安全管理主体责任，进一步强化政府和部门的监管。

（3）长时期来的建设与管理实践需要总结。目前我国的水库大坝数量、坝高 100 m 以上高坝和正在建设的 200 m 以上特高坝数量均居世界第一。1998 年以来国家投入大量资金开展了大规模的病险水库除险加固项目建设，消除了一大批工程的安全隐患。大坝建设、运行管理、险坝处理、应急管理、安全监督等制度和要求需要进一步完善。

（4）《条例》适用范围应进一步扩大。原《条例》适用于大中型、小（1）型及坝高 15 m 以上小（2）型水库，坝高 15 m 以下、10 m 以上或对重要城镇、交通干线、重要军事设施、工况安全有潜在危险的小（2）型水库参照执行，未对一般小（2）型水库大坝安全管理作出规定。据统计，全国坝高 15 米以下的小（2）型水库有 53 145 座，占水库总数的 54.2%。点多面广的小型水库未纳入法规适用范围是水库大坝安全的重大隐患，也是导致小（2）型水库管理安全责任不落实，监管职责不明确，工程管理较粗放，溃坝事件时有发生的重要原因之一。

（5）国际先进的水库大坝安全管理经验值得借鉴。改革开放以来，我国学习和掌握了一批国际先进的大坝安全管理技术和手段，一些成熟先进的管理方法在实践中得到应用并取得明显成效，已经具备了纳入立法内容的条件。

此外，《条例》发布后水库大坝安全管理的法律环境发生了变化，其依据的《水法》2002年作了修订，此后陆续颁布的《防洪法》《安全生产法》《突发事件应对法》等也对水库大坝安全管理提出了相关要求，需要修订《条例》与之相衔接。

总的来看，《条例》为促进水库大坝安全管理发挥了关键作用，成效十分显著，但其不适应性也逐步显现。近年来陆续有全国人大代表、政协委员提出修订建议，一些地区也看到《条例》的一些不足而积极加强地方水库大坝安全管理立法。为保障水库大坝安全，加强水库大坝安全管理，促进水库大坝安全管理各项工作再上新台阶，进一步完善《条例》有关规定，尽快修订《条例》非常必要。

从目前的研究看，《水库大坝安全管理条例》修订的重点主要在以下几个方面：

（1）扩大适用范围。修订后《条例》仍应以原适用范围为管理重点，进一步强化安全管理措施，同时根据发展、提高的要求，将参照执行的小（2）型水库和不适用的一般小（2）型水库纳入适用范围。在修编过程中，注意针对小（2）型水库特点，对管理条件和措施提出差别化要求，既正视加强水库大坝安全管理不可回避的现实，也尽可能避免提出过高要求，缺乏操作性的状况。

（2）落实安全责任。《条例》修订应进一步明确水库大坝安全管理有关各方责任，进一

步健全水库大坝安全责任制。一是进一步明确水库大坝建设单位与管理单位是安全管理的主体责任,全面落实政府和部门、各类经济组织包括农村集体经济组织、个人投资和经营水库大坝的安全管理责任。二是进一步明确水库大坝主管部门(如水利、能源、交通等)的行业监管职责,全面落实水库大坝安全监管责任。三是进一步明确地方政府组织协调和应急管理职责,明确相关部门协调配合水库大坝安全管理的责任。

(3)完善管理制度。经济社会发展、科学技术进步和相关法律规定对水库大坝安全管理提出了一些新的要求,国内实践和国际经验也提供了一些好的管理方法,水库大坝安全管理制度也需要在发展中不断建设和完善。《条例》修订将对水库大坝安全管理制度进行补充完善,强化原有管理制度的操作性,设立必要的管理制度,进一步完善水库大坝安全管理制度体系。《条例》修订在制度建设方面可以在三方面加强研究:1)完善原有制度。将一些原有但操作性不强的重要制度进行强化,明确重要环节要求,提高可操作性,如注册登记、安全鉴定等制度;2)建立一些新制度。将一些相关法律已有要求并在实践中取得成效且已积累了经验的好做法落实为制度规定,加以制度化建设,如蓄水安全鉴定、应急管理等制度。在总结国内外经验基础上,研究提出对加强大坝安全管理有重要作用、并切实可行的制度化要求,纳入水库大坝安全管理制度体系,如年度安全报告等制度;3)强化一些要求。对一些属于安全管理基本要求,应当做到、可以做到的基本做法加以明确或强调,如管理机构建设、管养经费保障、涉坝安全活动管理等,明确要求,加强管理,这也应当是《条例》修订的一个重要考虑。

(4)强化监督管理。针对当前水库大坝安全监督中存在的体制不顺、职责不明、措施不力、效能不高等问题,将原《条例》分散在大坝建设与大坝管理章节中的有关监督管理内容集中起来加以补充完善,强化监督管理。进一步明确水库大坝主管部门监督管理的职责,加强水库大坝安全监督体制机制建设,明确水库大坝安全监督制度、安全检查、监管内容等工作要求,强化水库大坝安全监督管理措施。

(5)加大处罚力度。从实施情况看,原《条例》罚则的可操作性差也是水库大坝安全管理问题的重要原因之一。《条例》修订应根据新的情况分类界定水库大坝安全管理法律责任,加大处罚力度,增强可操作性。进一步明确行业部门、建设与管理单位违反管理规定的法律责任和处罚措施,明确影响和危害水库大坝安全社会行为的法律责任和处罚措施。通过法律责任的进一步明确和细化,增强执法和处罚的可操作性,促进水库大坝安全管理各项制度的落实,提高《条例》实施成效。

5.3.3 完善小型水库法规标准体系

目前,我国水库大坝安全运行管理相关制度与技术标准中,对于小型水库只有注册登记、除险加固、降等报废等制度适用,已经建立的《水库大坝安全管理条例》及责任制、安全鉴定、调度运用、安全监测、维修养护、应急预案等相关管理制度和技术标准对于面广量大的坝高15米以下小(2)型水库不适用或参照执行,缺乏强制性,约束力不够。由于有关制度和标准是参照执行,针对性不强,且地方未制定落实各项管理制度的实施细则和技术指南等,水库管理基层工作人员难以把握参照执行的尺度,导致很多制度难以执行到位,监督检查也缺乏有效依据。2018年水利部开展的4 702座全国小型水库专项督查水库中,有18.3%的水

库未按要求开展安全鉴定,有9.0%的水库调度运用方案未编制或未批复,有8.0%的水库未编制应急预案或应急预案针对性不强。经全面梳理现行小型水库管理制度,并结合小型水库特点,对完善我国小型水库法规制度和技术标准提出以下设想:

(1) 完善大坝安全鉴定制度。与现行水库大坝安全鉴定制度相协调,制定并出台坝高15米以下小(2)型水库大坝安全鉴定的制度规定和技术指南,对鉴定周期、鉴定程序、评价内容等提出具体要求,相对大中型水库大坝安全鉴定要求可适当简化。鉴定周期建议定为竣工验收后5年内进行首次鉴定,后续鉴定每6~10年一次。

(2) 提出调度运用方案编制要求。参照《水库调度规程编制导则》(SL 706—2015),根据小型水库特点和不同调度条件,研究提出小型水库调度运用方案编制要求,指导水库主管部门(或业主)编制水库调度运用方案。明确防洪调度、兴利调度的条件、依据、任务、原则、内容等要求。

(3) 提出应急预案编制要求。参照《水库大坝安全管理应急预案编制导则》(SL/Z 720—2015),研究提出水库大坝安全管理(防汛)应急预案编制要求,指导水库主管部门(或业主)编制安全管理(防汛)应急预案,明确溃坝影响范围、转移安置方案的确定原则,提出落实监测预警方式、应急组织体系和宣传演练、保障措施的具体要求。

(4) 建立运行管理年度报告制度。提出小型水库年度报告编报要求,由水库主管部门(或业主)委托具有专业能力的单位,在梳理和分析年度运行情况基础上,结合现场检查,提出水库大坝安全年度报告,重点反映大坝安全状况和存在的主要问题,报县级水行政主管部门审核并逐级上报。在开展小型水库年度报告试点基础上,逐步在全国推行。

(5) 实施小型水库差别化管理。针对我国小型水库数量大,不同小型水库之间工程规模和重要性可能存在明显差别,对这类小型水库需要采取差别化管理。基于大坝风险管理理论与实践,针对小型水库实际,研究提出小型水库风险等级划分准则,提出差别化的调度、监测、检查、鉴定、年报、预案、降等及报废等管理要求。

(6) 推进标准化管理。当前,重点是规章制度、技术文件、工程档案、标识标牌的标准化基础工作。建立健全安全责任制、调度运用、日常巡查、防汛抢险、维修养护等规章制度,编制完善调度运用方案、安全管理(防汛)应急预案等技术文件,整理补充工程设计、施工、运行技术档案,规范设立三个责任人、安全警示等标志标牌。通过建立简明实用的程序化、表格化的标准化管理体系,不断提升小型水库标准化管理水平。

(7) 修订《小型水库安全管理办法》。2010年水利部发布实施《小型水库安全管理办法》,对填补我国小型水库安全运行管理制度,加强小型水库安全运行管理起到了推动作用。近年来随着社会经济的发展以及对小型水库安全运行管理要求的不断深入和提高,该办法中有必要完善小型水库管理制度要求、加强责任制要求、完善监督管理规定、体现小型水库差别化管理要求,同时应当明确重要小型水库定义。

5.3.4　加强水库大坝安全管理标准化建设

规范化的水库管理要求主要表现为水库管理的标准化,将水库管理中技术性较强的工作,在制度层面上加强执行外,在技术层面形成统一的方法步骤、程序内容等标准化要求。国外一些国家(如加拿大等)对水库调度运用、检查监测、维修养护方面的工作制定统一为运

行、维护和监测手册,称为 OMS 手册(operation maintenance and surveillance manual),实际上这就是水库工程的使用手册。国内一些地方也在借鉴类似做法,对水库管理中可以统一要求、规范操作的技术性工作推进标准化。目前,针对水库管理中运行调度、安全监测、维修养护、安全鉴定、应急预案等技术性工作要求制定了标准,一些标准在研究修订或制定中,下一阶段水库管理标准化工作的重点应当是:

一是完善水库管理技术标准分支体系。统筹规划并加强建设水库管理技术标准分支体系,逐步形成一套完整的水库管理标准化要求,支撑水库运行全过程管理需要,促进水库管理技术进步,保障水库大坝安全。

二是加强水库管理骨干和重点标准的建设。应当制定一个综合性骨干标准,协调统一水库运行全过程管理,可以以修订《水库工程管理通则》(SLJ 702—81)的方式解决,可以参考国外的 OMS 手册。在此基础上,再重点打造一些水库运行管理过程中的重点标准,如运行调度、检查监测、维修养护、应急预案等标准,解决水库大坝安全管理控制性环节的技术要求。

三是提高水库管理标准的简明实用性。加强标准制定、修订的调查和研究,不断提高标准的科学性、实用性和可操作性,水库管理标准内容应当简单明了,实用有效,既符合大中型水库管理要求,也能在小型水库管理中发挥作用。鼓励地方结合实际、结合小型水库管理需要制定地方标准,以落实和补充国家标准、行业标准。

参考文献

[1] 邓淑珍,李建章,张智吾.高度重视水库大坝安全管理工作——访水利部副部长矫勇[J].中国水利,2008(20):1-5.

[2] 刘宁.21世纪中国水坝安全管理、退役与建设的若干问题[J].中国水利,2004(23).

[3] 孙继昌.中国的水库大坝安全管理[J].中国水利,2008(20):10-14.

[4] 水利部天津水利水电勘测设计研究院,水利部水利建设与管理总站.全国病险水库除险加固专项规划报告[R].2001.

[5] 汝乃华,牛运光.大坝事故与安全·土石坝[M].北京:中国水利水电出版社,2001.

[6] 牛云光.几座土石坝渗漏事故的经验教训(上)[J].大坝与安全,1998,12(2):53-59.

[7] 牛云光.几座土石坝渗漏事故的经验教训(下)[J].大坝与安全,1999,13(1):38-45.

[8] 麦家煊.水工建筑物[M].北京:清华大学出版社,2005.

[9] 潘家铮,何璟.中国大坝50年[M].北京:中国水利水电出版社,2000.

[10] 中华人民共和国水利部.水库大坝注册登记办法[EB/OL].(2015-06-05)[2018-09-10].http://www.mwr.gov.cn/zw/zcfg/bmgz/201707/t20170714_960221.html.

[11] 中华人民共和国水利部.水库大坝安全鉴定办法[EB/OL].[2018-09-10].http://www.mwr.gov.cn/zwgk/zfxxgkml/201212/t20121214_964099.html.

[12] 中华人民共和国水利部.小型水库安全管理办法[EB/OL].[2018-09-10].http://www.mwr.gov.cn/zwgk/zfxxgkml/201212/t20121217_964171.html.

[13] 中华人民共和国水利部.水库降等与报废管理办法(试行)[EB/OL].[2018-09-10].http://www.mwr.gov.cn/zwgk/zfxxgkml/201212/t20121213_965474.html.

[14] 中华人民共和国水利部.水利工程管理考核办法(试行)[EB/OL].(2019-02-20)[2019-03-26].http://www.mwr.gov.cn/zw/tzgg/tzgs/201902/t20190220_1108158.html.

[15] 中华人民共和国水利部.水库大坝安全管理应急预案编制导则(试行)[EB/OL].[2018-09-10].http://www.mwr.gov.cn/zwgk/zfxxgkml/201301/t20130117_964215.html.

[16] 中华人民共和国水利部.水利部关于加强水库大坝安全监测工作的通知[EB/OL].(2013-06-07)[2018-10-09].http://www.mwr.gov.cn/zw/tzgg/tzgs/201702/t20170213_857643.html.

[17] 中华人民共和国水利部.关于加强水库安全管理工作的通知[EB/OL].[2018-9-20].http://www.mwr.gov.cn/zwgk/zfxxgkml/201707/t20170725_971464.html.

[18] 中华人民共和国水利部.关于加强小型病险水库除险加固项目验收管理的指导意见[EB/OL].[2018-10-09].http://www.mwr.gov.cn/zwgk/zfxxgkml/201405/t20140527_963891.html.

[19] 中华人民共和国水利部.水利部关于进一步明确和落实小型水库管理主要职责及运行管理人员基本要求的通知[EB/OL].(2013-07-29)[2018-10-11].http://www.mwr.gov.cn/zw/tzgg/tzgs/201702/t20170213_857672.html.

[20] 中华人民共和国水利部,中华人民共和国财政部.水利部、财政部关于印发《关于深化小型水利工程管理体制改革的指导意见》的通知[EB/OL].[2018-10-11]. http://www.mwr.gov.cn/zwgk/zfxxgkml/201304/t20130428_963793.html.

[21] 中华人民共和国水利部.小型水库土石坝主要安全隐患处置技术导则(试行)[EB/OL].(2014-05-15)[2018-10-11]. http://www.mwr.gov.cn/zw/tzgg/tzgs/201702/t20170213_858143.html.

[22] 中华人民共和国水利部,中华人民共和国国家计划委员会.河道管理范围内建设项目管理的有关规定[EB/OL].[2018-10-11]. http://www.mwr.gov.cn/zwgk/zfxxgkml/201212/t20121214_964109.html.

[23] 中华人民共和国水利部.农村水电站安全管理分类及年检办法[EB/OL].[2018-10-11]. http://www.mwr.gov.cn/zwgk/zfxxgkml/201212/t20121217_964205.html.